DIREITOS HUMANOS
E CIDADANIA EUROPEIA

(FUNDAMENTOS E DIMENSÕES)

Algumas notas sobre o autor

ANTÓNIO JOSÉ FERNANDES é natural de Múrias, concelho de Mirandela. Licenciou-se em Ciências Sociais e Políticas, em 1974; doutorou-se em Ciência Política pela Universidade Técnica de Lisboa, em 1984; e realizou, na Universidade do Minho, as Provas de Agregação nos domínios da Ciência Política e do Direito Político, em 1993.

Ex-membro do Parlamento Europeu (1986-1987), foi titular de uma *Chair d´Études Européens*, ao abrigo da *Action Jean Monnet*, de 1991 a 1998, e dirigiu o Mestrado em Estudos Europeus e o Mestrado em Relações Económicas e Sociais Internacionais na Universidade do Minho e em duas Universidade do Estado de St.ª Catarina, no Brasil. É Professor Catedrático da U.M. e, desde Janeiro de 2001, exerce as funções de Reitor da Universidade Moderna do Porto.

Desde que concluiu a licenciatura, tem-se dedicado à investigação nos domínios da Ciência Política, do Direito Político Comparado e das Relações Internacionais, tendo publicado vários artigos em revistas portuguesas e estrangeiras e duas dezenas de livros, dos quais se mencionam os mais recentes:

- *Os Sistemas Político-Constitucionais Português e Espanhol: Análise Comparativa*, Lisboa, Europa Editora, 1991;
- *Relações Internacionais: Factos, Teorias e Organizações*, Lisboa, Editorial Presença, 1991;
- *A Comunidade Europeia: Estrutura e Funcionamento, Objectivos e Actividades*, Lisboa, Editorial Presença, 1992;
- *Métodos e Regras para Elaboração de Trabalhos Académicos e Científicos*, Porto Editora, 1993/94/95;
- *A União Europeia de Maastricht: Federação, Confederação ou Comunidade de Estados?*, Lisboa, Editorial Presença, 1994;
- *Introdução à Ciência Política: Teorias, Métodos e Temáticas*, Porto Editora, 1995.
- *Direito Institucional Europeu (das Organizações Europeias)*, Braga, Betrand-Cruz Livraria, 1995;
- *Relações Internacionais Contemporâneas – Do Mundo da Europa à Europa do Mundo*, Itajaí, Ed. Univali, Brasil, 1998;
- *União Europeia e Mercosul: Dois Processos de Integração*, Braga, UM, 1998, e Ed. Univali, Brasil, 1999.

ANTÓNIO JOSÉ FERNANDES

DIREITOS HUMANOS E CIDADANIA EUROPEIA

(FUNDAMENTOS E DIMENSÕES)

ALMEDINA

TÍTULO:	DIREITOS HUMANOS E CIDADANIA EUROPEIA (FUNDAMENTOS E DIMENSÕES)
AUTOR:	ANTÓNIO JOSÉ FERNANDES
EDITOR:	LIVRARIA ALMEDINA – COIMBRA www.almedina.net
LIVRARIAS:	LIVRARIA ALMEDINA ARCO DE ALMEDINA, 15 TELEF. 239 851900 FAX 239 851901 3004-509 COIMBRA – PORTUGAL livraria@almedina.net
	LIVRARIA ALMEDINA ARRÁBIDA SHOPPING, LOJA 158 PRACETA HENRIQUE MOREIRA AFURADA 4400-475 V. N. GAIA – PORTUGAL arrabida@almedina.net
	LIVRARIA ALMEDINA – PORTO R. DE CEUTA, 79 TELEF. 22 2059773 FAX 22 2039497 4050-191 PORTO – PORTUGAL porto@almedina.net
	EDIÇÕES GLOBO, LDA. R. S. FILIPE NERY, 37-A (AO RATO) TELEF. 21 3857619 FAX 21 3844661 1250-225 LISBOA – PORTUGAL globo@almedina.net
	LIVRARIA ALMEDINA ATRIUM SALDANHA LOJAS 71 A 74 PRAÇA DUQUE DE SALDANHA, 1 TELEF. 213712690 atrium@almedina.net
	LIVRARIA ALMEDINA – BRAGA CAMPUS DE GUALTAR, UNIVERSIDADE DO MINHO, 4700-320 BRAGA TELEF. 253678822 braga@almedina.net
EXECUÇÃO GRÁFICA:	G.C. – GRÁFICA DE COIMBRA, LDA. PALHEIRA – ASSAFARGE 3001-453 COIMBRA producao@graficadecoimbra.pt
	JULHO, 2004
DEPÓSITO LEGAL:	214080/04
	Toda a reprodução desta obra, por fotocópia ou outro qualquer processo, sem prévia autorização escrita do Editor, é ilícita e passível de procedimento judicial contra o infractor.

INTRODUÇÃO

Ao pensar em fazer um estudo analítico sobre os direitos humanos e a cidadania colocaram-se-nos diversas dúvidas e interrogações. A primeira delas foi a seguinte: Porquê proceder a uma investigação sobre esta temática? Não estará já tudo analisado e explicado? Ou haverá ainda alguns aspectos inerentes à natureza, dimensões e conexões dos direitos humanos que não foram convenientemente dissecados e explicados? E, reflectindo sobre o âmbito destas interrogações, muitas outras foram surgindo.

Quais as teorias e os princípios que fundamentam os direitos do homem e as liberdades fundamentais?

Qual a evolução do reconhecimento e consagração dos direitos humanos?

Terão as conjunturas de cada época contribuído para a definição e reconhecimento dos direitos do homem?

Quais os pensadores que mais influenciaram o seu reconhecimento e consagração?

Todos os direitos humanos foram reconhecidos e consagrados simultaneamente? Ou em períodos diferentes?

Porque se fala hoje em três gerações dos direitos do homem? O que as distingue?

Porque razão (ou razões) é que somente nos finais do século XVIII apareceram as primeiras declarações nacionais dos direitos do homem? E porquê só depois da II.ª Guerra Mundial foi possível proclamar a Declaração Universal dos Direitos do Homem e aprovar os Pactos Internacionais sobre Direitos Civis e Políticos e sobre Direitos Económicos, Sociais e Culturais?

Estarão hoje os direitos humanos plenamente protegidos e salvaguardados? Quais os instrumentos, as instâncias e os mecanismos de protecção a nível universal e a nível regional? E de que modo os direitos do homem são efectivamente protegidos?

Terão as diferentes concepções do mundo e da vida influenciado da mesma maneira a proclamação dos direitos do homem e das liberdades fundamentais?

Qual a inter-relação direitos humanos/regimes políticos? Aceitarão todos os regimes políticos os princípios da dignidade, da liberdade e da igualdade dos seres humanos?

Falando-se, hoje, tanto em cidadania, qual o significado e dimensões deste conceito? E qual a dimensão do conceito de cidadania europeia (da União Europeia)? Será a cidadania europeia complementar da cidadania nacional? Ou substituí-la-á? E qual o enquadramento da cidadania europeia no contexto dos direitos do homem?

E em Portugal, como terão evoluído o reconhecimento e proclamação dos direitos do homem e das liberdades fundamentais? Terão acompanhado o processo de evolução verificado no resto da Europa e no mundo? Ou em Portugal o processo foi diferente? E de que modo os direitos humanos foram consagrados nas Leis Fundamentais portuguesas, desde a Constituição de 1822 à Constituição de 1976? E como se processou (e processa) a sua efectiva aplicação e salvaguarda?

Por outro lado, antes de decidir a realização do estudo sobre os direitos humanos e a cidadania, surgiram-nos outras dúvidas: para quê desenvolver um estudo sobre estas matérias? Qual a sua finalidade? Que utilidade poderá ter? Será mesmo necessário?

Perante esta panóplia de interrogações, e tendo em conta que, nestes primórdios do século XXI, as questões relativas aos direitos humanos, à cidadania, à liberdade, à igualdade, à solidariedade, à democracia e à dignidade do ser humano, preocupam cada vez mais pessoas e tornaram-se objecto de estudo, fazendo parte integrante da estrutura curricular de numerosos cursos de licenciatura e de mestrado, decidimos empreender a realização deste trabalho de investigação e análise, com vista a responder de forma sistemática às interrogações atrás colocadas.

Para o efeito, estruturamos a elaboração do trabalho em seis capítulos, nos quais analisamos os vários aspectos relativos às questões anteriormente suscitadas.

No capítulo I caracterizamos os fundamentos e os princípios dos direitos do homem e das liberdades fundamentais, designadamente o princípio da dignidade, o princípio da liberdade, o princípio da igualdade, o princípio da solidariedade e da responsabilidade, o princípio da autoridade e o princípio da universalidade.

No capítulo II fazemos uma análise da evolução dos direitos humanos ao longo do tempo, desde a Antiguidade Clássica aos nossos dias (2004). E, para mostrar como as conjunturas de cada época se reflectiram na consagração e protecção dos direitos do homem, ou na sua negação, dividimos esta parte da história da humanidade em quatro períodos sucessivos: da Antiguidade Clássica à Época Medieval; do início da Época Medieval às Revoluções Americana e Francesa; das Revoluções Americana e Francesa à II.ª Guerra Mundial; e da II.ª Guerra Mundial aos nossos dias (2004).

No capítulo III procuramos mostrar de que modo são protegidos e salvaguardados os direitos do homem, tanto a nível mundial como a nível regional, e quais são os principais instrumentos, instâncias e mecanismos de protecção, quer no âmbito do sistema das Nações Unidas, quer no seio do Conselho da Europa, da Organização dos Estados Americanos e da União Africana.

No capítulo IV analisamos a trilogia ideologias-regimes políticos--direitos humanos, para mostrar, por um lado, a consonância das diferentes concepções do mundo e da vida com os respectivos regimes políticos, e, por outro lado, para percebermos e explicarmos a inter-relação regimes políticos/direitos do homem.

No capítulo V tratamos das questões subjacentes à dialéctica cidadania europeia – direitos humanos, analisando o conceito de cidadania, a relação cidadania/nacionalidade, os princípios e dimensões da cidadania europeia, a interacção cidadania nacional/cidadania europeia, os estatutos político e civil dos cidadãos europeus (da União Europeia) e o enquadramento da cidadania europeia no contexto dos direitos do homem.

Por fim, dedicamos o capítulo VI à análise dos direitos do homem e dos regimes políticos em Portugal, desde a fundação do Reino até aos primórdios do século XXI, dividindo a história política portuguesa e a evolução dos direitos humanos em Portugal em quatro períodos distintos: da fundação do Reino à revolução liberal; da revolução liberal à II.ª República; do golpe de Estado de 28 de Maio de 1926 à implantação da III.ª República; e da instauração da III.ª República até aos nossos dias (2004). Esta análise procura mostrar a evolução do reconhecimento e consagração dos direitos do homem em Portugal e visa explicar de que modo as ideologias dominantes em cada período da nossa história e as respectivas formas de exercer o poder político contribuíram para o reconhecimento e proclamação dos direitos do homem ou para o seu cerceamento e negação.

Com a realização deste trabalho pretendemos ajudar todos os que se preocupam com os direitos do homem e desejam compreender, não apenas o significado e alcance dos direitos humanos legalmente consagrados nas Leis Fundamentais dos Estados e nas Declarações, Cartas, Convenções e Pactos internacionais, mas também as razões que suscitaram o reconhecimento destes direitos e exigem o seu respeito, protecção e salvaguarda. E, com isto, visamos levar as pessoas a reflectir sobre a seguinte questão:

Se, no dizer dos analistas, o século XX foi o século do povo, porque razão o século XXI não há-de ser o século dos cidadãos?

CAPITULO I
Fundamentos e Princípios dos Direitos do Homem e das Liberdades Fundamentais

Os direitos pessoais, civis, políticos, económicos, sociais e culturais, bem como as liberdades fundamentais, que se encontram, hoje, consignados nas Constituições da maior parte dos Estados, que formam a Comunidade Mundial, e em diversas cartas, convenções, declarações, pactos e protocolos internacionais, reflectem as vicissitudes das contingências da evolução histórica da humanidade e consubstanciam o resultado da luta do homem pela dignidade, pela liberdade e pela igualdade de todos os seres humanos independentemente da raça, da cor e da religião de cada um. Fundamentam-se nas teorias do jusnaturalismo e do transnacionalismo, mas também nas teorias de instituição, do Estado de direito e do Estado do bem-estar social. E assentam nos princípios da dignidade, da liberdade, da igualdade, da solidariedade e responsabilidade, de autoridade e da universalidade.

a) **O Principio da Dignidade**

Considerando que o homem é um ser que não mais se repete, dado que cada um tem a sua personalidade própria, inconfundível com a do seu semelhante, desenvolveu-se a ideia de que todo o ser humano deve ser tratado com dignidade, respeitando a sua integridade física e mental. E daí o reconhecimento de um conjunto de direitos pessoais inerentes à natureza do próprio homem, tais como: o direito à vida, o direito à integridade física e mental, o direito ao tratamento condigno (proibindo-se a pena de morte, a tortura, os maus tratos, a escravidão, o trabalho forçado e/ou obrigatório e o tráfico de seres humanos).

A dignidade humana é, pois, um valor particular relativo a todo o homem como homem, isto é, como ser racional e livre, como pessoa. E o princípio da dignidade é um principio ético que exige o respeito da pessoa humana como ser único, individual, mas parte integrante da humanidade.

b) O Princípio da Liberdade

A liberdade, entendida como conjunto de condições que permitem a cada um fazer tudo o que a sua consciência determina sem interferir com a liberdade dos outros, é simultaneamente um conceito plural e extremamente relativizado.

É um conceito plural, porque se refere a diversas liberdades concretas, as liberdades fundamentais inerentes ao ser humano. E é um conceito extremamente relativizado, porque a liberdade de cada um termina onde começa a liberdade dos outros. Aliás, a Declaração dos Direitos do Homem e do Cidadão de 1789, integrada na Constituição Francesa de 1791, estabelece, no seu art. 4.º, que *"a liberdade consiste em fazer tudo o que não seja prejudicial a outrem: assim, o exercício dos direitos naturais de cada homem só tem por limites os que garantam aos outros membros da sociedade o gozo desses mesmos direitos."* Por conseguinte, a liberdade de cada um é relativizada pela liberdade de todos. É condicionada pela organização política da sociedade a que se pertence, pelas normas de conduta estabelecidas e em vigor e pelas pressões sociais decorrentes das tradições, dos costumes e dos padrões culturais predominantes nas comunidades onde se vive.

È sobejamente conhecida a frase *"todos os homens nascem livres e iguais"*. Frase que enuncia o princípio das liberdades individuais: liberdade de pensamento, de opinião, de expressão e de informação; liberdade de consciência, de crença e de religião; liberdade de circulação, de estabelecimento e de escolha do local onde se deseja viver; liberdade de reunião e de associação, liberdade para casar e constituir família; liberdade de aprendizagem e de escolha da profissão e também liberdade de intervir na vida pública (liberdade política), de escolher os governantes, de participar nos processos de decisão, de controlar o exercício do poder. Mas cada uma destas liberdades foi, e continua a ser, fortemente condicionada pelo tempo, pelo espaço, e pelas conjunturas decorrentes da afirmação das três fontes clássicas do poder: a personalidade, a propriedade (riqueza) e a organização.

E, por isso, é pertinente perguntar: será que todos os homens nascem mesmo livres e iguais? Não terão uns mais oportunidades do que outros para exercitar os direitos subjacentes a cada uma das liberdades?

c) O Princípio da Igualdade

A Declaração dos Direitos votada pelos representantes do povo da Virgínia, em 1 de Julho de 1776, dispõe, no seu art. 1.°, que *"todos os homens nascem igualmente livres e independentes e são dotados de direitos naturais, tais como a vida, a liberdade, a aquisição e posse de bens, a procura e obtenção de felicidade e de segurança."* E o art. 1.° da Declaração dos Direitos do Homem e do Cidadão, de 26 de Agosto de 1789, que passou a fazer parte integrante da Constituição Francesa de 1791, estabelece o seguinte: *"os homens nascem livres e iguais em direitos."*

Estes dois preceitos enunciam o princípio de igualdade formal, já que reconhecem que todos são iguais perante a lei (todos têm os mesmos direitos e deveres). Porém, o princípio da igualdade ultrapassa a igualdade meramente formal. Compreende também a igualdade substantiva (igualdade de condições efectivas de exercício dos direitos e dos deveres): igualdade de oportunidades, igualdade na sujeição às mesmas normas de comportamento e igualdade na assunção das mesmas responsabilidades.

O princípio da igualdade decorre, pois, do conceito de pessoa e da unidade do género humano, e nega, toda e qualquer espécie de discriminações: étnicas, religiosas, políticas, etc. De resto, no dizer de Antoine Fleury, *"a Declaração de 1789, ao proclamar o direito à liberdade, introduziu o princípio da igualdade de todos os homens perante a lei e a justiça, mas também perante os cargos, impostos e empregos públicos"* (2002, 37).

Teoricamente, o princípio da igualdade pressupõe a igualdade de todos perante a sociedade, as instituições, as normas de conduta, os benefícios e as obrigações. E, na prática, verificar-se-á um respeito efectivo pelo princípio da igualdade? Será que todos os homens nascem efectivamente iguais? E será que todos têm as mesmas oportunidades de usufruir dos benefícios proporcionados pela sociedade politicamente organizada? Ou haverá alguns que são mais iguais que os outros?

d) O Princípio da Solidadriedade e da Responsabilidade

O ser humano é por natureza um animal social, um animal envolvido numa forma de relações sociais: na família, no trabalho, no local de residência, na sociedade de que faz parte e na comunidade internacional desde que o mundo passou a ser uma grande cidade onde vive o rebanho humano. Mas é também um animal que produz e consome, que interage para satisfação das suas necessidades, alterando, transformando e adoptando o meio ambiente em que se insere.

O diálogo permanente que o homem trava com o seu semelhante e com o espaço envolvente traduz-se, pois, num complexo de relações homem – homem e homem – espaço, que lhe acarretam acrescidas responsabilidades perante si mesmo e perante os outros seres humanos do presente e do futuro, já que os problemas de cada um são os problemas de todos e as decisões de hoje têm reflexos amanhã.

Todos nós somos sujeitos portadores de responsabilidades. E o respeito pelos direitos humanos implica que cada um assuma as suas responsabilidades e seja solidário no cumprimento dos deveres exigidos pela garantia de que os direitos de cada um sejam efectivamente respeitados.

O princípio da solidariedade está subjacente a um conjunto de direitos, cuja aplicação e cumprimento exigem uma intervenção, uma prestação, um contributo, destinados a criar condições que garantam uma verdadeira igualdade de oportunidades. Muitos dos novos direitos humanos – o direito ao desenvolvimento harmonioso e equilibrado, o direito ao ambiente saudável, o direito à segurança social – exigem a solidariedade de todos e sobretudo solidariedades geracionais. E o princípio da responsabilidade está imanente a todo e qualquer direito, já que sem responsabilidade não há liberdade, nem dignidade, nem solidariedade, nem democraticidade. Se não se assume a responsabilidade dos deveres e das obrigações perante a sociedade não se pode pretender usufruir da plenitude dos direitos vigentes na própria sociedade.

Mas será que todos somos responsáveis e solidários? Ou será que pensamos mais nos nossos direitos e esquecemos os nossos deveres e obrigações?

e) O Princípio da Autoridade

Para que os direitos humanos tenham um significado preciso e as liberdades que lhes são inerentes sejam asseguradas é necessário verificarem-se quatro pressupostos; ou melhor, é necessário existirem quatro condições bem definidas: a) um *titular* (um sujeito) que possa beneficiar desses direitos; b) um *objecto* que dê conteúdo (substância) ao direito; c) uma *oponibilidade* que permita que o sujeito (o titular) faça valer os seus direitos face a uma instância concreta; d) uma *sanção* organizada aplicável a quem desrespeita esses direitos ou a quem obstrui que eles possam ser efectivamente usufruídos.

Por conseguinte, a necessidade de instâncias perante as quais os titulares dos direitos possam reclamar e de sanções organizadas susceptíveis de aplicação pressupõe a existência de uma organização social, de uma sociedade politicamente organizada, assente no princípio da autoridade: autoridade para examinar as reclamações dos titulares dos direitos; autoridade para definir as sanções aplicáveis; e autoridade para decidir a aplicação das sanções socialmente adequadas.

O princípio da autoridade é, pois, imprescindível para a definição do objecto dos direitos humanos e para garantir o seu respeito e salvaguardar a sua usufruição. Sem uma autoridade legítima, legitimada democraticamente pelo consenso social e pelo ordenamento político-jurídico da sociedade, não há garantia que os direitos humanos tenham aplicação efectiva e as liberdades fundamentais, que lhes são inerentes, possam ser exercitadas. Autoridade sem autoritarismo é indispensável para a protecção e garantia dos direitos humanos, pois, enquanto a autoridade é um garante dos direitos, o autoritarismo é uma obstrução ao exercício efectivo desses direitos.

f) O Princípio da Universalidade

Os direitos humanos são concebidos como realidades universais e eternas. São direitos universais, dado que concernem a todos os homens independentemente da sua situação geográfica e da sua vivência histórica. Todos têm todos os direitos e deveres. São direitos que decorrem da própria natureza do homem. São originários e inalienáveis, porque nascem com o ser humano e referem-se-lhe quase geneticamente.

A universalização dos direitos humanos traduz-se, pois, na concepção de uma regra ética geral, assente na *"dignidade e no valor da pessoa humana",* como é sublinhado no preâmbulo da Declaração Universal dos Direitos do Homem. E o princípio da universalidade diz respeito aos destinatários das normas subjacentes aos direitos do homem, que são todos os seres humanos pertencentes a todos os povos e a todas as nações. Não há direitos humanos para esta ou aquela raça, etnia, ou civilização.

Os direitos do homem são universais, são para todos os membros do rebanho humano.

CAPITULO II
Evolução dos Direitos Humanos: Perspectiva Histórica

A luta do homem pela liberdade, pela dignidade e pela igualdade do género humano foi longa; e o reconhecimento e institucionalização dos direitos humanos não se concretizaram de um dia para o outro. O caminho a percorrer foi longo, e foram diversas as etapas a vencer, as quais podemos agrupá-las, por razões de ordem metodológica, em quatro períodos históricos distintos: a) da Antiguidade Clássica à Época Medieval; b) do Início da Época Medieval às Revoluções Americana e Francesa; c) das Revoluções Americanas e Francesa à II Guerra Mundial; d) da II Guerra Mundial aos nossos dias.

1. Da Antiguidade Clássica à Época Medieval

Os princípios da liberdade e da igualdade, que consubstanciam os direitos do homem do nosso tempo, fundamentam-se, na óptica de vários autores, (jusnaturalistas, universalistas e transnacionalistas) num direito natural inerente à natureza humana e pré-existente ao aparecimento do poder político organizado.

O pensamento de que o homem é um ser livre e igual decorre da ideia que a história da evolução da humanidade nos legou sobre as actividades económicas e as relações sociais desenvolvidas no longo período de tempo que precedeu a Revolução Neolítica. Com efeito, presume-se que, antes do estabelecimento de vínculos sociais e políticos que originaram a institucionalização do poder político, o homem era dono de si próprio, não estava sujeito ao arbítrio do poder, podia circular livremente, deambular pelo espaço geográfico que lhe aprouvesse e estabelecer-se no local que achasse mais adequado à satisfação das suas necessidades, sem limitações de fronteiras, entraves técnicos, ou exigências administrativas. Esta liberdade de movimento e acção era partilhada por todos e apenas limitada pela liberdade de cada um. Todos disfrutavam de condições idênticas que lhes permitiam usufruir da liberdade de pensar e agir.

Neste " estado de natureza" em que se presume que "o bom selvagem" (o homem) viveu durante séculos e séculos, deambulando horizontes, recolhendo o que a natureza lhe oferecia, caçando, pescando e verificando que na própria natureza existiam plantas (árvores) que periodicamente produziam frutos iguais, foram-se estabelecendo, entre os homens vínculos sociais: primeiro, vínculos de parentesco e de residência; depois, vínculos de afinidade religiosa, profissional e política. Estes vínculos sociais deram origem a diversos tipos de instituições e diferentes formas de sociedades: a família, a comunidade de residência (aldeia, vila ou cidade), a igreja, as associações profissionais, a sociedade politicamente organizada (o Estado).

Admite-se que, originariamente, os homens viveram durante muito tempo em pequenos grupos nómadas e pequenas aldeias, e que por volta de 5000 a. c. esses grupúsculos isolados começaram a ligar-se entre si para constituir tribos, depois federações tribais e, em algumas localidades, reinos e impérios fortemente centralizados. Esta evolução permitiu aos grupos desenvolverem as actividades económicas (passando da fase da recolha, da caça e da pesca à fase da agricultura, da criação de gado, do incremento do comércio), fixarem-se num dado território e produzirem bens excedentários, e exigiu novas formas de organização social, à medida que as sociedades se tornavam cada vez mais complexas. Essas formas de organização social concretizaram-se pela instituição de um poder destinado a fazer respeitar as normas de conduta social, a manter a ordem no interior da colectividade, a defender o grupo das ameaças externas, a arbitrar os conflitos de interesse, a administrar a justiça e os bens colectivos; isto é, deram corpo à sociedade politicamente organizada – o Estado.

No longo período que precedeu o aparecimento de sociedades politicamente organizadas, os homens eram livres e iguais. Livres, porque, no "estado de natureza" ninguém exercia autoridade sobre eles; iguais, porque a liberdade pertencia a todos. Porém, a institucionalização do poder, que se traduziu no aparecimento do Estado, veio limitar a liberdade natural do homem. Com efeito, se o poder, na óptica de Marx Weber é uma faculdade, "a faculdade de fazer obedecer, de impor aos outros certas normas de comportamento", a institucionalização do poder político traduziu-se na faculdade (na possibilidade) de alguns definirem as normas de conduta, as regras de convivência na sociedade, e de imporem aos outros o respeito por essas regras, o cumprimento das normas estabelecidas, desenvolvendo-se relações de mando/obediência e de imposição/subordinação. E a liberdade natural que pertencia a todos passou a pertencer apenas a alguns, àqueles a quem lhe era reconhecido o direito de participar nos negócios da "pólis, " da "Cidade-Estado", do Estado.

Na Antiguidade Grega, todas as "Cidades-Estado" prosseguiam o ideal de liberdade. No entanto, o pensamento grego traçou uma fronteira muito clara, primeiro, entre Gregos e Bárbaros e, depois, entre cidadãos e não cidadãos (estrangeiros, mulheres, metecos e escravos). E, embora pensadores, como Lícofron, Hípias e Antifonte, defendessem que os homens nascem livres e iguais, a liberdade na Antiguidade Grega era pertença de uma pequena minoria de indivíduos, em conformidade com a função da sua actividade colectiva. Na *República* de Platão, cada indivíduo devia ocupar o lugar que lhe era destinado pela qualidade do seu espírito (ouro, prata ou bronze), de maneira a promover o melhor possível a harmonia da Cidade, resultando os seus direitos unicamente da ocupação de um tal "lugar, " do cumprimento de uma tal função (governante-filósofo, guerreiro, produtor).

Nas Cidades-Estado Gregas, a sociedade era fortemente hierarquizada.

Em Atenas, havia uma distinção nítida entre cidadãos (que usufruíam de direitos cívicos e políticos) e estrangeiros, mulheres, metecos e escravos, que não tinham quaisquer direitos. E embora recusasse distinguir os cidadãos activos dos cidadãos passivos, uma vez que assentava na *isonomia* (igualdade dos cidadãos), a democracia ateniense excluía os não cidadãos do direito de participar nos negócios da "polis".

Estratificação Social na Cidade-Estado de Atenas

Cidadãos: (direitos civis e políticos)

Estrangeiros
Mulheres
Metecos
Escravos: (Excluídos dos direitos de cidadania)

Em Esparta, onde vigorou predominantemente o regime oligárquico, fazia-se distinção entre os cidadãos, tendo em conta a idade, a propriedade, a riqueza global, o sangue. E daí uma sociedade fortemente hierarquizada, na qual os Homoioi (iguais) ocupavam o topo da pirâmide social, usufruindo direitos civis e políticos, seguindo-se-lhes os Periecos, que desfrutavam de direitos civis, e depois os Hilotas, que não dispunham de quaisquer direitos civis e políticos.

Estratificação Social na Cidade-Estado de Esparta

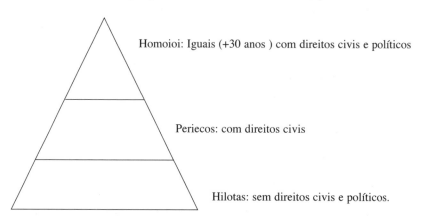

Não obstante existirem grandes desigualdades sociais na Antiguidade Grega e, por consequência, direitos desiguais, conforme o "status" de cada um na sociedade, isso não impediu que se desenvolvesse uma corrente de pensamento – *o estoicismo* – que entendia que o homem antes de ser um cidadão é um ser humano. O homem não era apenas o habitante da "pólis," era também um ser do mundo. Os Estóicos prosseguiam a ideia de igualdade e dignidade humana, independentemente da qualidade de cidadão, e defendiam direitos iguais para todos, considerando que o homem é um cidadão do universo. Por isso, não falta quem entenda que a origem dos direitos fundamentais do homem encontra as suas raízes no cosmopolitanismo estoicista.

Muitos dos traços da civilização clássica grega foram herdados e mantidos pela civilização romana, como a noção de cidadania e de liberdade cívica dos cidadãos, adaptando-os ao sentido de Estado e de Império.

Roma, que se presume ter sido fundada em 753 a C., era inicialmente uma cidade de pastores, a qual evoluiu no sentido de se transformar na capital de um grande império: o Império Romano. Governada sob a forma monárquica, primeiro, sob a forma republicana, a partir de 509 a. C., e sob a forma de império, mais tarde, Roma conquistou a Grécia no século IV a. C., facto que lhe permitiu compreender melhor a tradição cultural Grega e absorver os valores políticos e morais da civilização helénica. De resto, Roma seguiu uma boa parte do programa helénico e, após a instituição da República romana, adoptou um sistema institucional muito próximo dos que vigoraram em muitas Cidades-Estado gregas. E a sociedade romana era também fortemente hierarquizada, existindo acentuadas desigualdades sociais e de direitos. Com efeito, no topo da pirâmide social, encontravam-se os *patrícios* nobres, ricos e descendentes dos fundadores da cidade, os quais desfrutavam de direitos políticos, civis, judiciais e religiosos; seguiam-se-lhes os *clientes*, descendentes dos povos vencidos pelos italiotas, ocupados no cultivo das terras dos Patrícios; depois vinham os *plebeus*, aqueles que foram residir para Roma à força ou voluntariamente, não tendo quaisquer direitos; e, por fim, na base da pirâmide, encontravam-se os *escravos*, que eram olhados e tratados como coisas, podendo os seus senhores dispor das suas vidas conforme lhes aprouvesse.

Estratificação Social na Antiga Roma

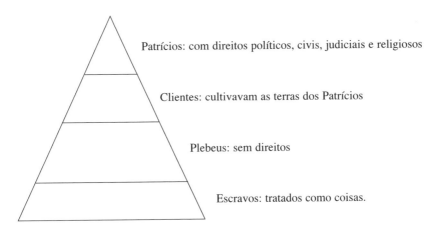

As desigualdades sociais vigentes na sociedade romana geraram descontentamento, revolta e lutas por direitos iguais, sobretudo entre Plebeus e Patrícios. Durante anos, os Plebeus lutaram pelos direitos consignados aos Patrícios, reivindicaram o acesso à magistratura e o direito de casar com Patrícios e exigiram que se fizessem leis escritas iguais para todos. E o resultado da luta dos Plebeus pela igualdade traduziu-se na aprovação (em 450 a. C.), pelo senado e pelo povo, de um código de leis, conhecido como *Decenvirais,* redigido em folhas de bronze, e na promulgação (em 417 a. C.) da Lei das XII Tábuas[*]. Esta é a primeira lei de carácter laico, pois até então as normas que regiam o comportamento dos homens possuíam carácter religioso de inspiração divina: o Código de Hamurabi, a Lei Mosaica, o Código Manu. A promulgação da Lei das XII Tábuas representou a transição de um direito consuetudinário para normas escritas, dotando-as de rigor legal, que dava mais segurança aos cidadãos e evitava que, nos julgamentos que envolviam Plebeus e Patrícios, os juízes de origem patrícia continuassem a deturpar o direito consuetudinário.

A expansão do Império Romano e a consequente romanização das áreas conquistadas e ocupadas trouxeram à Europa a difusão dos direitos de cidadania, o exercício desses direitos através de uma organização político-administrativa de cariz municipal e a instauração de uma ordem jurídica comum – o Direito Romano – que esteve na origem do Direito Civil Europeu.

Além desse importante legado, os Romanos deixaram-nos também ideais (noções) que irão marcar as declarações dos Direitos do Homem, sobretudo as noções de *Libertas* e *Humanitas.*

Libertas significava o oposto de servidão, sendo um requisito indispensável para se obter uma vida digna no plano pessoal. A este conceito referiu-se Cícero nos seguintes termos: *"Em nenhuma outra cidade, senão naquela em que o soberano poder pertence ao povo, a libertas pode ter o seu domicílio. Não há nada que seja mais doce do que ela e, se não for igual para todos, já não é libertas."* A concretização do significado deste conceito estava, pois, dependente do regime político em vigor, devendo o homem lutar para o conseguir, quer como cidadão, quer como membro de uma comunidade.

Por sua vez, a noção de *Humanitas* exprime o vínculo que une os homens ao ponto de os transcender, conforme sublinhou Séneca: *"os homens perecem, mas a Humanitas, que é a imagem da qual os homens são modelados, permanece."*

As noções de Libertas e Humanitas são particularmente utilizadas pelo estoicismo latino (pelos estóicos) para fundamentar os princípios da

---

[*] A lei das XII Tábuas está dividida em vários domínios, destinando-se cada tábua a um deles.

igualdade e da dignidade humana, desenvolvendo e defendendo a ideia de que todos os homens, pela simples razão de pertencerem à humanidade (ao rebanho humano) são iguais.

A ideia de igualdade universal do homem ganhou nova dimensão com o advento do Cristianismo. Com efeito, ao proclamar a existência de um só Deus universal, acima de tudo e de todos, Deus do amor, da bondade, de fraternidade e da solidariedade, e ao doutrinar que todos os homens são filhos de Deus, e iguais perante Ele, sem distinção de raça, cor ou cultura, sendo o escravo igual ao seu senhor, e não havendo judeu nem grego, nem escravo nem liberto, nem homem nem mulher, porque todos são um em Cristo Jesus, como sublinhou S. Paulo na Epístola aos Gálatas, o Cristianismo ampliou os fundamentos do princípio da igualdade do género humano e introduziu maior profundidade e dimensão ao conceito de dignidade humana. Por outro lado, ao sustentar que um dos mandamentos da Lei de Deus consiste em não matar – *"não matarás"* – o Cristianismo fundamenta uma nova atitude legislativa, que rejeita a "pena de Talião", inserida nos códigos de leis mais antigos, e servirá de referência a muitas jurisdições nacionais para abolirem a pena de morte. E a Igreja, como estrutura ao serviço da fé e dos ideais cristãos, tornou-se a defensora dos inocentes, dos desprotegidos e oprimidos, em suma, do homem como tal, contra a prepotência e o despotismo dos Príncipes. Afirmou-se defensora da dignidade do homem e da igualdade de todos perante Deus. Desempenhou o papel de fundamentação do reforço da "jurisdição de recurso", mola impulsionadora dos direitos do homem. Porém, a Igreja viria a subordinar a lei natural à lei divina. E a lei divina, que implica um acto primordial de fé, passou a ser invocada para a consolidação do Cristianismo, isto é, para a realização dos actos, que visam o reforço da própria Igreja, actos de fé, de caridade, de solidariedade, concordantes com a afirmação dos princípios da Lei de Deus, mas também actos discriminatórios que negam os princípios da dignidade e da igualdade dos homens, consubstanciados nas práticas adoptados e prosseguidos pela Inquisição (perseguição dos heréticos, dos relapsos e dos livres pensadores).

2. Do início da época medieval às revoluções americana e francesa

A evolução dos direitos humanos desde o início da Época Medieval até às Revoluções Americana e Francesa passa por duas fases distintas: a primeira corresponde à Idade Média, durante a qual os direitos do homem sofrem um retrocesso devido a contingências políticas, económicas e religiosas que a seguir explicaremos; a segunda inicia-se com o Renascimento e corresponde à criação de condições favoráveis à luta pelas liberdades individuais face à prepotência dos poderes instituídos.

A *Idade Média*, que já foi qualificada como *"uma noite de mil anos"*, tem sido vista por muitos estudiosos como uma época de escravidão, de obscurantismo, de intolerância, de regressão. Idade das trevas, da teocracia papal, da decadência do racionalismo estóico, a Idade Média não foi favorável à emergência e consolidação dos direitos humanos. Pelo contrário, assistiu-se, neste longo período da história da humanidade, à manifestação da prepotência, à afirmação da intolerância, à prática da discriminação, em suma, à negação do princípio da igualdade do género humano.

A queda do Império Romano do Ocidente (476), em consequência das invasões bárbaras, traduziu-se no fraccionamento da autoridade política e no enfraquecimento do poder do Estado, na sequência da formação de pequenos reinos, principados, repúblicas e feudos, que facilitou, por um lado, a projecção do sacerdotalismo medieval e a afirmação do poder religioso e, por outro lado, a estratificação das sociedades em "status" sociais distintos, conforme vigorou, ou não, o sistema feudal e o senhorialismo.

O *feudalismo* é um sistema político, económico e social que vigorou numa parte da Europa durante a Idade Média. Foi originado pela concessão de "feudos"(grandes extensões de propriedade) por reis e nobres a outros nobres que gozavam do mesmo "status" social e assumiam compromissos de fidelidade e de prestação de serviços de carácter militar ou cortesão. Por sua vez, os senhores feudais (grandes proprietários) concediam aos camponeses parcelas de terreno pelas quais estes ficavam a ser-lhes devedores de prestações em dinheiro, em género e em trabalho, e assumiam perante eles compromissos de fidelidade. Instituiu-se, assim, uma organização económica senhorialista que suportava o sistema feudal.

A instauração e desenvolvimento do feudalismo insere-se na lógica do poder limitado dos Estados e da subordinação do poder político ao poder religioso. O sistema feudal caracteriza-se pela existência de numerosos pactos feudais, mediante os quais se estabeleciam as regras de imposição/subordinação de mando/obediência, consumados pelos "juramentos de fidelidade". Os serviços públicos e privados confundiam-se, e quem mandava era o homem e não a instituição. O poder era fortemente personalizado; mas a principal fonte do poder era a propriedade (riqueza) e não a personalidade. O senhor feudal concentrava nas suas mãos todos os poderes: legislativo, executivo, financeiro e judicial. E quanto maiores eram os muros dos castelos, maior era a ostentação e a afirmação dos poderes dos senhores feudais. Os vassalos juravam fidelidade ao senhor. Mas um vassalo podia ter também os seus vassalos, com os quais estabelecia "pactos feudais". No entanto, os vassalos dos vassalos não eram vassalos do senhor.

No sistema feudal, o poder estava fortemente hierarquizado, e acontecia muitas vezes que os Príncipes reinantes não ocupavam o topo da pirâmide dos poderes. O poder político, além de estar subordinado ao poder religioso, estava condicionado pelo poder económico dos grandes senhores feudais. Por outro lado, a estratificação da sociedade feudal era muito rígida, sendo muito difícil a ascensão na escala social, isto é, a transição para um "status" social superior. Geralmente, no topo da pirâmide social figurava o rei, seguindo-se-lhe os privilegiados (senhores feudais e alto clero) e, depois, a baixa nobreza, o clero paroquial e os camponeses livres, e encontrando-se os servos na base da pirâmide. Por sua vez, o alto clero e as hierarquias monásticas eram autênticos senhores feudais, estabelecendo relações de vassalagem entre si e com os outros senhores.

Estratificação Social no Sistema Feudal

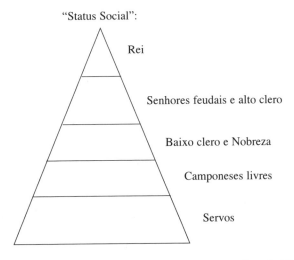

Como sistema económico, o feudalismo termina com o fim da Idade Média. Mas o sistema social gerado pelo desenvolvimento do feudalismo e pela preponderância do poder religioso vai perdurar até ao triunfo das Revoluções Americana e Francesa.

Nas sociedades medievais onde não vigorou a organização económica feudal, ou onde o sistema feudal pouco se fez sentir, as desigualdades sociais também eram muito acentuadas e a estratificação social era bastante rígida, pois era muito difícil transitar de um "status" (estamento) para outro.

Sob a preponderância da ideologia teocrática e a influência do sacerdotalismo medieval, muitas sociedades estratificaram-se em três "status" sociais (estamentos) distintos: o clero, a nobreza e o povo.

O clero ocupava o topo da pirâmide social, seguindo-se-lhe a nobreza e o povo que era relegado para a base da pirâmide e tinha muito poucas hipóteses de ascensão social e de mudança de estamento.

Estratificação Social na Idade Média até às Revoluções Americana e Francesa

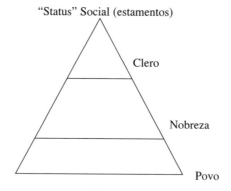

As contingências políticas, económicas e sociais, subjacentes à concentração de poderes, à subordinação do poder político ao poder religioso, e à organização económica feudal, fizeram da Época Medieval um período histórico de negação dos princípios da dignidade, da igualdade e da liberdade sobre os quais assentam os direitos do homem. Negação essa acentuada pelo comportamento da Igreja a partir do século XIII, depois do papa Gregório IX haver instituído a Inquisição, também designada por Tribunal do Santo Ofício.

Destinada a combater as heresias que punham em causa a legitimidade tanto do poder eclesiástico como do poder civil, a Inquisição tornou-se uma instituição judicial permanente de cariz universal, dependente directamente da Santa Sé e confiada a religiosos (destacados membros da hierarquia da Igreja). Aliás, a Inquisição instituiu um sistema judicial de excepção, que recorria a práticas que nem o próprio direito romano havia contemplado. Suspeitando-se que alguém atentava contra o poder instituído da Igreja, desencadeava-se um processo inquisitorial, mediante interrogatórios com recurso a instrumentos e práticas de tortura que incutissem dor, muita dor, pois esta era encarada como a melhor maneira de limpar as almas.

Recorrendo a métodos de tortura horrorizantes, os inquisidores obrigavam as vítimas a confessar tudo o que desejavam ouvir, obtendo, assim "provas de culpa" que consubstanciavam a prolação das sentenças em sessão pública, a que se deu o nome de auto de fé. E os judeus foram as principais vítimas dos processos e das práticas perpetrados pela Inquisição.

Os processos e as práticas inquisitoriais geraram, durante séculos, um ambiente de medo, que se insere numa lógica de guerra social; um ambiente de medo de tudo tão bem retratado nas seguintes palavras de António Ferreira: *"Desejo falar livre, mas não posso. Nunca se veja o que eu daqui já vejo (...) A medo vivo, a medo escrevo e falo, tenho medo do que falo só comigo, mas ainda a medo cuido, a medo calo (...)"*.

O ambiente de medo em que se vive na longa "noite de mil anos" não foi favorável à luta pelos direitos humanos. E somente em países, como a Inglaterra, onde o medo da Inquisição menos se fez sentir, foi possível "obrigar" os detentores do poder a salvaguardar a liberdade pessoal dos cidadãos, mediante a proclamação da *Magna Carta,* autorgada pelo Rei João Sem Terra em 1215.

A *Magna Carta* é um dos documentos que fazem parte dos antecedentes históricos dos direitos humanos; pois, destinando-se a salvaguardar a liberdade pessoal perante o abuso do poder, nela se prescreve que "nenhum homem livre poderia ser detido, sujeito a prisão, privado dos seus bens, exilado, ou alvo de outra forma de violência, senão com base num julgamento assente no respeito pela Lei do Reino". Ao fazer depender o comportamento das instituições judiciais do respeito pela Lei do Reino, a Magna Carta lança o gérmen dos fundamentos do Estado de direito, numa época marcada pela importância da riqueza (propriedade) no exercício do poder nos reinos, nos principados e nas repúblicas, pela intolerância religiosa e pela discriminação social.

Contra a intolerância religiosa, a preponderância da teocracia papal, a decadência do normativismo ético e do racionalismo clássico, em suma, contra o obscurantismo medieval, vão reagir e manifestar-se diversos pensadores que têm uma visão antropocêntrica do homem e proclamam os valores fundamentais inerentes à natureza humana: a tolerância, o diálogo, a concórdia e o comportamento baseado na ética individual e colectiva. Esses pensadores, que compreendem, entre muitos outros, Petrarca, Nicolau de Cusa, Leonardo da Vinci, Picolo della Mirandola, Campanella, Thomas More, Maquievel, Bodin, Kepler, Galileu, Descartes, inserem-se no movimento cultural renascentista, que tem a sua génese no despertar do interesse pelos estudos da Antiguidade Clássica, sobretudo das culturas grega e latina.

O *Renascimento* é um fenómeno histórico-cultural, que se inicia no século XIV com os trabalhos de estudiosos que procuram, através do regresso às fontes clássicas, ressuscitar (fazer renascer) a natureza e dimensão humana do homem, e que marca o início de uma nova época, em ruptura com a concepção do homem, da história e do mundo vigente durante a Idade Média. É um movimento que se inicia sob o signo do humanismo derivado directamente dos termos ciceromianos *"humanus"* e *"humanitas"*.

"Humanitas" designava, na terminologia de Cícero, a característica que define o homem como homem, aquilo que vincula o homem a outro homem e aos homens em geral, e aquilo que forma o homem como homem. E, para os renascentistas, "humanitas" significava a atenção e o apreço por aquilo que distingue radicalmente o homem, enquanto ser humano, elevado à categoria suprema neste mundo; significava o respeito, a tolerância, a convivência e o amor entre os homens. E daí o seu discurso permanente em defesa da dignidade do homem e da visão antropocêntrica do mundo, considerando o homem como centro do mundo e a medida de todas as coisas. É neste contexto cultural que se inscreve o *"Discurso sobre a Dignidade do Homem"* de Pico della Mirandola, publicado em 1486, no qual assevera: *"O Homem não tem um lugar determinado, nem um aspecto que lhe seja próprio, nem tarefa alguma especifica (...) o Homem não está confinado nem a um país, nem a raças, nem a classes sociais (...) o Homem está em qualquer parte"*.

Embora fiéis à inspiração cristã, os humanistas do renascimento não abdicam da livre análise crítica dos textos, dos ensinamentos, das tradições, e exigem o confronto das práticas da Igreja, da vivência do Cristianismo, com o espírito dos evangelhos. Acham-se no direito e no dever de criticar as instituições eclesiásticas e as práticas das Igrejas, das ordens monásticas e das sociedades ditas cristãs. Condenam as ideias de guerra santa ou guerra justa de inspiração religiosa, os sistemas inquisitoriais e quaisquer outros processos de perseguição religiosa, de imposição da fé à força, da discriminação de credos, já que todos vão contra os princípios da "humanitas" e da dignidade do homem. Ao contrário, defendem e propõem o diálogo, a concórdia e a hierarquia entre as várias ordens religiosas, por forma a respeitar-se a liberdade de crença de cada um.

Apesar do humanismo renascentista exaltar a dignidade do homem e proclamar a igualdade dos seres humanos independentemente da raça, da cor da pele, ou da religião, não evitou que, em nome da expansão da fé cristã, se iniciasse e desenvolvesse a gesta dos descobrimentos ao longo do século XV*, a qual permitiu a afirmação da Península Ibérica no diálogo internacional e a repartição do mundo entre Portugal e Espanha (Castela), mediante a emissão da Bula Alexandrina pelo Papa Alexandre VI em 4 de Maio de 1493, e a assinatura do Tratado de Tordesilhas, pelos países Ibéricos, em 7 de Junho de 1494.

Os descobrimentos deram origem à colonização (afirmação do poder dos colonizadores sobre os povos colonizados) e à formação de grandes impérios coloniais, que só serão definitivamente desmantelados na última metade do século XX, em consequência dos acontecimentos da II Guerra Mundial e da luta dos movimentos anti-colonialistas que entretanto se formaram em África e na Ásia.

A colonização moderna traduziu-se, pois, na imposição do poder europeu (de países europeus) aos povos colonizados da África, América, Ásia e Oceania, na prática da escravatura e no desenvolvimento do tráfico de escravos** e na consequente negação do exercício dos direitos e das liberdades fundamentais aos povos sujeitos ao regime colonial.

---

* Embora na primeira metade do século XV os portugueses tenham tentado explorar o Atlântico, chegando duas expedições às Ilhas Canárias, respectivamente em 1336 e 1441, é geralmente aceite que os descobrimentos tiveram inicio com a tomada de Ceuta, em 1415. A partir de então, várias expedições portuguesas se fizeram ao mar para descobrir o mundo desconhecido. E ao serviço desta missão levaram a cruz de Cristo e a bandeira e a língua portuguesas aos quatro cantos do mundo: fixam-se na Madeira, em1418, e nos Açores, em 1427; ultrapassam o Cabo Bojador, em 1437; atingem o Senegal, em 1445, e as Ilhas de Cabo Verde, em 1455; alcançam a foz do Zaire, em 1482; dobram o Cabo das Tormentas, em 1485;abordam o sul da Ásia e fixam-se em Calcutá, em 1498; e em 1500, chegam à Terra de Santa Cruz (Brasil). Entretanto, Cristóvão Colombo, ao serviço dos Reis de Espanha, descobre a América, em 1492.

** Estima-se que, entre os séculos XVI e XIX, quinze a vinte milhões de seres humanos foram comprados ou capturados em África e a grande maioria deles transportados e vendidos na América. O tráfico de escravos nesta época era um negócio rendoso, praticado também pelos portugueses, o qual foi assim retratado pelo padre António Vieira: *"Uma das grandes cousas que se vêem hoje no mundo e nós pelo costume de cada dia não*

Contra estas situações decorrentes do processo do colonização desenvolvido pelos europeus, particularmente nos continentes africano e americano, vão reagir e insurgir-se diversos espíritos livres, que não só condenam a escravatura, o tráfico de escravos, a discriminação e os tratamentos desumanos infligidos aos colonizados, como também lutaram pela emancipação e libertação dos chamados "povos indígenas", deixando, por isso, o seu nome gravado na história da humanidade. De entre eles, sublinhamos os nomes de Bartolomeu de Las Casas, de Francisco de Vitória, do Barão de Lahontan, e dos padres António Vieira e Fernando Oliveira, os quais, com a sua atitude e com os seus escritos muito contribuíram para a abolição da escravatura, para a diluição dos preconceitos raciais, para a libertação dos povos sob regime colonial e para a afirmação e consolidação dos princípios da dignidade e da igualdade dos seres humanos.

Bartolomeu de Las Casas, dominicano, bispo da província mexicana de Chiapas depois da conquista espanhola do México, dedicou a sua vida à causa dos índios. Considerava-os seres racionais, livres, dotados de culturas e instituições próprias. E acusava os conquistadores e colonizadores de hipocrisia, pois, no seu entender, só declaravam a inferioridade dos índios como um artifício para a sua brutal exploração.

Francisco de Vitória, teólogo dominicano e professor da Universidade de Salamanca (1526-1546), preocupou-se com a natureza das relações entre etnias e raças diferentes, entre colonizadores e colonizados, desenvolveu a Teoria do Direito Natural (jus naturale) e fundou os alicerces do Direito das Gentes (jus gentium) sob o paradigma de comunidade universal. Introduziu na terminologia jurídico-política a noção de comunidade universal, a que pertenceriam por direito todos os homens. Considerando o homem como a única realidade viva e o Estado como um instrumento necessário ao serviço do próprio homem, Francisco de Vitória entendia que o homem goza do direito natural de andar por onde lhe apetecer, já que *"a terra pertence a todos os homens e é-lhes comum (...) e a divisão introduzida nas terras pela existência dos Estados está subordinada ao princípio primeiro da indivisão natural"* (in: "De Potesta de Civile e De indis et de Jure Belli"). Com estes argumentos, Vitória defendeu a igualdade do género humano e condenou toda e qualquer discriminação

---

admiramos é a transmigração imensa de gente e nações etíopes, que da África continuamente estão passando a esta América (...) entra por esta barra um cardume monstruoso de baleias, salvando com tiros e fumos de água as nossas fortalezas, e cada uma pare um baleato; entra uma nau de Angola, e desova no mesmo dia quinhentos, seiscentos e talvez mil escravos".

racial. Muitas das suas reflexões foram suscitados pelos problemas colocados pela colonização espanhola dos territórios americanos, sobretudo o desrespeito dos direitos dos índios, e pela necessidade de fundamentar a doutrina jusnaturalista, na qual assentam as bases do Direito Internacional (jus gentium).

O *Barão de Lahontan,* aventureiro francês que travou conhecimento com os índios norte-americanos no último quartel do século XVII, escreveu um diálogo travado entre ele e um "selvagem", do qual nos parece pertinente transcrever a seguinte passagem: " (...) *O facto de não saber ler nem escrever protege-o do sofrimento, pois a ciência e as artes são uma fonte de corrupção. Obedece à sua mãe benevolente, a natureza, e por isso é feliz. Os civilizados são os verdadeiros bárbaros; oxalá o exemplo dos selvagens pudesse servir-lhes de lição e ensinar-lhes a reencontrar a liberdade e a dignidade humana"* (in: "Crise da Consciência Europeia", de Paul Hazard, 1934, p.23).

O padre *António Vieira,* jesuíta, preso pela Inquisição durante dois anos (1665-1667), foi um acérrimo defensor da liberdade dos índios, preconizando a sua instalação em comunidades regidas pelos jesuítas, para os proteger das ambições dos bandeirantes paulistas que pretendiam utilizá-los e explorá-los na mineração do ouro. Por outro lado, António Vieira insurgia-se contra os maus tratos infligidos aos escravos negros e lembrava aos colonos que os negros eram cristãos ao mesmo título que os brancos, redimidos, uns e outros, pelo sangue de Cristo e membros igualmente do corpo místico de Cristo. É considerado por isso, um adversário da escravatura que grassava no seu tempo.

O padre *Fernando Oliveira* manifestou-se contra o negócio brutal do tráfico de escravos, que retratou nos seguintes termos*:" Não se achará nem razão humana consente que jamais houvesse no mundo trato público de comprar e vender homens livres e pacíficos como quem compra e vende alimárias, bois ou cavalos e semelhantes. Assim os constrangem, trazem e levam e provam e escolhem com tanto desprezo e ímpeto como faz o magarefe ao gado no curral".*

Apesar das denúncias das condições desumanas em que se desenrolavam o tráfico de escravos e a prática da escravatura, só nos finais do século XVIII e princípios do século XIX começaram a ter êxito as reivindicações e exigências dos movimentos abolicionistas, que exigiam a concessão de alforrias e a completa libertação dos escravos e a abolição definitiva da escravatura. No congresso de Viena, em 1815, por iniciativa da França, dos Países Baixos e do Reino Unido, condenou-se a escravatura e as condições desumanas em que viviam os escravos nas colónias destes e outros países europeus, na sequência do que havia sucedido já em Portugal e na Inglaterra. Em Portugal, já tinham sido aprovadas leis que declararam inteiramente livres os índios do Brasil, decretaram a extinção da escravatura na metrópole* e concederam aos naturais da Índia direitos iguais aos dos portugueses da metrópole (Alvarás de 2 de Abril de 1761e de 15 de Janeiro de 1774); enquanto na Inglaterra, as primeiras leis anti-tráfico de escravos datam de 1807/1811. No entanto, os problemas da escravatura continuaram a ser uma preocupação para muitos países. Por isso, realizaram-se as conferências de Bruxelas (1889/1890) com vista a promover e concertar esforços internacionais para terminar definitivamente com a escravatura; e a Assembleia da SDN acordou, em 1926, na seguinte definição de escravatura e de tráfico de escravos: *"A escravatura é o estado ou a condição de um indivíduo sobre o qual se exercem os atributos do direito de propriedade ou alguns deles. O tráfico de escravos compreende o acto de captura, de compra ou de cessão de um indivíduo com o objectivo de o reduzir à escravatura, ou seja, qualquer acto de cessão ou troca de um escravo adquirido para ser vendido ou trocado, assim como, em geral, qualquer acto de comércio ou de transporte de escravos"*. Definição esta que foi completada pela Assembleia da ONU, em 1975, que se debruçou sobre a problemática da escravatura, concluindo que uma definição de escravatura deve ter em conta todos os tratamentos para com o ser humano que conduzam à exploração forçada do seu trabalho.

A transição da Idade Média para a Idade Moderna da história da humanidade, que ficou marcada pela revolução cultural, desencadeada pelo humanismo renascentista, e pela reforma Protestante, iniciada por Martinho Lutero ao denunciar algumas práticas da Igreja tais como a venda das indulgências, o absentismo dos prelados, o grande interesse pelo poder político e a sua grande indiferença pelas desigualdades sociais, traduziu-se na procura de uma explicação racional dos fenómenos naturais e humanos, através da investigação científica e da análise crítica dos acontecimentos,

---

* Nas colónias portuguesas ao sul do equador, a proibição de importação e exportação de escravos foi decretada em 10 de Dezembro de 1836. E, somente em 1842, o duque de Palmela assinou com o Lorde Howard de Walden, embaixador inglês em Lisboa, um tratado que abolia completamente o tráfico de escravos nos territórios dos dois países, não obstante Portugal e Inglaterra tivessem acordado, na altura da assinatura do tratado de Viena de 1815, num regulamento do comércio de escravos, tendo-se Portugal comprometido a suprimir o tráfico de escravos a norte do equador (Dicionário de História de Portugal, direcção de Joel Serrão, Vol. II pág.423-424.

conduzindo à crescente emancipação da consciência humana e ao progresso técnico e científico. E, embora os processos de colonização e, consequentemente, o desenvolvimento da escravatura e do tráfico de escravos constituam uma mancha negra na história da humanidade da Época Moderna, os progressos decorrentes da racionalidade renascentista permitiram desenvolver importantes reflexões que constituem as bases em que assentam os direitos fundamentais do homem e estão na origem da codificação e institucionalização nacional e internacional desses mesmos direitos. Com efeito, pensadores como Thomas More (1516), que se opunha a toda a intolerância e fanatismo e defendia a liberdade religiosa, e John Locke, que na sua "Carta sobre Tolerância" (1689) baseia a liberdade religiosa na plena autonomia de consciência e de razão, tiveram grande influência na adopção de medidas e no estabelecimento de regras destinadas a salvaguardar alguns direitos e liberdades dos cidadãos e a proteger estes contra as arbitrariedades dos órgãos do poder e das autoridades públicas, sobretudo na Inglaterra, país onde os direitos humanos foram objecto de consagração legal muito antes das revoluções Americana e Francesa, que marcam a passagem da Idade Moderna à Idade Contemporânea. De facto o Parlamento inglês aprovou e apresentou ao Rei D. Carlos I, em 1628, a *Petition of Right*, que veio a modificar e reforçar a Magna Carta e sublinhou a necessidade de existir um Estado de direito. Limitavam-se, assim, os poderes da Coroa e protestava-se contra as prisões arbitrárias e o emprego da lei marcial, pois, ficou estabelecido que ninguém poderia ser compelido a fazer um empréstimo ao Rei contra a sua vontade, já que isso, ofendia a razão e as franquias do país; só os tributos que tivessem sido autorizados pelo Parlamento é que podiam ser cobrados aos cidadãos; e, se alguém cometesse um crime, deveria ser julgado de acordo com as leis e não de qualquer maneira. Em 1679, Carlos II sancionou o *Habeas Corpus Act*, que possibilita à pessoa detida a sua libertação provisória, ficando obrigada a comparecer e a responder à acusação no tribunal competente. Pretende-se deste modo proibir as prisões arbitrárias sem julgamento. Trata-se de uma providência que se dirige a um tribunal para que se liberte qualquer pessoa que se considere ilegalmente detida. E, em 1689, o Parlamento impôs ao Príncipe Guilherme de Orange (Guilherme II) o *Bill of Rights*, que introduziu na ordem jurídica britânica a lista das imunidades e dos direitos reclamados na Petition of Right, e reconheceu explicitamente os direitos naturais. Acabou com o direito divino dos reis, reconheceu a todos os ingleses as liberdades naturais, condicionou o poder real ao respeito das leis, não as podendo suspender ou deixar de aplicar, e estabeleceu que as eleições parlamentares passassem a ser livres. O Bill of Rights consagrou, pois, o direito de petição, a proibição dos tribunais de excepção e de penas cruéis e uma relativa liberdade de expressão parlamentar.

Os direitos consagrados na Magna Carta, na Petition of Right, no Habeas Corpus Act e no Bill of Rights foram alargados aos territórios coloniais ingleses e conhecidos por muitos dos que habitavam estes territórios, tendo contribuído para fomentar e fundamentar a Revolução Americana e a Revolução Francesa.

3. Das revoluções americana e francesa à II guerra mundial

As Revoluções Americana (1776) e Francesa (1789) foram precedidas da Revolução Inglesa de 1689; e todas elas se inscrevem numa concepção do mundo e da vida – o Liberalismo – que teve como principais pensadores e teorizadores John Lock e o seu seguidor Charles de Montesquieu, Voltaire, Jean-Jaques Rousseau e John Stuart Mill, paladinos e defensores dos direitos e das liberdades fundamentais do homem, que muito contribuíram, com as suas reflexões sobre o homem e a sociedade politicamente organizada, para a proclamação das primeiras declarações formais dos direitos humanos.

John Lock, a quem já atrás fizemos referência, pugnou sempre pela tolerância religiosa, pela liberdade de crença e de expressão e pela saudável convivência das pessoas e das ideias. Nos seus *"Dois Ensaios sobre o Governo"* (1689), John Lock refere-se à origem, aos limites e ao verdadeiro objectivo do poder civil (*government*). Lock procurou aliar o direito natural com a liberdade individual, concluindo que *"a lei natural é obrigatória porque é livre",* pois, entendia que os homens vivem em sociedade política porque renunciaram livremente ao direito de serem eles próprios a reprimir as infracções e porque reconhecem um poder, independente deles e que lhes é superior, encarregado de punir as violações da lei. No entanto, *"o poder da sociedade não pode ultrapassar o objectivo de realizar o bem comum".* E o bem comum consiste em preservar a liberdade e torná-la efectiva. Por isso, Lock refuta a ideia de uma autoridade despótica, e defende que a primeira e a mais importante salvaguarda da liberdade é a separação de poderes. O poder político deve ser dividido, quanto ao seu exercício, em três actividades que asseguram a legislação, a execução e as relações políticas; e as três actividades devem ser da responsabilidade de dois poderes: l*egislativo* (Assembleia) – aprovação das leis – e e*xecutivo* (Governo e Administração) – execução das leis e relações externas. Por outro lado, Lock propõe que, além de dividido, o poder deve ser controlado, advogando que, se o poder executivo não agir em conformidade com os fins para que foi constituído, se usurpar as liberdades do povo, deve ser arrebatado das mãos que o detém. Mais ainda, acha que, se os súbitos se aperceberem de que o tirano prepara os meios de os escravizar, devem antecipar-se e impedir, se necessário por meio de rebelião, a consumação desses maus desígnios.

Charles de Montesquieu, influenciado pelo pensamento de Lock, desenvolveu, no seu livro *"O Espírito das Leis"*(1748), a célebre teoria da separação de poderes. Segundo Montesquieu, o verdadeiro processo para evitar o despotismo e enfraquecer o poder no interesse da liberdade individual é partilhá-lo. Esta partilha pode ser feita em dois sentidos: no sentido vertical, através da interposição, entre o poder e os súbditos, de corpos intermédios que serão depositários de uma parte do poder; e no sentido horizontal, através do reconhecimento de um *poder legislativo* pertencente a um parlamento, de um *poder executivo* exercido pelo governo e de um *poder judiciário* da responsabilidade dos tribunais. Os três poderes deveriam estar tão equilibrados que nenhum deles poderia interferir nos outros e sobrepor-se a qualquer deles.

Voltaire (François Marie Arouet), eminente filósofo francês integrante do movimento racional iluminista, considerava o catolicismo ortodoxo como o pior dos inimigos da humanidade e era hostil aos governos despóticos e absolutistas, dedicando parte da sua vida à causa da liberdade intelectual, religiosa e política, sendo considerado um teórico do liberalismo. No seu *"Tratado sobre a Tolerância"(1763)* dirige-se a Deus nas seguintes palavras:" *Não nos destes um coração para nos odiarmos uns aos outros, nem mãos para nos estrangularmos (...) que esses que à luz do dia acendem velas em Tua honra aceitem aqueles que se contentam com a luz do Teu sol; que os que cobrem as suas vestes com uma peça de linho branco, para dizer que temos de Te amar, não odeiem aqueles que afirmam o mesmo sob uma capa de negra lã, (...)"*. Critica, assim, a intolerância religiosa e a tirania da Igreja organizada. E, no seu *"Dicionário Filosófico"* (1764), Voltaire considera o governo um mal necessário, com poderes que deviam limitar-se a fazer observar os direitos naturais; e sustenta que todos os homens são dotados pela natureza de direitos iguais à liberdade, à propriedade e à protecção das leis. Por isso, na sua óptica, todas as restrições à liberdade de expressão e de opinião são totalmente bárbaras. E, na lógica deste pensamento, escreveu, numa carta dirigida a um dos seus adversários, a seguinte frase: *"Não concordo com uma única palavra que dizeis, mas defenderei até à morte o vosso direito de dizê-lo"*(in: McNall Burns, 1968, 552).

Jean-Jaques Rousseau procurou compreender e explicar os processos de associação, que deram origem a sociedades politicamente organizadas, e perspectivar a forma mais adequada para que a liberdade natural seja preservada dentro do estado social (da associação). E o resultado das suas preocupações e do consequente trabalho de pesquisa foi a publicação, em 1761, do seu livro *"O Contrato Social"*, que ele próprio considerou como uma obra de direito e, por isso, colocou no subtítulo a designação de *"Princípios de Direito Público"*.

Para Rousseau, o estado da natureza é o estado feliz. O puro e verdadeiro estado da natureza é, pois, o estado selvagem, no qual os homens foram criados e viveram durante milhares e milhares de anos, e no qual foram adquirindo os direitos naturais, que John Lock considerou como os direitos à vida, à liberdade e à propriedade. Rousseau defende, por isso, a teoria do "bom selvagem". Porém, acha que os homens, para a sua mais completa felicidade e também para a sua desgraça, possuem duas faculdades: a liberdade de aquiescerem ou de resistirem e a possibilidade de se aperfeiçoarem. E interroga-se: como fazer para que, simultaneamente, ninguém tenha o direito de impor a sua vontade a outrém e a liberdade primitiva seja salvaguardada no contexto do corpo social? Respondendo do seguinte modo: há uma alienação da liberdade pessoal (natural) em favor do corpo social, mas, sendo a soberania do corpo social, partilhada por todos, cada um, ao obedecer-lhe, obedecerá apenas a si próprio. O pacto que funda a sociedade (o corpo social) sob o consentimento dos indivíduos e que substitui legitimamente a liberdade natural pela soberania do corpo social, não pode impor limites a esta. A vontade geral é expressa através do voto da maioria; o que a maioria escolhe é de facto a vontade geral. Rousseau é, pois, apologista da democracia directa, argumentando que *"toda a lei que não é ratificada pelo próprio povo não é uma lei"*; e advoga a transição da soberania do Príncipe para o povo. Logo, o Estado absolutista deve ser substituído pelo Estado democrático.

John Stuart Mill, no seu *"Ensaio sobre a Liberdade"*(1859), desenvolveu a concepção política de liberdade, sobretudo da liberdade de consciência, de opinião e de expressão. Concebendo a liberdade como "o direito de cada um conseguir à sua maneira o seu próprio bem, desde que não se tente privar os outros do seu ou impedir os seus esforços para o obterem", Stuart Mill teorizou a liberdade de pensamento e de expressão, bem como a liberdade do indivíduo face aos poderes públicos. E, em defesa da sua concepção de liberdade, expressou o seu pensamento do seguinte modo: *"Se toda a humanidade fosse de uma opinião, e só uma pessoa fosse de opinião contrária, a humanidade não teria mais justificação em fazer calar essa pessoa, do que esta, se tivesse poder para tanto, a teria fazendo calar a humanidade. Se uma opinião fosse uma propriedade pessoal sem valor algum senão para o seu possuidor, se o impedimento do gozo dela não passasse dum prejuízo particular, faria alguma diferença se este afectasse só algumas pessoas ou muitas. Mas o mal peculiar de fazer calar a enunciação de uma opinião está em que é um roubo feito à raça humana; tanto à posteridade como à geração actual; àqueles que divergem da opinião, ainda mais que àqueles que a seguem. Se a opinião é justa, são privados da oportunidade de trocar o erro pela verdade; se injusta, perdem, o que é um benefício quase do mesmo quilate, o chegar à percepção mais clara e à impressão mais viva da verdade que a colisão desta com o erro produz.(...) Nunca podemos ter a certeza de ser falsa a opinião que procuramos abafar, e, se a pudessemos ter, abafá-la seria ainda um mal".(Stuart Mill, 68-69).*

As reflexões destes autores, que acabamos de referir, muito contribuíram para alicerçar os fundamentos da ideologia que teve expressão nas Revoluções Americana e Francesa, influenciou predominantemente a afirmação do poder no século XIX e marcou as primeiras declarações dos direitos humanos.

No entanto, antes de analisarmos o contexto substancial e formal destas Revoluções e a sua importância para a consagração dos direitos pessoais, civis e políticos, parece-nos pertinente fazer referência a um dos principais teóricos do direito natural moderno: o holandês *Hugo Grócio*.

Hugo Grócio, filho de pai protestante e de mãe católica, insere-se na corrente do protestantismo holandês, uma corrente de pensamento racionalista e tolerante. Sendo influenciado pelos juristas espanhóis do século XVI, sobretudo pelas obras de Francisco de Vitória e Francisco Suarez, Grócio preocupou-se em demonstrar os fundamentos e explicar os princípios do direito da natureza e das gentes e particularmente do direito público. E o resultado dessa preocupação foi expresso em três volumes que constituem a sua obra *"De Juri Belli ac Pacis"* (Do Direito da Guerra e da Paz). Para Grócio, o direito natural tem uma origem própria, é inerente ao homem e está intrinsecamente implicado na própria existência humana. Considerando que o homem é um ser racional dotado de liberdade, substituindo Deus pela razão e a providência pela vontade, acreditava que, mesmo que Deus não existisse, o direito natural seria igualmente válido. Por conseguinte, o direito natural é distinto e independente do direito divino. No entender de Grócio, o direito natural compreende cinco aspectos fundamentais: a renúncia à propriedade alheia; o dever de restituição dos bens usurpados; a obrigação de manter a palavra dada; o dever de desagravar ofensas infligidas; as sanções correspondentes à violação dos direitos naturais.

Com as suas reflexões sobre o direito natural, Grócio cavou os alicerces da Escola do Direito natural, fundada pelo seu aluno Pufendorf, que muito contribuiu para dar forma à teoria dos direitos do homem e do cidadão e para a definição do Direito Internacional considerado anterior e acima dos diversos Estados.

3.1. *A Revolução Americana e as Declarações dos Direitos*

As ideias proclamadas pelos teóricos do direito natural e pelos pensadores apologistas dos direitos de liberdade e dos princípios da dignidade, da igualdade e da fraternidade, que deram corpo e forma às doutrinas do contratualismo (do pacto social), da soberania popular e do direito à rebelião e à revolução, conjugadas com o sentimento de revolta dos colonos, suscitado pelas imposições fiscais decretadas pelo Parlamento Inglês e executadas pelo governo de Sua Majestade, constituem o gérmen do movimento anticolonialista dos séculos XVIII e XIX, de feição capitalista, de brancos e do continente americano, que teve expressão na revolução americana e conheceu a sua primeira coroa de glória com a independência das treze colónias que formaram os Estados Unidos da América (1776).

Muitos europeus, que tinham deixado os seus países para fugir das guerras e da miséria, atravessaram o Atlântico e fixaram-se nas colónias inglesas da América do Norte à procura de um novo destino. Sonhavam com um país onde cada um fosse tratado conforme as suas capacidades e não segundo o seu nascimento, onde governassem as leis e não os poderosos e onde se multiplicassem as oportunidades numa terra despovoada que não pertencia a ninguém. E quando chegaram a esta continente traziam consigo a resolução de sacudir dos pés o pó da velha Europa. Por isso, face às decisões das autoridades inglesas de lançarem impostos sobre fontes de riqueza até então excluídas (Lei do Açúcar de 1764, Lei de Selo de 1765, Lei do Chá de 1773), as quais apelidaram de "Intolerable Acts"(Leis intoleráveis), os colonos reagiram e decidiram reunir-se em Filadélfia, em 1774 e 1775, tendo decidido declarar guerra à metrópole.

No 2.º Congresso Continental das Colónias (1775) foi decidido designar cinco congressistas, entre os quais figuravam Benjamim Franklim, John Adams e Thomas Jefferson, para elaborar uma Declaração da Independência. O texto da Declaração foi aprovado no ano seguinte, em 4 de Julho de 1776, pelo Congresso das Colónias, fundamentando a independência na necessidade de salvaguardar os direitos humanos.

A *Declaração da Independência* é um documento político que consagra os princípios da igualdade e da soberancia popular, mas é também uma Declaração dos Direitos do Homem, baseada na *Declaração dos Direitos,* votada pelos representantes do povo da Virgínia, em 1 de Julho de 1776, a qual proclamava:

Art. 1.º – Todos os homens nascem igualmente livres e independentes e são dotados de direitos naturais, tais como a vida, a liberdade, a aquisição e posse de bens, a procura e obtenção de felicidade e de segurança;

Art. 2.º – A autoridade pertence e emana do povo;

Art. 3.º – Os governos são instituídos para o seu próprio bem, devendo separar-se os poderes e evitar a sua longa permanência;

Art. 4.º – Os cidadãos podem ascender a funções governativas e são livres para exercer o direito de voto;

E nos artigos seguintes são estabelecidas as condições exigidas para a garantia legal dos direitos civis e das liberdades de consciência, de opinião e de informação.

A Declaração da Independência proclamou a igualdade de todos os homens (brancos), aboliu o sistema da herança inalienável e da primogenitura, consagrou o direito de voto e a separação da Igreja e do Estado e legitimou a formação dos primeiros movimentos de libertação dos escravos. É por conseguinte, um marco importante e decisivo no processo revolucionário, que teve início por volta de 1760 com as primeiras reacções às tentativas da Inglaterra de implementar medidas fiscais nas colónias, e prosseguiu depois com à aprovação da Constituição Norte americana, em 17 de Setembro de 1787, e com a aprovação, em 1789, de uma *Declaração dos Direitos* – o Bill of Rights norte americano – que completou a Constituição sob a forma de dez aditamentos (emendas), consagrando legalmente: a liberdade de opinião e de expressão, o direito de possuir e usar armas, as garantias judiciárias, inclusive a interdição de buscas sem mandato judicial.

Estes textos documentais – Declaração da Independência, Constituição dos EUA e Declaração dos Direitos – constituem as bases do primeiro

Estado republicano, de direito e democrático da Época Moderna, e são a garantia dos direitos e liberdades dos cidadãos norteamericanos, que se orgulham de pertencerem à democracia mais antiga da era moderna, onde, na óptica de Alexis de Tocqueville ("*A Democracia na América*, 1840), eram (são) respeitados os princípios da liberdade e da igualdade (?).No entanto, apesar do progressismo da Constituição dos EUA e das emendas que, entretanto, foram aprovadas e a completam, só em 1965 foi aprovada uma Lei Eleitoral que consagrou o direito e a garantia dos negros se inscreverem nos cadernos eleitorais em todos os Estados constitutivos da União (EUA). Mesmo assim, ainda continuam, na prática, as discriminações com base na raça e na cor da pele. E é bem conhecida e prenhe de significado a frase pronunciada pelo dirigente de uma comunidade de índios: *"o índio bom é o índio morto"*.

3.2. *A Revolução Francesa e a Declaração dos Direitos do Homem e do Cidadão*

O triunfo da revolução americana, consumado pela independência das colónias e pela formação de um Estado republicano e democrático (EUA), num mundo polvilhado de formas de Estado monárquicas e de regimes absolutistas; as ideias liberais de Lock, Voltaire, Montesquieu e Rousseau explanadas e sistematizadas por Emmanuel Kant nos seus *"Opúsculos"* e *"Projecto Filosófico da Paz Perpétua"*; as transformações económicas e sociais que se começavam a fazer sentir na Inglaterra devido aos efeitos da revolução mecânica (I Revolução Industrial); e a situação política, económica e social em que se encontrava a França à entrada do último quartel do século XVIII; são factores que precipitaram os acontecimentos que consubstanciaram a *Revolução Francesa* e abriram caminho à aprovação da *Declaração dos Direitos do Homem e do Cidadão*.

Em meados da década setenta do século XVIII, a França era ainda governada pelo despotismo absolutista dos Bourbons, cujo expoente máximo havia sido Luís XIV que se confundia com o Estado (*" L´Etat C´est Moi"*) e achava que "Aquele que colocou os reis acima dos homens quis que eles fossem respeitados como seus lugares-tenentes. A vontade de Deus é que todo aquele que nasce súbdito obedece sem julgar".

O governo dos Bourbons desprezava os *Estados Gerais*, uma espécie de parlamento composto por representantes do clero, da nobreza e do povo, que nos séculos XIV, XV e XVI reunia regularmente, mas o qual deixou de ser convocado a partir de 1614, sendo o rei soberano absoluto que recrutava os seus conselheiros entre os membros do clero e da nobreza e mantinha um sistema de privilégios herdado da estrutura sócio-económica feudal. O absolutismo reinante descurava, pois, a importância de uma classe média, constituída por negociantes, industriais, banqueiros, advogados, que controlava o comércio, a manufactura e as finanças, ou seja, a riqueza produzida da nação, excepto a propriedade latifundiária, e se tornara economicamente poderosa. De facto, esta burguesia* crescente era olhada como inferior pela nobreza ociosa e frívola, e por mais dinheiro que acumulasse, continuavam a ser-lhe negados os direitos e os privilégios políticos. Achava-se, por conseguinte, discriminada tanto política como socialmente.

Por outro lado, a França mantinha um sistema tributário injusto que concedia privilégios fiscais à nobreza e ao clero, e as despesas do Estado com a opulência da Corte, a burocracia administrativa e a participação das forças armadas na Guerra dos Sete Anos e na Guerra da Independência Americana aumentavam de ano para ano de tal modo que, em 1786, a dívida pública equivalia a 600 milhões de dólares, e as receitas mal chegavam para pagar os juros acumulados.

E a solução para debelar a crise financeira consistia no lançamento de novos impostos. Com esta finalidade, o Rei Luís XVI foi aconselhado, em 1787, a convocar uma Assembleia de Notáveis, acreditando-se que os principais magnatas do reino se disporiam a arcar com uma parte do ónus fiscal. Porém, os nobres e os bispos recusaram abrir mão do seu privilégio de isenção de impostos. Face a esta recusa, começa a fazer-se ouvir a exigência de convocação dos Estados Gerais, como única forma de ultrapassar a grave situação das finanças públicas. Esta Assembleia, representativa dos três estamentos (clero, nobreza e povo) que integravam a nação, daria a conhecer ao Rei a solução para enfrentar a crise financeira. E Luís XVI não teve outra alternativa senão marcar para Maio de 1789 uma reunião dos Estado Gerais.

Iniciada a reunião dos Estados Gerais em 5 de Maio de 1789 em Versalhes, logo surgiu uma controvérsia sobre o processo de votação. Nas reuniões dos Estados Gerais, desde a sua instituição por Filipe o Belo no século XIV, cada estamento dispunha de um voto, o que significava que a

---

* Categoria Social que emergiu do povo numa sociedade estratificada em estamentos (clero, nobreza e povo) na sequência do desenvolvimento do comércio, da indústria e dos serviços ligados a estas actividades, particularmente serviços financeiros (bancos).

união dos representantes do clero e da nobreza obstavam sempre a qualquer iniciativa do Terceiro Estado – o povo – uma vez que dispunham de dois votos contra um. Mas, em 1789, o Terceiro Estado tinha muito mais importância económica e exigia correspondente peso político. No Terceiro Estado (estamento) integrava-se a classe produtiva da nação – a burguesia – a qual, sob a influência de um folheto do padre Siéyès, onde perguntava: *"Qu`est que c`est le Tiers Estat"?* (o que é o Terceiro Estado?), reclamava que este estamento estivesse representado nos Estados Gerais em número igual ao somatório dos representantes do clero e da nobreza. Reclamação essa que já havia sido atendida antes de 5 de Maio de 1789, data do início dos trabalhos dos Estados Gerais. Por isso, não fazia sentido para os representantes do povo (Terceiro Estado) que se mantivesse o mesmo processo de votação, e passaram a exigir que os três estados (estamentos) formassem uma Assembleia única e que o voto fosse individual; pois assim, com o apoio ocasional de alguns membros do clero ou da nobreza descontentes, o Terceiro Estado controlaria a Assembleia (os Estados Gerais). Esta exigência dos representantes do povo não agradou aos membros do clero e da nobreza presentes nos Estados Gerais, e, durante mais de um mês, manteve-se a controvérsia sobre o processo de votação sem se chegar a uma resolução. Perante este impasse, o Terceiro Estado decidiu, em 17 de Junho, proclamar-se Assembleia Nacional com a convicção de que a pergunta do padre Siéyès continha implícita a seguinte resposta: o Terceiro Estado é a nação. E, de imediato, convidou os representantes do clero e da nobreza a participar nos trabalhos de Assembleia Nacional; convite que foi aceite em curto espaço de tempo (dois dias) pela maioria do clero e por alguns nobres. Porém, o Rei Luís XVI não gostou da decisão do Terceiro Estado, considerando-a uma afronta à soberania absoluta do titular da Coroa, determinando ao exército real que impedisse a entrada dos deputados rebeldes no salão onde se reuniam os Estados Gerais. E, na manhã de 20 de Junho, quando os deputados quiseram reunir-se, encontraram as portas do salão bloqueadas por soldados.

Perante esta situação, duas alternativas se colocavam: submeteremse, ou desafiar o poder soberano do monarca. Optaram pela segunda. Retiraram-se para um recinto próximo, que era utilizado, ora como academia de equitação, ora como quadra do jogo da péla. E, ali, sob a chefia de Mirabeau e do padre Siéyès, comprometeram-se, em juramento, solenemente, a não se separar enquanto não redigissem uma Constituição para a França. Esse juramento, (20 de Junho de 1789), designado *"juramento do jogo da péla"*, marcou o verdadeiro início da Revolução Francesa que se prolongará até 9 de Novembro de 1799, data do golpe de Estado perpetrado por Napoleão Bonaparte, e transformou os Estados Gerais em Assembleia Nacional Constituinte.

Os trabalhos da Assembleia Nacional Constituinte iniciam-se e decorrem num ambiente bastante agitado, suscitado pela revolta dos camponeses, e pela tomada da Bastilha, em 14 de Julho de 1789. E, por isso, decide empreender a revolução social, determinando a abolição dos direitos e privilégios feudais e o fim do regime de cargos públicos hereditários e das distinções de classe, declarando que todos os franceses passavam a ser iguais perante a lei, e dedicando-se à elaboração de uma carta das liberdades, cujo resultado foi a aprovação, em 26 de Agosto de 1789, da *Declaração dos Direitos do Homem e do Cidadão,* promulgada no mês seguinte. Só depois se consagrou ao trabalho de elaborar a Constituição que viria a concluir em 1791.

A Declaração dos Direitos do Homem e do Cidadão* consagra os direitos fundamentais subjacentes à filosofia do individualismo liberal, considerando-os anteriores à sociedade politicamente organizada, absolutos, imutáveis e intemporais, inerentes ao ser humano, impondo-se a qualquer ordem jurídica.

No preâmbulo da Declaração considera-se que *"a ignorância, o esquecimento ou o desprezo dos direitos do homem são as únicas causas do sofrimento público e da corrupção dos governos".* E, por isso, o seu art. 2.º estabelece que *"o objectivo de qualquer associação política é a manutenção dos direitos naturais imprescritíveis do homem",* resumindo que esses direitos são *"a liberdade, a propriedade, a segurança e a resistência à opressão".*

A Declaração consagra a protecção dos indivíduos contra os abusos do poder (art. 7.º a 9.º); garante a liberdade de opinião, de expressão e de comunicação (art. 10.º e 11.º); estabelece que a soberania reside no povo (na nação) (art. 3.º); responsabiliza os funcionários públicos perante a sociedade (art. 15.º); e liga os direitos fundamentais à separação de poderes, ao estipular que *"uma sociedade na qual a garantia dos direitos não seja assegurada e a separação de poderes não seja determinada não tem existência legal"*(art. 16.º). No entanto, não contém qualquer disposição relativa aos direitos económicos e sociais. É um documento assente num sistema de valores fundamentalmente individualista, pois os direitos nele consagrados exigem uma abstenção e não uma intervenção do Estado.

* Ver em anexo o texto integral da Declaração dos Direitos do Homem e do Cidadão.

O seu articulado compreende os chamados *direitos da primeira geração* – os "direitos de" –, direitos das liberdades individuais, reclamados "contra" ou "face" ao Estado, e também o direito de propriedade, que originou os direitos ditos "públicos" (os direitos do cidadão), os quais se traduziram na adopção de sistemas de sufrágio censitários e capacitários e na distinção entre cidadãos activos (eleitores) e cidadãos passivos (não eleitores). De resto, a Constituição Francesa, aprovada em 1791 pela mesma Assembleia que proclamou a Declaração dos Direitos do Homem e do Cidadão, consagrava essa distinção, pois concedia o direito de voto apenas àqueles que pagassem um imposto directo equivalente a três dias de salário, e limitava aos cidadãos com determinadas posses o direito eleitoral passivo para cargos de certa importância.

3.3. *As Revoluções Industriais e os Direitos Económicos e Sociais*

As Revoluções Americana e Francesa foram a expressão política das ideias liberais que, na época, exigiam *liberdade, igualdade* e *fraternidade,* termos estes que, ainda hoje, simbolizam a passagem, em França, do absolutismo monárquico à democracia liberal republicana. Liberdade de consciência, de opinião e de expressão, liberdade de circulação e estabelecimento, liberdade de casar e de constituir família, mas também liberdade de iniciativa e de empreendimento; igualdade de todos perante a lei e a protecção judiciária, isto é, igualdade meramente formal; e fraternidade dos cidadãos em defesa dos seus direitos e sobretudo face aos arbítrios do poder. Todavia, a liberdade de iniciativa e de empreendimento, conjugada com o direito à propriedade e à aquisição e posse de bens, gerou a sociedade liberal do século XIX, dirigida pelo Estado do "laissez faire, laissez passer", e caracterizada por profundas desigualdades económicas e sociais e, consequentemente, civis e políticas, decorrentes das condições de produção proporcionadas pela revolução mecânica (I revolução industrial) e pela revolução eléctrica (II revolução industrial).

A *primeira revolução industrial*, suscitada e implementada pela invenção da máquina de fiar (spinning jenny) por Hargreaves (1765), da máquina a vapor por Watt (1769), da fiandeira mecânica por Crompton (1779), do barco a vapor por Fulton (1803) e da locomotiva a vapor por Stephenson (1814), traduziu-se na substituição do trabalho do domicílio pelo trabalho da fábrica, na transferência de contingentes de mão-de-obra agrícola para a indústria, na concentração urbana e aglomeração de grandes massas de operários e na degradação das condições de vida daqueles que deixaram os campos para trabalhar nas fábricas; e possibilitou o aumento e diversificação dos bens manufacturados, o desenvolvimento do transporte ferroviário e a melhoria dos transportes marítimos e fluviais, o incremento das transações comerciais e o enriquecimento dos detentores do capital e dos meios de produção à custa da exploração de grandes massas de proletários, constituídas por homens, mulheres e crianças, que laboravam catorze a dezasséis horas por dia, sem descanso aos domingos e feriados, e viviam em condições degradantes e, em muitos casos, quase desumanas, e não tinham quaisquer direitos políticos, económicos e sociais.

Contra estas condições de produção e as consequentes desigualdades económicas e sociais daí decorrentes vão insurgir-se vários estudiosos e pensadores, em cujos trabalhos denunciam os privilégios da classe burguesa e capitalista e a exploração das massas operárias e clamam pelo reconhecimento dos direitos substantivos (económicos, sociais e culturais) e da igualdade de oportunidades para todos. De entre esses estudiosos, destacamos, pelo efeito que as suas obras tiveram no campo das reivindicações laborais, económicas e sociais e no domínio dos direitos humanos e da organização política da sociedade, alguns dos teóricos das teses da revolução permanente e da miséria crescente, tais como *Babeuf, Blanc, Proudhon, Bakounine, Engels e Marx.*

Babeuf, na sua obra *"Conspiração pela Igualdade"*, ou *"Manifesto dos Iguais",* publicada em 1828, reclama um complemento da revolução que ultrapasse em importância a primeira parte desta, transpondo-a do plano político para o plano social, proclamando que chegou o momento de fundar a República dos Iguais, esse grande hospício aberto a todos os homens. *"Chegou a hora da restituição dos bens. Vós todas, famílias que sofreis, vinde sentar-vos à mesa comum posta pela natureza para todos os seus filhos".* Para Babeuf, a terra não é de ninguém e a posse individual das terras deve deixar de existir. Por isso, pretende que os frutos da terra estejam à disposição da comunidade, e que todos tenham igual possibilidade de a eles ter acesso.

Louis Blanc, na sua *"Organização do Trabalho"*(1839), exprime a ideia de que o Estado é indispensável à reforma social, e propõe que a reforma social assente no seguinte pressuposto: *"a cada um segundo as suas necessidades, de cada um segundo as suas possibilidades".* Blanc sustenta que o Estado, ao tornar-se uma Assembleia dos mandatários do povo, responsáveis, revogáveis e escolhidos por todos para formular através de leis a vontade geral, deixa de ser tirânico. Pelo contrário, será tutelar, generoso, devotado, inspirado nas palavras do Evangelho. Defende, portanto, uma transformação social pacífica através do sufrágio universal. Na sua opinião, um governo resultante do sufrágio universal encontrar-se-ia qualificado para tomar eficazmente a iniciativa da reforma económica da sociedade. Reforma essa que compreenderia a criação de *"atelieres sociais"* nos principais ramos da indústria, sendo o Estado o protector supremo do princípio da associação sem que lhe fosse possível absorver a acção dos trabalhadores associados.

Joseph Proudhon, nas suas principais obras – *"O que é Propriedade?"* (1840) e *"A Ideia Geral da Revolução no Século XIX"* (1851), ao contrário de Louis Blanc, condena a própria existência do Estado e rejeita o sufrágio universal. Considera o sufrágio universal o meio mais seguro para fazer mentir o povo, achando que *"é uma instituição excelente para fazer com que o povo diga não o que ele pensa mas aquilo que se pretende dele"*. Proudhon assume-se como um anarquista, ou melhor, como um anarco-federalista. À pergunta: Que se irá colocar no lugar do Estado? Proudhon responde: Nada. A sociedade é um movimento perpétuo; não tem necessidade que dirijam o seu ritmo. Defende o primado da economia nos seguintes termos: *"Antes de legislar, de administrar, de construir palácios e templos e de fazer a guerra, a sociedade trabalha, lavra, navega, compra e vende, explora a terra e o mar"*. E preconiza uma sociedade assente em instituições mutualistas: *"A sociedade deve ser considerada não como uma hierarquia de funções e de faculdades, mas como um sistema de equilíbrio entre forças livres, pelo qual se assegura a cada um o gozo dos mesmos direitos, com a condição de se cumprirem os mesmos deveres, e ainda o direito de obter as mesmas vantagens em troca dos mesmos serviços"*. Proudhon acredita que a solução está no federalismo anarquista, que considera como sendo o mutualismo transferido para a esfera política, e se traduzirá na decomposição do Estado em muitos (ou múltiplos) grupos autónomos que se administram a si mesmos.

Michael Bakounine (1814-1876), exilado russo em França e na Inglaterra, foi um eminente defensor do anarco-sindicalismo, preconizando a "acção colectiva". Nas suas obras *"Federalismo, Socialismo e Antiteologismo"* e *"Deus e o Estado"* reclamou o reconhecimento da humanidade, dos direitos do homem e da dignidade humana de todos, qualquer que seja a sua raça, a sua cor, o grau de desenvolvimento da sua inteligência e mesmo da sua moral. E defendeu que o triunfo colectivo e individual da humanidade seria assegurado pela criação de uma sociedade sem autoridade. Bakounine preconizava a liberdade dos indivíduos solidariamente em todo o seu conjunto. *"A liberdade não é possível senão através da sociedade. E o homem não se torna homem e não chega a ter consciência da sua humanidade nem a realizá-la senão através da sociedade e da sua acção colectiva"*. O seu fim é a humanidade, o meio é a sociedade. Na sociedade idealizada por Bakounine, a pirâmide social é construída sobre o acordo livremente consentido por todos, e não sobre a ordem de um poder superior. É a base que determina o vértice e não este que determina a base. *"Eu quero a organização da sociedade e da propriedade colectiva, ou social, de baixo para cima, por meio da livre associação, e não do alto para baixo, por meio de uma autoridade, qualquer que ele seja"* – afirmou Bakounine.

O anarquismo socialista de Bakounine teve muita influência nos movimentos operários e nas organizações sindicais dos trabalhadores. E a "acção colectiva" por ele preconizada esteve na base do desenvolvimento do anarquismo sindicalista e na origem da criação, em 1864, da Associação Internacional dos Trabalhadores (I.ª Internacional), além de influenciar o sindicalismo doutrinal de Georges Sorel.

Friederich Engels, influenciado pelo pensamento hegeliano, tornou-se um defensor acérrimo do materialismo dialéctico e, juntamente com Marx, é um dos fundadores do socialismo científico. Na sua obra *"A Origem da Família, da Propriedade Privada e do Estado"* exprime o seu pensamento sobre a origem e a finalidade do Estado. Para Engels, a transformação da sociedade primitiva em sociedade de classes tornou necessária uma instituição que colocasse sobre as novas formas sucessivamente desenvolvidas de aquisição de propriedade e de produção de riqueza o carimbo da legislação para a sociedade em geral; uma instituição que não perpetuasse somente a crescente divisão da sociedade em classes, mas também o direito da classe dominante a explorar a que nada possuía. E essa instituição surgiu: o Estado foi inventado. O Estado está, pois, ao serviço da classe dominante; mas deve ser colocado ao serviço da colectividade. E, quando todos tiverem acesso à propriedade colectiva dos meios de produção, deve única e simplesmente deixar de existir como autoridade pública. *" Ao governo dos homens sucederá a administração das coisas"* – vaticinava Engels. Por outro lado, nos trabalhos que publicou em colaboração com Marx – *"A Sagrada Família"*, *"A Ideologia Alemã"* e o *"Manifesto do Partido Comunista"*, Engels critica a sociedade dominada pela burguesia capitalista e desenvolve a tese da miséria crescente expressa no apelo à união dos proletariados de todo o mundo feita no "Manifesto do Partido Comunista" (1848).

Karl Marx foi de todos os críticos da sociedade liberal aquele que mais influenciou o pensamento político da segunda metade do século XIX e dos primeiros anos do século XX. Tanto nos trabalhos que publicou em colaboração com Engels, como nas suas obras *"Crítica da economia Política"* (1859) e *"O Capital"* (1863), Marx fez uma análise dos fenómenos políticos na sua interacção com os fenómenos sociais; pois entendia que o Estado e o Poder são fenómenos de força, que estão em interacção permanente com as forças económicas e sociais, e, por isso, o estudo do Estado e do Poder devia ser orientado para a análise correcta dessas forças. Entre essas forças, Marx destacou a importância das técnicas da produção e das forças produtivas, e explicou a evolução histórica pela contradição entre as forças produtivas em movimento e as relações de produção, isto é, as relações jurídicas da propriedade e da distribuição dos rendimentos entre os indivíduos e os grupos da colectividade, concluindo que o processo social é o resultado desta contradição.

A análise que Marx fez dos modelos económicos – antigo, feudal, asiático, burguês – revelou:

    a) Que o regime político (parte da superestrutura) é reflexo da luta de classes;

    b) Que as classes são definidas pelo sistema de produção;

    c) Que o sistema de produção depende essencialmente das técnicas;

    d) Que o fenómeno político é, portanto, uma consequência das relações de produção, e não tem autonomia no processo causal.

Marx negou, assim, a autonomia dos factos e dos acontecimentos políticos, na medida em que todo o processo social resulta do determinismo histórico: a superestrutura política é determinada pela estrutura económica.

Logo, se a estrutura económica está nas mão da classe burguesa e capitalista, os direitos humanos plasmados nas Declarações Americana e Francesa não eram mais do que o reflexo dos interesses de uma classe social – a burguesia. E, por isso, o Homem invocado nessas Declarações não existia, já que era um ser abstracto. Para Marx, só existiam Homens concretos, histórica e socialmente determinados pela origem de classe. Não acreditava que a liberdade de alguns fosse alcançada com a subjugação e exploração de outros. E só quando existir uma sociedade sem classes, sem exploradores nem explorados, é que o Homem será efectivamente livre e os direitos humanos terão um significado real e não meramente abstracto.

Mas isso só acontecerá quando a produção individual for substituída pela produção colectiva e o Estado deixar de existir como poder público e subsistir apenas como organização económica e social.

Enquanto as ideias dos teóricos da revolução permanente e da miséria crescente ganhavam adeptos, faziam nascer organizações políticas destinadas a conquistar e exercer o poder e arregimentavam milhares de trabalhadores em defesa do direito ao trabalho, ao descanso semanal, à redução do horário de trabalho, ao salário justo, ao contrato de trabalho, à segurança social, à protecção na doença, e também do direito à educação, à assistência, à habitação, etc., Gramme inventava o dínamo eléctrico (1871) e Parsons construía o gerador de electricidade (1884), pondo em marcha a revolução eléctrica (II.ª Revolução Industrial), que foi desenvolvida pela descoberta do aço por Thomas (1879), pela invenção do telefone por Bell (1876), do automóvel a gasolina por Daimler (1886), do avião pelos irmãos Wright (1903), e sobretudo pela descoberta por Taylor e Ford de novas formas de organização do trabalho nas fábricas, e que se traduziu no trabalho em cadeia, na produção em massa, na estandardização das peças e dos produtos, na utilização de novas formas e fontes de energia (electricidade e petróleo), na melhoria dos transportes e no desenvolvimento do sector dos serviços, designadamente das trocas comerciais.

As contingências da II.ª Revolução Industrial e as ideias subjacentes ao socialismo associacionista e federalista e ao socialismo científico estimularam as massas trabalhadores a organizarem-se em sindicatos profissionais e a reivindicarem a intervenção do Estado para que lhes fossem reconhecidos direitos económicos, sociais e culturais, e o direito político de participação nos negócios públicos da sociedade, e levaram muitos Estados a reconhecer o direito de associação dos trabalhadores e de criação de sindicatos e a inscreverem nas suas Leis Fundamentais os principais direitos económicos, sociais e culturais (direito ao trabalho, à garantia de emprego, à liberdade sindical, ao salário justo, ao descanso semanal e a férias anuais, direito à segurança social, à protecção da saúde, a uma habitação condigna, à protecção da família e à qualidade de vida e ambiental, e direito à educação, à cultura e à ciência), comprometendo-se, assim, a garantir o respeito por estes direitos.

Em síntese, com a I.ª e II.ª Revoluções Industriais criaram-se condições de exploração de mão-de-obra que abandonou os campos em massa e se deslocou para os centros industriais à procura de trabalho. Mas também se criam condições para os trabalhadores se começarem a organizar em defesa dos seus direitos económicos e sociais, e para a fermentação e desenvolvimento de ideias, que, depois de teorizadas, deram origem a novas ideologias políticas (socialismo reformista, social-democracia, marxismo-leninismo e também democracia-cristã) que vão influenciar a afirmação do exercício do poder em muitas sociedades ao longo do século XX e início do século XXI. E o resultado destes acontecimentos, no campo dos direitos humanos, foi o reconhecimento e consagração dos chamados *direitos de segunda geração – "direitos a"* – que se baseiam no princípio da intervenção do Estado. Em vez de uma abstenção exige-se uma prestação do Estado para que direitos económicos, sociais e culturais sejam efectivamente garantidos e respeitados. Passa-se, assim, da noção de um mínimo de Estado, limitado a tarefas de protecção das liberdades, à noção de Estado-Providência, interveniente nos domínios económicos e sociais, para garantir a igualdade de oportunidades no acesso à fruição desses direitos, sobretudo dos direitos à educação, à cultura e à ciência, e dos direitos à protecção da saúde, à segurança social e a uma habitação condigna.

3.4. *A I.ª Guerra Mundial e os Direitos Humanos*

O aumento da produção em massa das indústrias transformadoras, a melhoria dos transportes e das comunicações, a necessidade de garantir o aprovisionamento de matérias-primas e de novas fontes de energia e o desejo de assegurar a comercialização dos produtos acabados fizeram aumentar as rivalidades entre os países onde mais se fizeram sentir os efeitos das revoluções mecânica e eléctrica – a Inglaterra e a Alemanha. Com efeito, nos finais do século XIX e princípios do século XX, as rivalidades comerciais destes dois países, que desenharam a partilha dos territórios coloniais africanos com o objectivo de alargar os seus mercados e de garantir o fornecimento de matérias-primas, e as ambições da Alemanha, da Áustria e da Rússia em relação ao Império Otomano precipitaram os acontecimentos que originaram o Primeiro Conflito Mundial. E o assassinato do Arquiduque Francisco Fernando, herdeiro do trono da Áustria, em 28 de Junho de 1914, foi a faísca lançada no barril de pólvora das suspeitas e dos ódios acumulados e a causa imediata do deflagrar da Primeira Guerra Mundial, que opôs os impérios centrais (Alemanha e Áustria-Hungria) aos Aliados (Inglaterra, França, Rússia, Bélgica e Sérvia), que viriam a ser apoiados por muitos outros países, inclusive os EUA que entraram na guerra, em julho de 1918, quatro meses antes do armistício.

Enquanto a guerra se desenrolava na Europa Ocidental, triunfava a Revolução Soviética (Outubro de 1917). E a Rússia, que os Czares, de Pedro a Catarina, haviam inserido no Concerto Europeu, corta, de um momento para o outro, os laços que a uniam à Europa, votando-se a um isolamento forçado por decisão dos outros países europeus.

Por outro lado, à medida que o calendário indicava o fim de mais uma centúria e o século XX se iniciava, os EUA começavam a furar as malhas do isolamento que a Doutrina de Mouroe* lhes havia imposto. Delegados seus tomam parte na Conferência de Berlim (1884-1885) para regular os problemas da livre circulação no rio Zaire (Congo) e da partilha de África, no primeiro Congresso de Haia (1899) que definiu regras para a resolução pacífica dos conflitos, na Conferência de Algeciras que definiu o estatuto de Marrocos, e no segundo Congresso de Haia (1907) que criou o Tribunal Permanente de Arbitragem; e o próprio Presidente Theodore Roosevelt arbitra o conflito russo-japonês (1905). E, por isso, considerando que as exigências da conjuntura não lhes deixavam alternativa, decidiram participar na guerra e no processo que conduziria aos acordos de paz. De resto, o Presidente Wilson, interpretando o movimento de opinião favorável à organização pacífica do mundo e aproveitando a exaustão da Europa, apresentou à Conferência de Paz de Versalhes, em Janeiro de 1918, um relatório com catorze pontos, com a finalidade de criar condições e encontrar soluções para assegurar a paz política e a paz social, propondo, no 13.º ponto, a criação de uma organização internacional do trabalho, e, no 14.º ponto, a criação de uma sociedade geral das nações.

As propostas wilsonianas de instituir organizações internacionais capazes de arbitrar os conflitos e de preservar a paz política e social foram aceites, e algum tempo depois foram assinados o Tratado que instituiu a Organização Internacional do Trabalho (Junho de 1918) e o Pacto da Sociedade das Nações (Abril de 1919). Porém, o senado norteamericano não aceitou que os EUA fizessem parte da *Sociedade das Nações* (SDN), facto que contribuiu para o fracasso desta organização internacional.

---

* A Doutrina de Monroe, apresentada pelo Presidente ao Congresso em 1823 resumia-se a três aspectos fundamentais: a exclusão da intervenção da Europa nos assuntos do continente americano; a oposição dos EUA a qualquer colonização exercida por toda a soberania exterior ao continente; e o isolamento dos Estados Unidos face às questões europeias. Fundamentalmente, traduziu-se numa advertência às potências europeias com o fim de evitar novas colonizações na América, e na prática de uma política externa neutralista face aos acontecimentos europeus.

As consequências da I.ª Guerra Mundial, que se traduziram na degradação das condições económicas e sociais dos povos europeus, registando-se um aumento generalizado dos preços, uma crescente e substancial depreciação das moedas e um crescimento significativo do desemprego, geraram um forte descontentamento nos países vencidos e mesmo em alguns países vencedores, que foi aproveitado por líderes ambiciosos para instaurar regimes ditatoriais e fascistas: primeiro na Itália, com Mussoline, depois em Portugal e na Alemanha, com Salazar e Hitler, respectivamente, e, por último, na Espanha, com a vitória do General Franco na guerra civil (1936-1939). E nas décadas de vinte e trinta, a Europa conhece profundas divisões com a afirmação dos nacionalismos agressivos, a Rússia consolida o regime autocrático sob a influência do marxismo-leninismo e o Japão projecta as ambições do imperialismo nipónico.

As contingências da I.ª Guerra Mundial desenvolveram, pois, um mundo pouco propício à afirmação dos direitos do homem e dos povos. Assinou-se o Pacto da Sociedade das Nações, mas os efeitos da Guerra, a divisão do mundo, na sequência do triunfo da Revolução Soviética (1917), e a consolidação de regimes fascistas e afirmação de nacionalismos agressivos precipitaram o fracasso do universalismo wilsoniano plasmado no Pacto da SDN. É certo que, na Conferência de Versalhes, N'Guyen afirmou pela primeira vez o *princípio da autodeterminação dos povos* – "cada povo deve ter direito a escolher o regime político e o governo sob os quais deseja viver", – e que a Assembleia Geral da SDN aprovou, em 1930, uma *Declaração sobre os Direitos do Homem;* mas os efeitos do *Diktat Von Versalhes* e o triunfo das teses antroporraciais de Gobineau, Chamberlain e Lapouge e da teoria das elites de Mosca e Pareto projectaram os acontecimentos que levaram à II.ª Guerra Mundial e acentuaram as desigualdades entre os povos, negando o universalismo dos direitos humanos. Não obstante isso, no período que precedeu a primeira Grande Guerra e que mediou as duas Guerras Mundiais, foram concedidos direitos políticos a muitos cidadãos nos países onde vigoravam regimes democráticos, permitindo que se inscrevessem nos cadernos eleitorais e beneficiassem do direito de voto. Com efeito, embora o sufrágio universal tivesse sido oficializado em França (1848) e na Alemanha (1871) no século XIX, e vigorasse já nos EUA desde 1787, data da aprovação da sua Constituição, a universalidade do sufrágio compreendia apenas os homens maiores de trinta (30) anos de idade. Esta maioridade eleitoral activa desceu depois para os vinte cinco (25) anos, nos finais do século XIX, e para vinte e um (21) anos, durante a primeira metade do século XX. E as mulheres começaram a beneficiar do direito eleitoral activo a partir de 1890. Nesta data, o Estado federado de Wyming (EUA) reconheceu o direito de voto ao sexo feminino. Seguiram-se-lhe outros Estados federados norteamericanos, as dominações inglesas do Pacífico e alguns Estados nórdicos (Dinamarca, em 1917, Holanda, em 1918 e a Grã-Bretanha em 1928).

4. Da II.ª guerra mundial aos nossos dias (2004)

O triunfo das ideologias fascistas na Itália (1923) e na Alemanha (1933), a derrota do governo republicano na guerra civil de Espanha (1936-1939), a degradação das condições económicas e da situação política que teve expressão na crise de 1929, as ambições imperialistas da Alemanha, da Itália e do Japão e a consequente corrida aos armamentos impediram o respeito pelos compromissos assumidos na Reunião de Versalhes (1918) e nas convenções multilaterais realizadas na década de vinte com vista à resolução pacífica dos diferendos e à manutenção da paz internacional e precipitaram um conjunto de acontecimentos que se inserem no contexto das ambições nazis de dominar o mundo e que estão na origem da II.ª Guerra Mundial, iniciada com a invasão da Polónia pelo exército nazi, em 1 de Setembro de 1939.

As contingências que conduziram à II.ª Guerra Mundial e as atrocidades cometidas durante o conflito, designadamente o genocídio dos judeus, fizeram aumentar as preocupações com a salvaguarda dos direitos humanos e começou a clamar-se pela consagração internacional dos direitos do homem e, consequentemente, pela sua protecção.

Decorridos quase dois anos depois de declarada a Guerra, o Presidente Roosevelt (EUA) e o Primeiro – Ministro Wiston Churchill (RU) assinam a *Carta do Atlântico* (14-8-1941), documento que consagrou sete princípios de convivência entre os Estados:

• *O direito dos povos escolherem a sua forma de governo;*
• *A cooperação entre os Estados para promover o progresso económico e social;*
• *A igualdade no acesso às matérias-primas;*
• *A liberdade dos mares;*
• *A não alteração dos limites territoriais sem o consentimento dos povos interessados;*
• *A redução geral dos armamentos; e*
• *A manutenção da segurança colectiva.*

E, passados alguns meses (1 de Janeiro de 1942), mediante a *Declaração das Nações Unidas,* vinte e quatro países aderiram aos princípios da *Carta do Atlântico,* acrescentando-lhes:
- O princípio da liberdade religiosa; e
- O princípio da solidariedade das Nações Unidas contra as potências do Eixo (Alemanha, Itália e Japão).

Posteriormente, enquanto o conflito bélico entre os Aliados e os países do Eixo se desenrolava no terreno, os representantes da China, dos EUA, do RU e da URSS reuniram-se em Moscovo e, em 30 de Outubro de 1943, assinaram a *Declaração de Moscovo,* na qual inscreveram a necessidade de estabelecer, logo que possível, uma organização geral internacional, baseada no princípio da igualdade soberana dos Estados pacíficos, e aberta à adesão de todos os Estados nessas condições, grandes e pequenos, para a manutenção da paz e da segurança internacional.

As linhas mestras da organização internacional proposta foram definidas na *Conferência de Dumbarton Oaks,* em que participaram, de 21 de Agosto a 28 de Setembro de 1944, os EUA, o RU e a URSS, e numa segunda fase, de 29 de Setembro a 7 de Outubro do mesmo ano, a China, os EUA e o RU. O projecto então elaborado previa que o órgão principal devia ser o Conselho de Segurança, com predomínio dos chamados cinco grandes (EUA, URSS, China, RU e França). Este problema foi particularmente discutido na *Conferência de Ialta,* em Fevereiro de 1945, entre Roosevelt, Churchill e Estaline, que, além de decidirem a repartição de esferas de influência na comunidade internacional do pós-guerra, acordaram os pormenores da estrutura da futura Organização das Nações Unidas, entre os quais a consagração, em benefício das grandes potências, do direito de veto, e referiram-se à necessidade de realizar uma conferência das Nações Unidas, com vista a estabelecer uma organização internacional geral para manter a paz e a segurança, tendo concordado em marcar a Conferência para 25 de Abril de 1945, a reunir em São Francisco, a fim de preparar a Carta de tal organização, em conformidade com as linhas propostas na reunião informal de Dumbarton Oaks.

Conjugadas as decisões de Ialta com o projecto de Dumbarton Oaks foi, finalmente, elaborada e aprovada a Carta da Organização das Nações Unidas por delegados de cinquenta países, que reuniram na *Conferência de São Francisco,* entre 25 de Abril e 26 de Junho de 1945, a qual entrou em vigor em 24 de Outubro desse ano, data em que os "cinco grandes" e a maioria dos signatários preencheram todos os mecanismos da sua ratificação.

O preâmbulo da Carta das Nações Unidas exprime os ideais e os objectivos comuns a todos os povos, cujos governos estiveram representados na reunião de São Francisco para instituir a Organização das Nações Unidas. Ideais e objectivos esses que também dizem respeito aos direitos humanos. Pois, ali ficou expresso o seguinte: *"Nós, povos das Nações Unidas, (estamos) resolvidos a proclamar de novo a nossa fé nos direitos fundamentais do homem, na dignidade e no valor da pessoa humana, na igualdade de direitos dos homens e das mulheres, assim como das nações, grandes ou pequenas"*. E no art. 1.º da Carta foi inscrito que são objectivos das Nações Unidas:

1. Manter a paz e a segurança internacional (…).

2. Desenvolver as relações amigáveis entre as nações baseadas no *respeito do princípio da igualdade e da autodeterminação dos povos* (…).

3. Realizar a cooperação internacional para resolver os problemas de ordem económica, social, cultural, e humanitária, e *promover e estimular o respeito pelos direitos humanos e pelas liberdades fundamentais para todos sem distinção da raça, sexo, língua ou religião*.

4. Ser um centro de harmonização dos esforços das nações para realizar os fins comuns.

Com vista à realização dos seus objectivos, respeitando os princípios enunciados na Carta, e recorrendo aos mecanismos nela previstos, a ONU tem-se empenhado na proclamação e salvaguarda dos direitos do homem e das liberdades fundamentais. E o mesmo têm feito outras organizações internacionais, criadas posteriormente, tais como o Conselho da Europa, a União Europeia, a Organização dos Estados Americanos e a Organização da Unidade Africana (agora União Africana), que adoptaram Cartas, Convenções, Declarações, Pactos, e criaram instâncias e mecanismos de protecção e salvaguarda dos direitos humanos, institucionalizando, assim, os direitos do homem.

a) A Declaração Universal dos Direitos do Homem*

Vocacionada para preservar a paz e a segurança internacional, a ONU entendeu que era necessário, para esse efeito, equacionar e codificar os

---

* Ver o texto da Declaração Universal dos Direitos do Homem em anexo.

princípios e as regras fundamentais inerentes aos direitos do homem. Com essa finalidade, o Conselho Económico e Social desta Organização, com base no art. 68.° da Carta, criou, em 1946, a *Comissão dos Direitos do Homem das Nações Unidas,* que ficou encarregue de elaborar uma Convenção Internacional dos Direitos do Homem. Para o efeito, foi constituído um Comité de redacção cujos trabalhos foram objecto de longas reflexões e sujeitos a cerca de 1400 votações no seio da Comissão.

O relatório final, aprovado, em Junho de 1948, pela Comissão dos Direitos do Homem, e submetido à Assembleia Geral, propunha uma Declaração dos Direitos do Homem com duas dimensões: a) uma declaração internacional dos direitos do homem; e b) um pacto através do qual os Estados signatários se empenhariam em respeitar um conjunto de normas relativas aos direitos do homem. Todavia, a Assembleia Geral, reunida em Paris, apenas aprovou, em 10 de Dezembro de 1948, a *Declaração Universal dos Direitos do Homem,* por 48 votos a favor, nenhum voto contra e 8 abstenções (Arábia Saudita, Bielo-Rússia, Checoslováquia, Jugoslávia, Polónia, Ucrânia, União Sul Africana e União Soviética), não tendo os Estados membros da ONU chegado a acordo sobre a votação dos textos de aplicação (do pacto).

A Declaração contempla um conjunto de princípios e de normas comuns a todos os povos e nações, aos quais atribui um carácter de universalidade, e que devem ser respeitados por todos os Estados. Esta universalidade visa que os direitos contemplados na Declaração sejam respeitados a nível planetário independentemente das diversidades culturais.

Analisando a estrutura da Declaração dos Direitos do Homem e os direitos nela compreendidos, René Cassin assemelhou esta Declaração a um edifício de quatro pilares:

§ O primeiro pilar é o dos direitos pessoais, aqueles direitos que todos os seres humanos possuem desde o nascimento, e dos quais nenhum governo os pode privar.

§ O segundo pilar é o que regula as relações entre os homens, "(…) as famílias, os grupos que as rodeiam, os lugares e as coisas": o direito à vida privada, a circular no país, a viajar, a constituir família.

§ O terceiro pilar é o das liberdades públicas e dos direitos políticos fundamentais: liberdades de pensamento e de opinião, de expressão, de reunião, de associação e de afirmação da vontade na escolha dos governantes.

§ O quarto pilar é o dos direitos económicos, sociais e culturais: direito ao trabalho, ao salário justo, ao descanso, a férias pagas, à liberdade sindical, à saúde e ao bem estar, à segurança social, à educação, à cultura e à ciência.

b) Os Pactos Internacionais sobre Direitos Civis e Políticos e sobre Direitos Económicos, Sociais e Culturais*

A Declaração Universal dos Direitos do Homem é um documento meramente declaratório. Não obrigava os Estados a aplicá-la nem a adoptar medidas concretas em conformidade com as suas disposições. Não protegia directamente os direitos dos indivíduos. Carecia, portanto, de ser complementada, para que os direitos nela enumerados fossem efectivamente garantidos e respeitados. Por isso, a ONU decidiu que fossem redigidas e aprovadas leis internacionais que vinculassem directamente os Estados e os obrigassem a aplicá-las.

Nesta perspectiva, a Assembleia Geral aprovou, em 1950, uma Resolução onde declara que as liberdades civis e políticas, assim como os direitos económicos, sociais e culturais estão interligados e são interdependentes; e solicitou à Comissão dos Direitos do Homem que elaborasse os textos necessários e importantes com vista a garantir a implementação e respeito dos direitos do homem.

Os trabalhos da Comissão dos Direitos do Homem traduziram-se na elaboração de dois *pactos internacionais,* um relativo aos direitos económicos, sociais e culturais, e outro respeitante aos direitos civis e políticos, e de um *protocolo facultativo* relativo a este último pacto. Os textos dos pactos e do protocolo foram adoptados pela Assembleia Geral, em 16 de Dezembro de 1966; mas foi necessário esperar quase uma década, em virtude da lentidão das ratificações pelos Estados-membros, para que estes três acordos internacionais entrassem em vigor.

O Pacto Internacional sobre os Direitos Económicos, Sociais e Culturais entrou em vigor em 3 de Janeiro de 1976, e contava, em 1998, com 137 Estados-partes. Este Pacto, trata das condições de trabalho, dos problemas sindicais, da segurança social, da protecção da família, dos níveis de vida e de saúde, do ensino e da actividade cultural, e estipula que os direitos relativos a estas categorias devem ser aplicados progressivamente e sem discriminação. Mas admite que o exercício destes direitos pode ser sujeito a certas limitações, que devem ser estabelecidas por lei.

---

* Ver os textos dos Pactos em anexo.

O Pacto Internacional sobre os Direitos Civis e Políticos e o Protocolo Facultativo, que entraram em vigor em 26 de Março de 1976, tratam de diversas questões inerentes aos direitos civis e políticos, tais como a liberdade de deslocação, a liberdade de opinião e de expressão, a liberdade de consciência e de religião, a liberdade de reunião pacífica, a liberdade de associação e de participação nos negócios políticos e nas eleições, a igualdade perante a lei, a presunção da inocência e os direitos das minorias; e proíbem a privação arbitrária da vida, a tortura, os tratamentos e os castigos degradantes e cruéis, a escravatura, o trabalho forçado, a prisão e a detenção arbitrárias, a ingerência arbitrária na vida privada, a propaganda conducente ao ódio racial ou religioso que é um estímulo à discriminação e à violência.

O Pacto sobre os Direitos Civis e Políticos contava, em 1998, com 140 Estados-partes. E, ao contrário do Pacto sobre os Direitos Económicos, Sociais e Culturais, não admite que os direitos nele consagrados possam ser objecto de situações de excepção, a menos que sejam terminantemente necessárias para manter a segurança nacional; mesmo assim, alguns direitos não podem ser suspensos em caso algum, como o direito à vida e as liberdades de crença, de consciência, de opinião e de expressão.

A fim de garantir e de fiscalizar a aplicação destes Pactos, foram criados o *Comité dos Direitos Civis e Políticos,* em 1977, e o *Comité dos Direitos Económicos, Sociais e Culturais,* em 1987. Ambos os Comités são formados por 18 membros, eleitos pelo Estados-partes nos respectivos Pactos. Os Comités recebem e examinam as queixas que lhes são apresentadas, bem como as declarações dos Estados objecto dessas queixas, sendo estes obrigados a apresentar as declarações no prazo de seis meses, após a notificação da queixa pelo respectivo Comité.

c) A Convenção Europeia de Salvaguarda dos Direitos do Homem e das Liberdades Fundamentais* e a Carta Social Europeia

Na sequência das decisões adoptadas no Congresso de Haia, de 8 a 10 de Maio de 1948 – 1.º Congresso da Europa – foi criado o Conselho da Europa, mediante a aprovação dos seus Estatutos em Londres, em 5 de Maio de 1949, com o objectivo de *"realizar uma união mais estreita entre*

---

* Ver a Convenção Europeia de Salvaguarda dos Direitos do Homem e das Liberdades Fundamentais em anexo.

os seus membros com vista a salvaguardar e promover os ideais e princípios que são o seu património comum e favorecer o seu progresso económico e social" (art. 1.º dos Estatutos).

Por conseguinte, o Conselho da Europa tem por objectivos fundamentais:

§ Defender os princípios da democracia e dos direitos do homem;

§ Promover os valores humanos e a melhoria da qualidade de vida dos Europeus;

§ Favorecer a compreensão mútua entre os povos da Europa; e

§ Desenvolver o sentimento de identidade europeia assente no seu património comum.

Para esse efeito, "*todos os membros do Conselho da Europa reconhecem o princípio da primazia do direito em virtude do qual toda e qualquer pessoa colocada sob a sua jurisdição deve usufruir dos direitos do homem e das liberdades fundamentais*" (art. 3.º dos Estatutos).

Conjugando esta disposição dos Estatutos com os objectivos do Conselho da Europa, a Assembleia Parlamentar desta organização recomendou, desde a sua instituição, que se preparasse uma convenção relativa aos direitos do homem. Em conformidade com esta recomendação, foi constituído um grupo de peritos com a finalidade de elaborar um projecto de convenção. Projecto esse que foi submetido, em Maio de 1950, à apreciação dos representantes dos Estados-membros do Conselho da Europa, os quais, reunidos em Roma, aprovaram, em 4 de Novembro de 1950, a *Convenção Europeia dos Direitos do Homem e das Liberdades Fundamentais*, que entrou em vigor a 3 de Setembro de 1953.

Nos termos desta Convenção, os governos dos Estados-partes devem garantir a protecção dos direitos e liberdades de todos os nacionais, e ao Tribunal Europeu dos Direitos do Homem, instituído em 1959, compete velar pelo respeito efectivo dos direitos convencionalmente protegidos, tais como:

• O direito à vida;
• O direito à liberdade e à segurança;
• O direito ao respeito da vida privada e familiar;
• O direito à inviolabilidade do domicílio e da correspondência;
• O direito à administração equitativa da justiça;

- O direito à liberdade de pensamento, da consciência e de religião;
- O direito à liberdade de expressão e de opinião;
- O direito à liberdade de reunião e de associação;
- O direito à liberdade de circulação e de escolha de residência;
- O direito ao respeito pelos bens;
- O direito de casar e de constituir família;
- O direito de abandonar qualquer país, incluindo o de que se é natural e nacional;
- O direito de viver no Estado de que se é natural e nacional;
- O direito a ser-se educado de acordo com as convicções políticas e religiosas de cada um.

Qualquer cidadão nacional de um dos Estados-partes na Convenção tem a faculdade de reclamar junto do Tribunal Europeu dos Direitos do Homem protecção jurídica em defesa dos seus direitos que considere terem sido violados.

Considerando que a Convenção de Roma não contemplava os direitos económicos e sociais – os chamados direitos reais ou substantivos – o Conselho da Europa constituiu, no início dos anos cinquenta, uma conferência tripartida (governos, empregadores e sindicatos) para elaborar um projecto que catalogasse os direitos reais. Os trabalhos desta conferência prolongaram-se por quase uma década, e o relatório final (o projecto) foi aprovado, em 1960, pela Assembleia Parlamentar, e assinado na Convenção de Turim, em Outubro de 1961, pelos representantes dos governos dos Estados-membros, sob a designação de *Carta Social Europeia*, a qual entrou em vigor em 1963.

A Carta Social Europeia contempla um conjunto de princípios e de normas concernentes:
- Ao direito ao trabalho (art. 1.°);
- Ao direito a condições de trabalho equitativas (art. 2.°);
- Ao direito à segurança e higiene no trabalho (art. 3.°);
- Ao direito sindical (art. 5.°);
- Ao direito de negociação colectiva (art. 6.°);
- Ao direito dos trabalhadores à protecção (art. 8);
- Ao direito à segurança social e à assistência médica (art. 12.° e 13.°); etc.

Embora a Carta Social Europeia pretenda ser um código do trabalhador adaptado às condições económicas e sociais do nosso tempo, alguns Estados-membros do Conselho da Europa têm colocado reticências à sua ratificação. Todavia, os Estados-membros devem enviar, de dois em dois anos, um relatório ao Conselho da Europa, expondo a forma como foram aplicados os princípios e respeitados os direitos consubstanciados na Carta Social.

No domínio dos direitos humanos, além de ter adoptado a Convenção Europeia dos Direitos do Homem e a Carta Social Europeia, o Conselho da Europa adoptou também a *Convenção Europeia de Segurança Social,* que entrou em vigor em 14 de Março de 1977 e visa resolver os problemas de segurança social decorrentes sobretudo das migrações de trabalhadores e seus familiares e das deslocações de turistas de uns países para os outros, a *Convenção Europeia de Extradição,* a *Convenção para a Prevenção da Tortura* e a *Convenção relativa à Protecção de Dados,* destinada a proteger o cidadão europeu contra os abusos da informática, interditando o registo nos bancos de dados de certas informações relativas à vida privada de cada pessoa.

d) A Carta dos Direitos Fundamentais da União Europeia*

A nível das Comunidades Europeias, primeiro, e da Comunidade Europeia (CE), depois da fusão das Instituições Comunitárias pela entrada em vigor do Tratado de Bruxelas de 8 de Abril de 1965, a questão dos direitos do homem e das liberdades fundamentais não mereceu tratamento específico nos Tratados originários – Tratados de Paris e de Roma – nem no Tratado de fusão das instituições. Os seis países (Alemanha, Bélgica, França, Holanda, Itália e Luxemburgo) que fundaram as três Comunidades Europeias – CECA (1951), CEE e EURATOM (1957) já eram membros do Conselho da Europa e partes na Convenção Europeia dos Direitos do Homem e das Liberdades Fundamentais. E, por isso, não lhes pareceu necessário que os Tratados de Paris e de Roma se referissem especificamente ao respeito pelos direitos e liberdades fundamentais do homem. Apesar disso, algumas disposições destes Tratados obrigam as Instituições Comunitárias e os Estados-membros a respeitar certos direitos fundamentais consagrados na Declaração Universal dos Direitos do Homem e na Con-

---

* Ver o texto da Carta dos Direitos Fundamentais da União Europeia em anexo.

venção Europeia dos Direitos do Homem e das Liberdades Fundamentais, tais como a liberdade de circulação (art. 48.° do TCEE), a proibição de qualquer tipo de discriminação baseada na nacionalidade (art. 7.° do TCEE) ou no sexo (art. 119.° do TCEE), a garantia da liberdade de associação e a protecção do sigilo comercial e profissional (art. 214.° do TCEE).

Entretanto, o desenvolvimento do processo de integração Europeia foi sendo pontilhado por considerações e referências feitas aos direitos humanos e aos princípios democráticos, tanto por parte das Instituições Comunitárias como pelos Chefes de Estado e de Governo dos Estados-membros da Comunidade Europeia (CE). Estas referências aos direitos humanos e aos princípios democráticos sensibilizaram o Parlamento Europeu, a Comissão e o Conselho a adoptarem, em 5 de Abril de 1977, uma *Declaração comum* relativa aos direitos fundamentais, pela qual reconheciam que a CE se fundava no princípio do respeito pelo direito, e na qual sublinhavam a importância do respeito pelos direitos fundamentais do homem; e levaram o Conselho Europeu, reunido em Copenhaga, a aprovar, em 8 de Abril de 1978, uma *"Declaração sobre a Democracia"*, na qual os Chefes de Governo afirmam a sua vontade em assegurar o respeito pelos valores de ordem política, jurídica e moral a que estão vinculados e a salvaguardar os princípios da democracia, o primado do direito e os direitos fundamentais do homem.

Nesta perspectiva, a Comissão Europeia apresentou, em 4 de Abril de 1979, ao Conselho de Ministros, um memorando, no qual sublinhava a necessidade de promover um debate aprofundado com todas as instâncias interessadas sobre a adesão da CE à Convenção Europeia dos Direitos do Homem e das Liberdades Fundamentais. Na sequência desse memorando, tanto o Conselho Económico e Social como o Parlamento Europeu deram parecer favorável à sugestão da Comissão. Porém, o Conselho de Ministros considerou que essa adesão não era necessária, dado que todos os Estados-membros da CE haviam assinado e ratificado aquela Convenção.

Inviabilizada a adesão da CE à Convenção Europeia dos Direitos do Homem, o Parlamento Europeu elaborou e aprovou, em 1984, um projecto de Tratado de União Europeia, e propôs a elaboração de uma Declaração dos direitos fundamentais. Tal proposta não teve acolhimento por parte das outras Instituições Comunitárias. Não obstante, na primeira revisão dos Tratados constitutivos, aprovada em 28 de Fevereiro de 1986 pela adopção do Acto Único Europeu (AUE), faz-se referência aos direitos humanos, nos seguintes termos: *"Decididos a promover conjuntamente a demo-*

cracia, com base nos direitos fundamentais reconhecidos nas Constituições e legislações dos Estados-membros, na Convenção de Salvaguarda dos Direitos do Homem e das Liberdades Fundamentais e na Carta Social Europeia, nomeadamente a liberdade, a igualdade e a justiça social, (...) cabe à Europa(...) fazer valer muito especialmente os princípios da democracia e do respeito pelo direito e pelos direitos do homem" (...) (preâmbulo do AEU). E, seis anos depois, com a aprovação do Tratado de Maastricht, em 7 de Fevereiro de 1992, o qual instituiu a União Europeia (EU), além de se estabelecerem vínculos de cidadania com a atribuição de direitos civis e políticos de dimensão comunitária* aos nacionais dos Estados-membros, afirmou-se expressamente que *"a União respeitará os direitos fundamentais tal como os garante a Convenção Europeia de Salvaguarda dos Direitos do Homem e das Liberdades Fundamentais, assinada em Roma em 4 de Novembro de 1950, e tal como resultam das tradições constitucionais comuns aos Estados-membros, enquanto princípios gerais de direito comunitário"* (art. F, n.º 2).

As referências do AEU aos direitos humanos e as disposições do Tratado da EU relativas à *cidadania europeia* e ao respeito pelos direitos do homem foram ampliados pelo Tratado de Amesterdão, assinado em 2 de Outubro de 1997 e que entrou em vigor em 1 de Maio de 1999. Porém, isto não obstou a que o Conselho Europeu, reunido em Colónia (3 e 4 de Junho de 1999), tenha decidido que deveria ser elaborada uma *Carta dos Direitos Fundamentais da União Europeia* que reunisse o conjunto dos direitos civis, políticos, económico e sociais dos cidadãos europeus, e tenha conferido mandato a uma Convenção para redigir o projecto da Carta. A Convenção,** constituída em Dezembro de 1999, aprovou o projecto da Carta em 2 de Outubro de 2002. Projecto esse que mereceu o acordo unânime do Conselho Europeu de Bearritz, em 14 de Outubro de 2002, e que foi aprovado pelo Parlamento Europeu em 14 de Novembro, e pela Comissão, em 6 de Dezembro, e assinado em 7 de Dezembro de 2002 em Nice, pelos Pre-

---

* Estes direitos são analisados no Capitulo 5, relativo à Cidadania Europeia e Direitos Humanos.

** A Convenção era composta por 62 membros assim distribuídos:
- 1 representante da Comissão;
- 15 representantes dos Chefes de Estado e de Governo;
- 16 representantes do Parlamento Europeu; e
- 30 representantes dos parlamentos dos Estados-membros.

E os seus trabalhos eram seguidos por observadores do TJE, do CES e do Comité das Regiões, pelo Provedor de Justiça da UE e por observadores do Conselho da Europa.

sidentes do Conselho, do Parlamento Europeu e da Comissão, que no mesmo momento proclamaram a *Carta dos Direitos Fundamentais da União Europeia**.

A Carta dos Direitos Fundamentais da União Europeia contempla um conjunto de direitos civis, políticos, económicos, sociais e culturais, subjacentes aos princípios da dignidade, da liberdade, da igualdade, da solidariedade e da cidadania. E no preâmbulo está expresso que *"a presente Carta reafirma, no respeito pelas atribuições e competências da Comunidade e da União e na observância do princípio da subsidiariedade, os direitos que decorrem, nomeadamente, das tradições constitucionais e das obrigações internacionais comuns aos Estados-membros, do Tratado da União Europeia e dos Tratados Comunitários, da Convenção Europeia para a protecção dos direitos do homem e das liberdades fundamentais, das Cartas Sociais aprovadas pela Comunidade e pelo Conselho da Europa, bem como da jurisprudência do Tribunal de Justiça das Comunidades Europeias e do Tribunal Europeu dos Direitos do Homem"*.

---

* A Carta dos Direitos Fundamentais da União Europeia constitui a Parte II do Projecto de Tratado que estabelece uma Constituição para a Europa, adoptado pelo Conselho Europeu em Dublin, em 18 de Junho de 2004.

CAPITULO III
Protecção e Salvaguarda dos Direitos do Homem

A consagração dos direitos do homem em declarações, cartas, constituições e pactos foi um passo importante para definir o âmbito de incidência dos direitos, ou seja, o seu objecto concreto, e para identificar os seus titulares. Mas não é suficiente para que os direitos do homem tenham um significado preciso e uma aplicação efectiva.

De facto, para que as liberdades inerentes aos direitos humanos – os "direitos de" – sejam salvaguardados, e os "direitos a" sejam garantidos, ou seja, para que os direitos do homem tenham um significado concreto e sejam efectivamente aplicados e respeitados é necessário, como já sublinhámos no capítulo I, que se verifiquem quatro condições bem precisas:

- Que exista um sujeito – um *titular* – que possa beneficiar deles;
- Que seja identificável o *objecto* que dá conteúdo (substância) ao direito;
- Que seja possível uma *oponibilidade* que possibilite ao titular fazer valer o seu direito face a uma instância concreta; e
- Que exista uma *sanção organizada* susceptível de ser aplicada a quem desrespeitar o direito estabelecido.

Por conseguinte, o respeito dos direitos do homem constitucional e convencionalmente consagrados e proclamados implica a existência de instâncias, instrumentos e mecanismos de protecção e salvaguarda desses mesmos direitos. Por isso, e para o efeito, foram criadas instâncias e estabelecidos instrumentos e mecanismos de protecção dos direitos humanos, uns de dimensão universal, outros de âmbito regional, os quais a seguir descrevemos e analisamos.

1. Instrumentos, instâncias e mecanismos de protecção dos direitos do homem de âmbito universal.

Além da aprovação da Declaração e dos Pactos Internacionais sobre Direitos do Homem e da criação da Comissão dos Direitos do Homem, da Comissão sobre o Estatuto das Mulheres e dos Comités para os Direitos Civis e Políticos e para os Direitos Económicos, Sociais e Culturais, a ONU, através dos seus órgãos com competência nesta matéria, adoptou vários instrumentos específicos e criou as instâncias adequadas à protecção dos direitos das crianças e das mulheres e dos direitos de estratos sociais específicos, tais como os refugiados, os perseguidos, os discriminados, as minorias éticas, religiosas e linguísticas.

a) Consagração e Protecção dos Direitos das Crianças

As crianças constituem o grupo etário mais vulnerável em todas as sociedades, sendo objecto de exploração laboral, de abuso sexual e de atentados de diversa ordem, e vivendo muitas delas em condições desumanas e de subnutrição. Aliás, segundo informações da ONU e da OTI (Organização Internacional do Trabalho), todos os anos morrem cerca de 12 milhões de crianças menores de 5 anos nos países em vias de desenvolvimento (PVD), sendo 55% dessas mortes provocadas pela fome e deficiente alimentação; cerca de 120 milhões de crianças, entre os 5 e os 14 anos, trabalham as mesmas horas que um adulto, e mais de 2 milhões encontram-se envolvidas em actividades de prostituição e pornografia.

Tendo em conta esta realidade, a ONU adoptou instrumentos e criou instâncias e mecanismos destinados a consagrar e proteger os direitos das crianças. Com efeito, logo no primeiro ano de funcionamento (1946), a Assembleia Geral decidiu criar o Fundo das Nações Unidas para a Infância (UNICEF), com vista a satisfazer as necessidades de comida, medicamentos e vestuário das crianças em situação de emergência, primeiro, na Europa do pós-guerra e na China, e, posteriormente, em todo o mundo, particularmente nos países em vias de desenvolvimento, e aprovou, em 1959, a *Declaração dos Direitos da Criança*, e, em 1989, a *Convenção Internacional dos Direitos da Criança*, com base no princípio de que as crianças precisam de medidas especiais. Esta Convenção conta com mais de 190 Estados-partes, tendo sido, até então, o documento internacional concernente aos direitos humanos que obteve maior número de ratificações.

A Convenção reconhece o direito das crianças a padrões razoáveis de alimentação, de vestuário e abrigo, bem como o direito a desenvolverem o seu intelecto e a viverem num ambiente saudável e seguro, e dispõe que os direitos nela consagrados respeitam a todas as crianças, independentemente da raça, sexo, cor, língua, fortuna, incapacidade ou outra situação.

Com vista a promover e proteger os direitos consagrados na Convenção de 1989 sobre os Direitos da Criança, foi criado um *Comité* composto por 10 peritos, o qual reuniu pela primeira vez em 1991. Além de lhe competir controlar os progressos realizados pelos Estados-partes na Convenção, através da análise dos relatórios periódicos que estes lhes remetem, indicando as medidas por si adoptadas para por em prática as disposições da Convenção e as acções desenvolvidas para garantir o respeito efectivo pelos direitos das crianças, o Comité deve empenhar-se na procura de soluções práticas para os problemas que afectam as crianças e sensibilizar o interesse público para a protecção destes direitos.

b) Consagração e Protecção dos Direitos das Mulheres

As mulheres constituem mais de metade da população mundial. Todavia, estudos relativamente recentes (1996) revelaram que somente 7% dos cargos governamentais em todo o mundo são ocupados por mulheres. Ainda hoje, em quase todas as sociedades humanas o poder pertence aos homens e é por estes exercido. E as mulheres são consideradas o "sexo fraco", relegadas para segundo plano na vida social, discriminadas no trabalho, muitas vezes humilhadas, olhadas como simples objecto nas classes mais abastadas, ou como uma empregada gratuita nas classes mais pobres, e sexualmente exploradas, violentadas e mutiladas; em suma, têm sido objecto de um estatuto de inferioridade.

Contra o estatuto de inferioridade das mulheres têm-se insurgido vários movimentos, organismos, instituições e organizações, que se têm esforçado por promover as condições necessárias para assegurar a igualdade de direitos dos dois sexos e, consequentemente, para eliminar todas as formas de discriminação e de exploração das mulheres. E o resultado desse esforço traduziu-se na adopção de instrumentos e na criação de instâncias destinadas a garantir o respeito pelos direitos das mulheres.

Logo após a sua criação, a ONU, através do seu Conselho Económico e Social (CES), criou a *Comissão sobre o Estatuto das Mulheres* (1946), que tem por funções preparar recomendações e elaborar relatórios, dirigidos aos CES, sobre a promoção dos direitos das mulheres nos domínios civil, político, económico, social e cultural. Para o exercício das suas funções, a Comissão pode receber informações de particulares e de grupos de pessoas relativas a situações de discriminação das mulheres, por forma a preparar recomendações de orientação política que possibilitem a resolução de problemas generalizados. E, alguns anos depois, a Assembleia Geral da ONU aprovou a *Convenção sobre a Eliminação de todas as Formas de Discriminação da Mulher* (1979), que estabelece um conjunto de princípios a ser adoptados e de normas a respeitar para eliminar a discriminação das mulheres na vida política e pública, tais como: consagrar o princípio da igualdade entre homens e mulheres nas Constituições nacionais ou outra legislação apropriada; estabelecer sanções para qualquer prática discriminatória; dotar os Tribunais e outras instituições públicas de meios para punir qualquer acto discriminatório; modificar ou revogar leis, regulamentos e disposições penais e abolir costumes e práticas consideradas discriminatórias. Além disso, dispõe a Convenção que os Estados signatários deverão adoptar as medidas necessárias para eliminar os preconceitos e as práticas baseadas em atitudes de inferioridade ou superioridade de qualquer sexo, fazendo da maternidade uma função social, incentivando a ideia de que a função educativa dos filhos é tarefa do casal e não apenas da mulher; e estabelece que nenhuma mulher poderá ser despedida com base na gravidez, licença de parto ou estado civil, nem impedida de ter acesso ao ensino, ou à obtenção de diplomas.

No âmbito desta Convenção foi criado um Comité composto por 23 peritos eleitos pelos Estados-partes com o objectivo de fiscalizar a sua aplicação, podendo, além de examinar os relatórios e as informações que lhe são apresentados, fazer recomendações gerais sobre as medidas a adoptar pelos Estados para cumprirem as obrigações assumidas nos termos da Convenção.

Ainda no que concerne aos direitos da mulher, foi adoptada, em 1993, a *Declaração sobre a eliminação da violência contra a mulher*. Considerando que a mulher é especialmente vulnerável à violência familiar, à violência dentro da comunidade e à violência tolerada pelo próprio Estado, e que a violação sistemática, a escravidão sexual e a maternidade forçada em situações de confronto armado são graves atentados aos direitos humanos e ao Direito Internacional, a Declaração define violência contra a mulher como: *"todo o acto de violência que pode resultar em danos e sofrimentos físicos, sexuais ou psicológicos para a mulher, assim como as ameaças de tais actos, a coacção ou privação arbitrária de liberdade na vida pública ou privada"*.

c) Consagração e Protecção dos Direitos dos Refugiados

Por razões de natureza política e cultural, ao longo da história, milhares e milhares de pessoas viram-se obrigadas a abandonar o seu país e a refugiarem-se em países de acolhimento. De facto, devido a conflitos armados, a guerras civis, a massacres étnicos e a mudanças políticas, muitas pessoas fogem dos países de que são nacionais, atravessam fronteiras e procuram refúgio e protecção em outros países, assumindo assim a condição de refugiados.

São sobejamente conhecidas as expulsões dos judeus de Espanha, no século XV, e dos huguenotes de França, no século XVII; e são também recordadas as situações dos milhares de refugiados na sequência das duas guerras mundiais do século XX e das guerras civis que ocorreram em diversas áreas geográficas de quase todos os continentes.

Nos finais da I.ª Guerra Mundial (1918) contavam-se na Europa cerca de 1, 5 milhões de refugiados espalhados por diversos países. Esta situação levou a Sociedade das Nações (SDN), criada em 1919, a dotar-se de um organismo internacional para os refugiados, com a finalidade de os ajudar a atravessar as fronteiras e a reinstalá-los em determinado território. E, no final da II Guerra Mundial, eram bem mais as pessoas que se encontravam nesta condição, contando-se, em 1945, 21 milhões de refugiados que aguardavam a reconstrução europeia para voltarem aos seus países de origem.

A situação dos refugiados na sequência da II Grande Guerra foi equacionada pela ONU para a qual procurou encontrar instrumentos e mecanismos de solução. Para o efeito, a Assembleia Geral decidiu, na sua 4.ª sessão, em 1949, instituir o *Alto Comissariado das Nações Unidas para os Refugiados* (ACNUR); e, em 1951, foi aprovada em Genebra a *Convenção sobre a Condição dos Refugiados*.

O ACNUR é uma instância subsidiária da Assembleia Geral destinada a garantir protecção internacional às pessoas que se encontram em situação de refugiados e a procurar soluções duráveis para os problemas decorrentes desta situação, enquanto a *Convenção de Genebra* é um instrumento jurídico que define a condição de refugiado e estabelece os seus direitos e deveres.

Nos termos desta Convenção, considera-se refugiado *"toda e qualquer pessoa que, receando com razão ser perseguida em virtude da sua raça, religião, nacionalidade, pertença a um grupo social, ou por causa das suas opiniões políticas, se encontra fora do país da sua nacionalidade e que não possa, ou, em virtude daquele receio, não queira, pedir a protecção daquele país"*. E, de acordo com as suas disposições, os refugiados devem usufruir de liberdade de movimentos e de direitos políticos, económicos e sociais, e beneficiar do princípio de "não repatriamento", que proíbe os Estados, junto dos quais procuram asilo, de enviá-los para um país onde a sua segurança esteja ameaçada. Em contrapartida, estes devem respeitar as leis e os regulamentos do país que os abrigou ou lhes concedeu asilo. Não podem beneficiar do estatuto de refugiado as pessoas que cometeram crimes de guerra e crimes contra a humanidade.

d) *Consagração e Protecção dos Direitos das Minorias Étnicas, Religiosas e Linguísticas*

A história da humanidade está cheia de exemplos de perseguições políticas e religiosas, de discriminações raciais, étnicas e linguísticas, e de práticas de crimes de genocídio. É bem conhecida a perseguição dos judeus ao longo da história, sobretudo a partir do século XV, e está na memória de muitos o crime de genocídio praticado sobre eles pelo anti-semitismo nazi durante a II Guerra Mundial. É também conhecida a prática de genocídio cometida durante a I Guerra Mundial pelos Turcos contra os Arménios, acusados de serem uma ameaça para o Império. E existem numerosos registos de massacres e de extermínios de centenas de milhares de Ameríndios, e de práticas de discriminação dos negros, dos ciganos e de minorias linguísticas em numerosas áreas geográficas.

As práticas de genocídio, designadamente as que ocorreram durante a II Guerra Mundial contra os judeus, sensibilizaram as Nações Unidas para aprovar, em 1948, a *Convenção Internacional sobre a Prevenção do Crime de Genocídio*, que define genocídio como *"a prática de qualquer um dos actos seguintes, cometidos com a intenção de destruir, no todo ou em parte, um grupo nacional, étnico, racial ou religioso, tais como: assassínio de membros do grupo; atentado grave à integridade física ou mental dos membros do grupo; submissão internacional do grupo a condições de existência que levam à sua destruição física total ou parcial; bem como a adopção de medidas que visem entravar os nascimentos no seio do grupo e a transferência forçada de crianças de um para outro grupo"*.

Por outro lado, as constantes práticas de discriminação, baseadas na raça, na etnia ou na religião, levaram a Assembleia Geral da ONU a adoptar, em 1965, a *Convenção Internacional sobre a Eliminação de todas as formas de Discriminação Racial*, e a aprovar, em 1992, a *Declaração sobre os Direitos das pessoas pertencentes a minorias nacionais, étnicas, religiosas e linguísticas*, que confere a estas minorias o direito de praticarem a sua cultura e religião e de utilizarem o seu próprio idioma.

A Convenção Internacional sobre a Eliminação de todas as formas de Discriminação Racial, que entrou em vigor em 1969, e conta com mais de 150 Estados-partes, condena todas as formas de discriminação baseadas nas diferenças raciais, e apela aos Estados para que tomem medidas para eliminar rapidamente a discriminação racial, em todas as formas e manifestações, em todo o mundo e para garantir a compreensão e o respeito pela dignidade da pessoa humana.

Afirmando que qualquer doutrina baseada na superioridade racial é *"cientificamente falsa, moralmente condenável e socialmente injusta e perigosa"*, define, no seu art. 1.º, a *"discriminação racial"* como *"qualquer exclusão, restrição ou preferência baseada na raça, cor, ascendência ou origem nacional ou étnica, que tenha por objectivo ou como efeito invadir ou prejudicar o reconhecimento, gozo ou exercício, em condições de igualdade, dos direitos do homem e das liberdades fundamentais, nos domínios político, económico, social e cultural, ou em qualquer outro domínio da vida pública"*.

Com vista a garantir o cumprimento desta Convenção, foi criado o *Comité para a Eliminação da Discriminação Racial*, ao qual compete examinar as informações dos Estados-partes e dos particulares relativas a supostas violações da Convenção.

e) O Alto Comissariado das Nações Unidas para os Direitos Humanos (ACNUDH) e os Tribunais Penais Internacionais

Além das instâncias e dos instrumentos atrás referidos, destinados a consignar e proteger os direitos das pessoas em situações especificas, a ONU criou *o Alto Comissariado das Nações Unidas para os Direitos Humanos (ACNUDH) e instituiu Tribunais Internacionais Específicos e o Tribunal Penal Internacional*, com vista a promover o respeito pelos direitos humanos, a prevenir a violação destes e a punir crimes de guerra e crimes praticados contra a humanidade.

O *ACNUDH* foi criado em 1993 pela Assembleia Geral, como organismo subsidiário deste órgão da ONU, para coordenar o programa desta organização em matéria de direitos humanos, devendo promover e garan-

tir o respeito destes a nível mundial. Desenvolve as suas funções em quatro dimensões fundamentais e complementares, a saber:
- Cooperação a nível mundial com organismos públicos e privados para assegurar o respeito pelos direitos do homem;
- Prevenção de violações dos direitos humanos e intervenção em situações de emergência;
- Promoção dos direitos do homem, da democracia e do desenvolvimento, como bases fundamentais para garantir uma paz permanentemente duradoira;
- Coordenação do progresso dos direitos humanos, por forma a que este se fortaleça e ganhe projecção junto dos Estados e da opinião pública.

O ACNUDH deve informar a Assembleia Geral da ONU de todas as suas intervenções e do desenvolvimento das suas actividades.

Os *Tribunais Internacionais Específicos* foram criados em função de conjunturas de guerra para julgar crimes de guerra, de prática de genocídio e crimes contra a humanidade.

De acordo com o disposto no capitulo VII da Carta, a ONU criou Tribunais Específicos para julgar crimes contra a humanidade, considerando que estes crimes são imprescritíveis. Com efeito, em 25 de Maio de 1993, foi criado o *Tribunal Penal para a Jugoslávia* e instalado em Haia, com a finalidade específica de julgar os crimes cometidos na Ex-Jugoslávia desde 1991, considerados crimes contra a humanidade, dos quais o mais grave é o crime de genocídio; e, em 8 de Novembro de 1995, foi criado o *Tribunal Penal para o Ruanda* e sediado em Arusha (Tanzânia), embora funcione também, pontualmente, em Kigale (Ruanda) e Nairobi (Quénia), para julgar os crimes perpetrados no Ruanda durante o conflito de 1994.

Ambos os tribunais são constituídos por 11 juizes eleitos pela Assembleia Geral da ONU para um mandato de 4 anos, renovável. E, comuns a estes dois Tribunais funcionam um *Tribunal de Recurso*, composto por 5 juizes, e um *Procurador-Geral* com competência para interrogar os suspeitos, ouvir as vítimas e as testemunhas e promover inquéritos de investigação criminal.

A eficácia destes Tribunais tem sido muito contestada, quer pela falta de equipamentos e meios para proteger as testemunhas, quer porque os próprios Estados se desresponsabilizam da obrigação de procurar, prender e julgar nos seus Tribunais internos os presumíveis autores dos crimes praticados.

Por isso, a Conferência Diplomática dos Plenipotenciários das Nações Unidas decidiu, em 15 de Junho de 1998, criar um *Tribunal Penal Internacional* (TPI) o qual devia ser instalado em Haia, onde funcionaria permanentemente, e seria dotado de poderes para julgar e punir os crimes mais graves contra a humanidade, incluindo o crime de genocídio. O Estatuto do TPI foi aprovado na Conferência de Roma, em 17 de Julho de 1998, por 120 votos a favor, 7 contra e 21 abstenções.

Tendo o seu Estatuto entrado em vigor em 1 de Julho de 2002, depois de ter sido ratificado por mais de 60 Estados-partes como fora previsto,* o TPI funciona em Haia, podendo reunir-se em outros locais.

O TPI actua segundo o princípio da responsabilidade individual, aplicado de forma idêntica e sem excepções a todas as pessoas que façam parte, quer da hierarquia governativa, quer do comando militar. Funciona como complemento dos Tribunais penais nacionais, e só intervirá se os Tribunais nacionais se eximirem de julgar e condenar os autores dos crimes previstos no Estatuto de Roma. Aliás, conforme dispõe o art. 1.º do Estatuto de Roma, *"o TPI será uma instituição permanentemente, com jurisdição sobre as pessoas responsáveis pelos crimes de maior gravidade com alcance internacional, de acordo com o presente Estatuto, e será complementar das jurisdições penais nacionais"*.

Nos termos do n.º 1 do art. 5.º do seu Estatuto "o TPI tem competência para julgar os seguintes crimes:

    a) O crime de genocídio;
    b) Os crimes contra a humanidade;
    c) Os crimes de guerra;
    d) O crime de agressão".

O Tribunal será composto por, pelo menos, 18 juizes eleitos pela Assembleia dos Estados-partes convocada para esse efeito (art. 36.º do Estatuto); e compreenderá os seguintes órgãos: a Presidência; uma Secção de recursos; uma Secção de julgamento em 1.ª instância; uma Secção de instrução; o Gabinete do Procurador; e a Secretaria (art. 34.º do Estatuto).

---

* Para que o Estatuto do TPI pudesse entrar em vigor, era necessário que pelo menos 60 países aderissem aos princípios proclamados no Estatuto de Roma. Portugal ratificou o Estatuto de Roma em 7 de Janeiro de 2002.

2. Instrumentos, instâncias e mecanismos de protecção dos direitos do homem a nível regional

A consagração, protecção e salvaguarda dos direitos do homem e das liberdades fundamentais merecem grande atenção por parte da ONU e de muitas organizações internacionais que integram o sistema das Nações Unidas. Mas também a nível regional (ou continental) foram adoptados instrumentos, criadas instâncias e estabelecidos mecanismos de protecção dos direitos humanos, em alguns casos bem mais eficazes do que os mecanismos de âmbito universal. Com efeito, tanto o Conselho da Europa e a União Europeia,* como a Organização dos Estados Americanos (OEA) e a Organização da Unidade Africana (OUA) – agora União Africana (UA) – se preocuparam com os direitos humanos e se empenharam em instituir mecanismos de protecção e salvaguarda dos direitos e das liberdades fundamentais do homem.

2.1. *Os Direitos Humanos no Conselho da Europa*

O Congresso de Haia de 1948 adoptou uma resolução que previa a elaboração de uma Carta dos Direitos do Homem cujo respeito seria garantido por um Tribunal Europeu dos Direitos do Homem. E vimos já, no capitulo anterior, que o Conselho da Europa foi instituído para dar continuidade à vontade política predominantemente expressa naquele Congresso, que considerava a defesa e protecção dos direitos do homem como uma das prioridades a ter em conta no processo de construção e reorganização da Europa, e que a primeira Convenção a ser elaborada no seio do Conselho da Europa foi a Convenção Europeia de Salvaguarda dos Direitos do Homem e das Liberdades Fundamentais.

Esta Convenção instituiu um sistema de protecção internacional dos direitos do Homem totalmente inovador no domínio das relações internacionais. Pela primeira vez a razão do Estado pode ser posta em causa e curvar-se perante os direitos do indivíduo formalmente reconhecidos; e as arbitrariedades cometidas pelos Estados, por acção ou por omissão, podem ser apreciadas e sancionadas por órgãos internacionais instituídos para proteger os direitos dos indivíduos, desde que esses Estados hajam ratifi-

---

* A consagração e protecção dos direitos humanos a nível da União Europeia serão especialmente analisados no Capítulo concernente à Cidadania Europeia..

cado a Convenção, sem ressalvas atinentes aos Artigos 25.° e 46.°, que tratam, respectivamente, do "direito de recurso individual" e do "reconhecimento do carácter obrigatório da jurisdição do Tribunal Europeu dos Direitos do Homem". De facto, a Convenção Europeia, além de reconhecer ao Comité de Ministros do Conselho da Europa competência para decidir sobre matéria dos direitos do homem, criou uma *Comissão Europeia e um Tribunal Europeu dos Direitos do Homem,* aos quais lhes atribuiu competências para receber, analisar e, eventualmente, julgar as queixas sobre violação dos direitos do homem e das liberdades fundamentais protegidos pela Convenção.

a) Os Direitos Protegidos

Ao analisarmos os objectivos do Conselho da Europa no Capitulo II, fizemos referência aos direitos protegidos pela Convenção de Roma e a alguns dos chamados "direitos reais" que fazem parte da Carta Social Europeia. E isto porque os direitos civis e políticos, as "liberdades públicas" na linguagem clássica, fazem parte do articulado da Convenção Europeia dos Direitos do Homem, enquanto os direitos económicos e sociais foram equacionados na Convenção de Turim, de Outubro de 1961, que aprovou a Carta Social Europeia. Por conseguinte, os direitos do indivíduo encontram a sua protecção, a nível do Conselho da Europa, na Convenção Europeia e Protocolos Adicionais e na Carta Social Europeia, embora o grau de protecção seja diferente conforme se trate dos direitos civis e políticos ou dos direitos reais.

A Convenção Europeia dos Direitos do Homem enumera, no seu articulado, um conjunto de direitos e de liberdades, que os Protocolos Adicionais vieram complementar, e os quais enumeramos no capítulo anterior.

Com o espírito de defesa e protecção dos direitos e liberdades, a Convenção e os Protocolos Adicionais proíbem: a tortura e as penas ou tratamentos desumanos e degradantes; a discriminação no gozo dos direitos e liberdades garantidos pela Convenção; a retroactividade das leis penais; e a expulsão ou condução à fronteira, por um Estado, dos seus próprios nacionais e a denegação do direito de nele entrarem.

No entanto, a Convenção reconhece que, no seio das sociedades democráticas, o exercício dos direitos garantidos não pode ser ilimitado. Admite, pois, o estabelecimento de restrições ao exercício dos direitos, por motivos de segurança pública, de segurança nacional, de protecção dos direitos e liberdades dos cidadãos, de protecção da saúde pública ou da moral, de defesa da ordem e prevenção do crime; e permite que os Estados-partes suspendam as suas obrigações em caso de guerra ou de crise nacional. Mas adverte que as medidas derrogativas devem ser limitadas, não podendo incidir sobre o direito à vida, nem sobre a proibição da tortura, da escravatura e da retroactividade da lei penal, e não devem ser utilizadas para outros fins diferentes dos previstos. E, em aplicação do princípio "nenhuma liberdade aos inimigos da liberdade", interdita qualquer Estado, agrupamento ou indivíduo de se valer das suas disposições para destruir ou limitar os direitos e liberdades que ela própria garante e protege.

A Carta Social Europeia é, como já vimos, um catálogo dos chamados "direitos reais". Compreende, pois, um conjunto de direitos económicos e sociais tais como: direito ao trabalho, direito ao salário justo, direito a participar nas actividades sindicais, direito à greve, direito à saúde e assistência social, etc. Todavia a Carta Social Europeia não instituiu um mecanismo de protecção supranacional dos direitos económicos e sociais que contempla. Contenta-se com um processo idêntico ao prosseguido pela Organização Internacional do Trabalho (OIT) para examinar a aplicação das convenções internacionais, o qual se traduz num exame periódico, por parte do Comité de Ministros e da Assembleia Parlamentar, dos relatórios anuais dos governos sobre o modo como aplicaram as disposições da Carta Social. O incumprimento destas disposições não pode ser denunciado junto do Tribunal Europeu dos Direitos do Homem, já que, nos termos da Carta Social, é ao Comité de Ministros do Conselho da Europa que compete aprovar, por maioria de dois terços, recomendações e dirigi-las às partes contratantes que não respeitam as obrigações decorrentes da aplicação da respectiva Carta. Assim, ao contrário da Convenção Europeia dos Direitos do Homem que instituiu um sistema supranacional de protecção dos direitos civis e políticos, fundado no direito de recurso individual, a Convenção de Turim, que aprovou a Carta Social, limitou-se a requerer a aplicação da Carta e a fiscalização do cumprimento das suas obrigações pelo sistema de cooperação intergovernamental inerente ao próprio Conselho da Europa.

Apesar de não instituir mecanismos de carácter supranacional, a Carta Social Europeia suscitou numerosas objecções, por parte dos Estados-membros do Conselho da Europa, e o processo da sua ratificação tem sido bastante moroso sobretudo por reconhecer o direito à greve. A França só a ratificou doze anos depois de a haver assinado, a Bélgica passados trinta anos e alguns países do Conselho da Europa ainda a não ratificaram. Contrariamente, a Convenção Europeia dos Direitos do Homem, apesar do carácter supranacional das decisões (acórdãos) do Tribunal Europeu dos Direitos do Homem, não suscitou tantas objecções, embora muitos Estados a hajam ratificado sob reservas, umas meramente folclóricas, outras substanciais.

b) Os Mecanismos de Protecção

De acordo com o que ficou estabelecido na Convenção Europeia dos Direitos do Homem, a protecção dos direitos obedecia ao seguinte mecanismo processual:

Os particulares, os Estados e as Organizações Não-Governamentais (ONG) podiam apresentar requerimentos – queixa à Comissão Europeia dos Direitos do Homem, por via do Secretário-Geral do Conselho da Europa, a qual analisava a sua admissibilidade.

Admitido o requerimento-queixa, a Comissão procedia ao apuramento dos factos e tentava a conciliação entre as partes envolvidas no processo. Se a conciliação não tinha êxito, elaborava um relatório com parecer sobre a violação invocada e transmitia-o ao Comité de Ministros do Conselho da Europa. Este dispunha de um prazo de três meses para decidir se tinha havido ou não violação da Convenção Europeia ou para solicitar a intervenção do Tribunal Europeu dos Direitos do Homem. Chamado a intervir, o Tribunal adoptava a sua decisão (acórdão) e transmitia-a ao Comité de Ministros que velava pela sua execução.

Porém, a entrada em vigor do Protocolo Adicional n.° 11 veio alterar este mecanismo processual, introduzindo um procedimento mais simples que reforçou o carácter judiciário do sistema de protecção dos direitos humanos a nível do Conselho da Europa. Desde então, o procedimento desenvolve-se do seguinte modo:

    1. Os requerimentos-queixa são apresentados directamente ao Tribunal Europeu dos Direitos do Homem por qualquer Estado-parte (art. 33.°) e por qualquer pessoa singular, grupo de particulares ou ONG (art. 34.°).

    2. O Tribunal só poderá considerar admissíveis os requerimentos-queixa se forem respeitados os seguintes requisitos (art. 35-Condições de Admissibilidade):

        § Terem sido esgotadas todas as vias de recurso interno;
        § Não terem decorrido seis meses a contar da data de prolação da decisão interna definitiva;

§ Não serem anónimos;
§ Não serem, no essencial, idênticos a um requerimento--queixa anteriormente examinado pelo Tribunal ou já submetido a outra instância internacional de inquérito ou de decisão;
§ Não serem incompatíveis com o disposto na Convenção e nos Protocolos Adicionais;
§ Não serem manifestamente mal fundados e não terem carácter abusivo;
§ Conterem factos novos.

3. Os requerimentos-queixa são analisados por um dos juízes do Tribunal sobre os quais elabora um relato que apresenta ao Comité do Tribunal a que pertence. O Comité pode, por voto unânime declarar a inadmissibilidade ou mandar arquivar qualquer requerimento-queixa individual formulado nos termos do art. 34.° se essa decisão puder ser tomada sem posterior apreciação (art. 28.°).

4. No entanto, se nenhuma decisão for tomada pelo Comité, nos termos do art. 28.°, uma das Secções do Tribunal pronunciar-se-á quanto à admissibilidade e ao fundamento dos requerimentos-queixa individuais formulados nos termos do artigo 34.° (art. 29.°, n.° 1).

No que concerne aos requerimentos-queixa estaduais formulados nos termos do artigo 33.°, compete a uma das Secções do Tribunal pronunciar-se quanto à sua admissibilidade e ao seu fundamento.

5. Entretanto, se um assunto pendente numa Secção do Tribunal levantar uma questão grave quanto à interpretação da Convenção Europeia dos Direitos do Homem ou dos Protocolos Adicionais, ou se a solução de um litígio puder conduzir a uma contradição com uma sentença já proferida pelo Tribunal, a Secção pode, antes de proferir a sua sentença, devolver a decisão do litígio ao Tribunal Pleno, salvo se qualquer das partes do mesmo a tal se opuser (art. 30.°). Por outro lado, no prazo de três meses a contar da data da sentença proferida por uma Secção do Tribunal, qualquer parte no assunto pode, em casos excepcionais, solicitar a devolução do assunto ao Tribunal Pleno (art. 43.°, n.° 1).

As sentenças do Tribunal Pleno são definitivas. E as sentenças das Secções tornam-se definitivas:
a) Se as partes declararem que não solicitarão a devolução do assunto ao Tribunal Pleno;

b) Três meses após a data da sentença, se a devolução do assunto ao Tribunal Pleno não for solicitada;
c) Se o colectivo do Tribunal Pleno rejeitar o requerimento de devolução formulado nos termos do artigo 43.° (art. 44.°).

As sentenças definitivas do Tribunal são transmitidas ao Comité de Ministros, o que velará pela sua execução (art. 46.°, n.° 2).

O Tribunal Europeu dos Direitos do Homem é composto por um número de juízes igual ao número de Altas Partes Contratantes (art. 20.°), os quais são eleitos, por um período de seis anos, renovável, pela Assembleia Parlamentar do Conselho da Europa, por maioria dos votos expressos, com base em listas de três candidatos apresentados pelas Altas Partes Contratantes (art. 22.°).

Para o desempenho das suas competências e exercício das suas funções, o Tribunal Europeu dos Direitos do Homem está estruturado em Comités, Secções e Tribunal Pleno. Com efeito, "para o exame dos assuntos que lhe sejam submetidos, o Tribunal funcionará em *Comités* compostos por 3 juízes, em *Secções* compostas por 7 juízes e em *Tribunal Pleno* composto por 17 juízes. As Secções constituem os Comités por período determinado" (art. 27.°, n.° 1). Do Tribunal Pleno fazem parte integrante o presidente do Tribunal, os vice-presidentes, os presidentes das Secções e outros juízes designados em conformidade com o regulamento do Tribunal (Art, .° 27.°, n.° 3).

O presidente e os vice-presidentes do Tribunal, bem como os presidentes das Secções e o secretário e secretários-adjuntos são eleitos pela Assembleia Plenária do Tribunal.

Esquema da estrutura – funcional do Tribunal Europeu dos Direitos do Homem

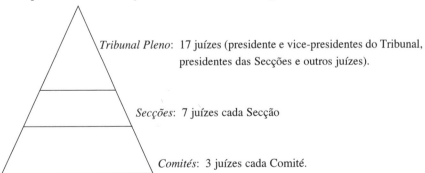

Apesar do Protocolo Adicional n.º 11 ter reforçado o carácter judiciário do sistema de protecção dos direitos humanos, os mecanismos de protecção estabelecidos e que atrás descrevemos continuam a ter uma eficácia relativa, ora porque os Estados se retraem em acusar os seus parceiros (outros Estados) perante o Tribunal Europeu dos Direitos do Homem, ora porque a esmagadora maioria dos requerimentos-queixa apresentados são considerados inadmissíveis. Aliás, a elevada percentagem de queixas individuais inadmissíveis deve-se ao facto de muitos requerimentos-queixa não respeitarem as condições de admissibilidade exigidas, sobretudo por serem redigidos em termos injuriosos e insultantes das autoridades governativas e judiciais do Estado acusado e por serem apresentados antes de se haverem esgotado todas as vias de recurso existentes no país do requerente.

No entanto, apesar da relatividade da sua eficácia, a quase totalidade dos acórdãos do Tribunal Europeu dos Direitos do Homem foi cumprida e executada pelos Estados-partes visados, mesmo sabendo-se que não existe uma polícia europeia (federal) para fiscalizar a exigência da sua execução. É que nenhum Estado gosta de ver o seu nome devassado perante a opinião pública, e as decisões de um tribunal internacional são geralmente objecto de grande publicidade nos meios de informação escrita e falada de âmbito mundial. Este receio faz com que os Estados se submetam, mais ou menos facilmente, às regras prescritas na Convenção Europeia e nos Protocolos Adicionais e aos mecanismos por estes estabelecidos.

2.2. *Os Direitos Humanos no Âmbito da Organização dos Estados Americanos (OEA)*

A Carta da Organização dos Estados Americanos (OEA) foi aprovada na Conferência de Bogotá, em 30 de Abril de 1948, entrando em vigor em 1951. A Carta, aberta a todos os Estados americanos, faz poucas referências aos direitos humanos, embora o seu art. 5.º alínea j) disponha que "*os Estados americanos proclamam os direitos fundamentais da pessoa humana sem fazer distinção de raça, nacionalidade, credo ou sexo*". Porém, na III Conferência Interamericana Extraordinária (Fevereiro de 1967), foi instituída a *Comissão Interamericana de Direitos Humanos* e levada à categoria de órgão da OEA. Esta Comissão destina-se a assegurar o respeito pelos direitos humanos e funciona como órgão consultivo da Organização nesta matéria. E, em 1969, foi assinada a *Convenção Americana sobre Direitos Humanos,* que entrou em vigor em 1978.

A Convenção Americana sobre Direitos Humanos enumera um conjunto de direitos civis e políticos, como o direito à personalidade jurídica, o direito à vida, o direito a um tratamento humano, a um julgamento justo, etc. E a Comissão Interamericana dos Direitos Humanos deve garantir o respeito pelos direitos enunciados na Convenção, examinando as petições individuais ou estaduais que lhe são apresentadas à luz dos princípios do Direito Internacional.

Para resolver os casos de violação dos direitos previstos na Convenção, foi criado, em Janeiro de 1980, no quadro da OEA, o *Tribunal Interamericano dos Direitos Humanos*. Com sede em São José (Costa Rica), o Tribunal tem competência para analisar e julgar actos de desrespeito dos direitos consagrados na Convenção, proferindo acórdãos que podem estabelecer o pagamento de indemnizações pecuniárias.

2.3. *Os Direitos Humanos no Âmbito da União Africana (antiga OUA)*

A Carta da Organização da Unidade Africana (OUA) foi assinada em Addis-Abeba (Etiópia), em 25 de Maio de 1963, por 31 Estados africanos, com o objectivo de superar as contradições económicas, políticas, culturais, étnicas e pessoais entre os dirigentes africanos e de melhorar as condições de vida dos povos africanos.

O número de Estados-membros da OUA foi aumentando à medida que os processos de descolonização se foram consolidando, contando com 54 membros na altura em que foi aprovada a mudança de designação para *União Africana* (UA) – em Maio de 2002.

No preâmbulo da Carta, os Estados africanos reafirmam a sua adesão aos princípios da Carta da ONU e da Declaração Universal dos Direitos Homem, com a finalidade de reforçar a unidade e a solidariedade de todos os Estados do continente africano e, de eliminar todas as formas de colonialismo em África, criando condições para o progresso dos povos africanos.

Todavia, apesar das referências aos princípios da Declaração Universal dos Direitos do Homem, só em 1981 foi assinada a *Carta Africana dos Direitos do Homem e dos Povos*, que compreende 68 artigos agrupados em três partes, referindo-se a parte I aos direitos e deveres do Homem e dos povos africanos, e estabelecendo a parte II as medidas de salvaguarda desses direitos e as regras de criação e funcionamento da *Comissão Africana dos Direitos do Homem e dos Povos,* encarregada de promover os direitos do homem e de receber e examinar comunicações estaduais e informações de particulares ou de organizações que respeitem a matérias concernentes aos direitos do homem. E, somente em Junho de 1998, é que foi criado, mediante Protocolo assinado pelos Chefes de Estado da OUA, o *Tribunal Africano dos Direitos do Homem e dos Povos,* para julgar as violações dos direitos humanos nos países que integram a União Africana (UA).

CAPÍTULO IV
Direitos Humanos, Ideologias e Regimes Políticos

Assegurar a todos os seres humanos os direitos e as liberdades fundamentais é uma preocupação da comunidade internacional, que remonta às tradições humanitárias e se afirma nas lutas pela liberdade e pela igualdade travadas pelos povos sobe a influência do pensamento filosófico e das ideias políticas transformadas em ideologias influenciadoras da afirmação do poder político nas sociedades politicamente organizadas.

As reacções contra a prisão arbitrária, o emprego da lei marcial, a prática da escravatura, o recurso à tortura e à opressão, bem como a defesa da liberdade de pensamento, de consciência, de expressão, de opinião e de comunicação, de credo e religião, de reunião, de associação e da participação na gestão dos negócios políticos, enquadram-se no âmbito do pensamento político e filosófico e das tradições que fundamentaram a luta pelo reconhecimento e garantia dos *"direitos de"* subjacentes ao individualismo liberal que exige uma abstenção do Estado para que esses direitos sejam garantidos e salvaguardados. Mas também as reivindicações do direito ao trabalho, à garantia de emprego, ao salário justo, à organização sindical, à iniciativa privada, cooperativa e auto-gestionária, à propriedade privada, à protecção da saúde, à segurança social, à habitação condigna, à educação, à cultura e à ciência, à protecção da família e à qualidade de vida, se enquadram num pensamento político e filosófico que exige uma intervenção do Estado a fim de que os *"direitos a"* sejam garantidos, salvaguardados e respeitados.

Por conseguinte, o reconhecimento, a garantia, a protecção e o respeito dos direitos e das liberdades fundamentais do homem exigem uma posição ambivalente dos Estados que implica simultaneamente uma abstenção e uma intervenção. Com efeito, para que sejam garantidos os direitos de liberdade como, por exemplo, o direito de circular livremente, ou o direito de livre expressão de pensamento, o Estado deve abster-se de colocar quaisquer entraves ao exercício desses direitos. Porém, para que o direito à habitação condigna, à protecção da saúde, à segurança social, à educação e à cultura seja garantido exige-se, não uma abstenção, mas uma intervenção do Estado.

Perante esta evidência da exigibilidade de abstenção/prestação do Estado para que os direitos e as liberdades fundamentais do homem sejam reconhecidos e assegurados, coloca-se uma interrogação fundamental: será que todos os Estados tiveram sempre, e têm hoje, a mesma sensibilidade relativamente aos direitos humanos? Ou melhor, será que as diferentes concepções do mundo e da vida, que influenciaram e/ou influenciam a afirmação do poder dos Estados e definem os regimes políticos que lhes são inerentes, entendem do mesmo modo os direitos e as liberdades fundamentais do homem? Qual a relação das ideologias com os regimes políticos? Porque se fala em regimes monistas e em regimes pluralistas? E qual a interacção regimes políticos/direitos humanos? Será que todos os regimes políticos têm a mesma concepção do homem como pessoa, como ser humano e como cidadão?

A estas interrogações e outras que eventualmente surjam no contexto das interacções ideologias/regimes políticos/direitos humanos vamos tentar responder no desenvolvimento do texto deste capítulo.

1. Ideologias e regimes políticos

Ao longo dos séculos, a conquista, detenção e exercício do poder político foram sempre influenciados por certas concepções do mundo e da vida. Todos os que têm a faculdade de participar directamente nos processos de decisão política, designadamente os que adoptam decisões obrigatórias e irresistíveis, tomam por referência certos valores míticos, racionais e sentimentais que determinam a posição dos indivíduos face ao poder e vice-versa. Quer dizer que os detentores da sede do exercício do poder, por mais neutrais e ascéticos que se afirmem, são sempre influenciados por uma ideologia orientador no desempenho das suas funções.

O poder político, como faculdade de definir as regras de comportamento da colectividade e de impor o seu respeito e obediência, nunca foi, nem nunca será, neutro e ascético. Orienta-se por determinadas coordenadas ideológicas, que lhe permitem agir desta ou daquela maneira, servir estes ou aqueles interesses, alcançar objectivos gerais ou objectivos específicos. Por conseguinte, a dimensão ideológica faz parte integrante dos elementos do poder e determina o modo como ele é exercido. De resto, o poder político – o poder do Estado – pode ser analisado tridimensionalmente, tendo em consideração a sede, a forma e a ideologia orientadora. A tridimensionalidade do poder permite evidenciar a importância da dimensão ideológica para compreender as características subjacentes aos regimes políticos em vigor em qualquer período da história. Pois a evolução e a variação dos regimes políticos foram sempre determinadas pela preponderância de certas ideologias políticas. Partindo desta asserção, cabe então perguntar: afinal em que consiste uma ideologia política? Quais as principais ideologias políticas que se foram sucedendo, coexistiram e influenciaram a afirmação do poder até aos nossos dias? E o que é um regime político? A que realidade corresponde? Que regimes políticos têm ornamentado a afirmação do poder do Estado ao longo do tempo? E que regime político está subjacente a cada ideologia?

1.1. *Ideologias Políticas*

É muito frequente definir *ideologia* como *um sistema de ideias que já não são pensadas por ninguém*. Definição simples, sem dúvida, mas que consubstancia a realidade subjacente a este conceito.

As ideologias formam-se a partir das ideias que são doutrinadas e assimiladas pela sociedade. As ideias nascem espontaneamente ou vão-se gerando através da observação dos factos. Mas, para produzirem os efeitos subjacentes à sua força transformadora, carecem de ser interiorizadas pela sociedade. E a interiorização (assimilação) dos princípios e objectivos integrantes das ideias faz-se através do trabalho interpretativo dos seus doutrinadores. Quer dizer que a ideia necessita de ser doutrinada para se transformar em ideologia. Portanto, numa perspectiva temporal, surgem primeiro as ideias, por vezes dispersas e variadas; depois vão-se desenvolvendo as doutrinas com vista a aprofundar e divulgar o substrato das ideias; e por fim, aparecem as ideologias quando o substrato das ideias foi assimilado e aceite pelo menos por uma parte da sociedade. Porém, deve sublinhar-se que nem todas as ideias são doutrinadas, e que nem todas as doutrinas dão origem a ideologias. Assim, ao contrário das ideias, e mesmo das doutrinas, não foram muitas as ideologias políticas, entendidas como *"conjuntos de elementos míticos, racionais e sentimentais que determinam a posição do indivíduo em relação ao Poder e vice-versa"*, que se afirmaram ao longo da história e influenciaram a manifestação do poder político nas sociedades. De facto, são numerosos os autores, como Marcel Prélot, Jean Touchard, Raymond Aron, Louis Althusser, William Ebenstein, etc., que, analisando tanto a formação das ideias, como o desenvolvimento das doutrinas e a afirmação das ideologias, chegaram à conclusão que, desde a Antiguidade Clássica até aos nossos dias, são menos de uma dezena as ideologias políticas que influenciaram decisivamente o exercício do poder político, a saber: o *civismo clássico*, o *teocracismo*, o *absolutismo*, o *liberalismo*, o *socialismo reformista*, o *marxismo-leninismo*, a *democracia cristã*, o *fascismo* e o *tecnocracismo*.

1.2. Regimes Políticos

Se a ideologia política é uma concepção do mundo e da vida que orienta a afirmação e exercício do poder nas sociedades politicamente organizadas, o *regime político* diz respeito à *forma de aquisição e exercício do poder do Estado,* ou seja, o regime político define-se por referência ao modo de designação dos titulares dos órgãos do poder do Estado e à forma como estes exercem o poder para assegurar a ordem na colectividade, garantir a justiça e promover o bem-estar económico e social. Por conseguinte, o regime político concerne à relação da população com o poder e vice-versa. E, por isso, é hoje comumente aceite que os regimes políticos podem ser classificados, ou tipificados, tendo em conta a possibilidade de toda a população politicamente adulta, ou apenas alguma, participar, directa ou indirectamente, na tomada de decisões, ou na escolha dos membros das instituições políticas encarregadas de tomar decisões. Nesta perspectiva, os regimes políticos podem agrupar-se em duas categorias: *regimes aristocráticos* e *regimes democráticos*.

São *regimes aristocráticos* aqueles em que somente uma fracção de população adulta participa na escolha e no controlo dos governantes. Essa fracção aristocrática da população pode ser constituída pelos membros do aparelho militar, pela administração, por uma classe social ou por um partido. A esta categoria pertencem:

a) Os regimes que assentam num partido único, cujos dirigentes se identificam com os governantes;

b) Os *regimes ditatoriais legais* baseados numa Constituição que não comporta qualquer tipo de controlo do povo sobre os governantes e que, na prática, não é cumprida, não passando de uma constituição semântica;

c) Os *regimes ditatoriais de facto,* para os quais pouco importam as normas constitucionais, ou porque são ignoradas, ou porque a sua aplicação é falseada, ou porque única e simplesmente são suspensas.

São, por outro lado, *regimes democráticos* aqueles em que a totalidade da população adulta (de maior idade eleitoral) pode participar, directa ou indirectamente, na tomada de decisões e na escolha dos governantes. Se a totalidade da população adulta, reunida periodicamente em assembleia plenária, pode participar directamente na tomada de decisões, isto é, no exercício do poder soberano, diz-se que o regime é de *democracia directa;* se, pelo contrário, a totalidade da população adulta apenas pode participar na designação e no controlo dos governantes, diz-se então que o regime é de *democracia representativa.*

A *democracia directa,* que foi praticada na Antiguidade Clássica, nomeadamente na Cidade-Estado de Atenas, embora grande parte da população adulta não desfrutasse do estatuto da cidadania, não existe hoje como forma de exercício do poder do Estado. Actualmente, apenas as Constituições de alguns Estados contemplam certas práticas que se ligam à democracia directa: o referendo, o plebiscito e o direito de iniciativa popular. Por conseguinte, os regimes democráticos existentes na época contemporânea são *democracias representativas.*

Os regimes políticos são, no entanto, passíveis de outra classificação se se atender à ideologia que os orienta ou que o poder prossegue e não apenas à forma que o exercício do poder reveste.

A classificação dos regimes políticos com base no sistema de crenças e de valores míticos, racionais e sentimentais dominantes na sociedade, quer dizer, na ideologia orientadora, só começou a ter relevância quando a luta de classes desafiou a estrutura do poder. Viu-se então que o regime democrático liberal, apesar de pretender ser ideologicamente neutro, tinha uma ideologia, e que a defendia, travando a possibilidade de mudança radical.

De facto, até ao primeiro quartel do século XX, a alternância do poder correspondia, ora à mudança de grupos de interesses, ainda que recebessem o nome de partidos, ora à substituição de uns partidos por outros, comungando todos da mesma concepção fundamental de sociedade, incluindo as tradições, os objectivos nacionais, os direitos do homem. A sede do poder não estava nunca verdadeiramente em perigo, estava sim em perigo constante a continuidade no poder do mesmo grupo ou partido.

Mas quando o princípio da luta de classes permitiu que uma fracção importante da sociedade reivindicasse o direito de participar na vida política e de ocupar e exercer o poder, pôs-se o problema da alternância dizer respeito não apenas à ocupação da sede do poder mas também às concepções do mundo e da vida, ao sistema de crenças e de valores, à ideologia orientadora. E a regra da mudança pelo consentimento, de custos sociais menos elevados, alargou-se ao campo ideológico.

Depois da última Guerra Mundial, esta evolução deu-se na maior parte dos países ocidentais: o problema da alternância ideológica foi colocada em termos constitucionais, mas sempre com a preocupação de manter a forma do poder.

Assim, uma classificação dos regimes políticos, que atenda simultaneamente à forma, à sede e à ideologia, talvez os possa agrupar em duas categorias fundamentais: *regimes monistas* e *regimes pluralistas*.

São *regimes monistas* aqueles que não consentem nem na mudança da sede do poder nem na alternância ideológica, o que estabiliza facilmente a forma e encaminha o Estado para autoritário ou totalitário.

São *regimes pluralistas* aqueles em que está prevista a revolução legal, de tal modo que a forma torna viável a mudança da sede do poder e a alternância ideológica pelo consentimento da sociedade civil, através da expressão do voto da população politicamente adulta.

Por conseguinte, os *regimes ditatoriais* (legais, de facto, ou de partido único) são *regimes monistas;* enquanto os *regimes democráticos* são *regimes pluralistas*.

1.3. *Inter-relação Ideologias/ Regimes Políticos*

Vimos nas páginas anteriores que os regimes políticos foram, e são, determinados por certas concepções do mundo e da vida, e que podem ser classificados atendendo à ideologia que os orienta. Quer dizer que existe uma interacção ideologias/ regimes políticos.

Por outro lado, vimos também que não foram muitas as ideologias que, ao longo da história da humanidade, influenciaram o exercício do poder nas sociedades politicamente organizadas.

Sendo assim, poder-se-á perguntar: de que modo cada uma das ideologias atrás referidas influenciou o exercício do poder político? Quais as concepções de cada uma dessas ideologias sobre a organização política da sociedade? Que regimes políticos estão subjacentes a cada uma delas?

Será que diferentes ideologias podem orientar a afirmação do Poder sem mudar o regime político? Ou a cada ideologia corresponde um regime político específico?

a) O Civismo Clássico e os Regimes Políticos

O *civismo clássico* (ou antigo) corresponde à Antiguidade Clássica e reflecte a experiência grega e latina, consubstanciada numa concepção do mundo e da vida forjada pelas ideias de vários pensadores daquela época, dos quais destacamos: *Tucídedes*, que teorizou as relações entre Esparta e Atenas e formulou o princípio da coexistência pacifica entre as duas Cidades-Estado; *Xenofonte*, defensor do dirigismo e do poder hierárquico; *Platão*, apologista do normativismo regulador da arte de governar; *Aristóteles* e *Péricles*, defensores das virtudes da democracia produto da afirmação da vontade popular; *Políbio de Megalópolis*, que caracterizou o modo como era exercido o Poder na República Romana; e *Cícero*, que ampliou a dimensão da "polis", emprestando-lhe uma definição mais jurídica, e acrescentou o normativismo jurídico ao normativismo ético de Aristóteles, definindo a "R*epública*" como *"uma colectividade unida por um acordo de direito e por uma comunhão de interesses"*, na qual o direito é comum a todos, aceite por todos e efectivamente obedecido por todos.

Considerando a "Cidade-Estado" como a realidade política correspondente ao ideal de sociedade humana completa e equilibrada, o civismo clássico congrega um conjunto de princípios e de regras definidoras do espírito de tolerância e de diálogo que caracterizou o período áureo da democracia de Atenas.

Portanto, o regime político que corresponderia ao civismo clássico seria a *democracia* caracterizada por Aristóteles como *"o governo de todos, por todos e para todos"*.

Porém, se atendermos a que o civismo clássico correspondeu à Antiguidade Clássica grega e latina, somos levados a constatar que esta ideologia orientou outras formas de exercício do poder. Com efeito, se atentarmos nas reflexões de Aristóteles sobre as formas de governo na Grécia Antiga, para responder à questão de saber quantos mandam e com que finalidade o fazem, verificamos que este estudioso dos fenómenos políticos, da organização institucional das "Cidades-Estado" e das Leis Fundamentais que as regiam (analisou mais de centena e meia de constituições do seu tempo) identificou os seguintes regimes políticos; *monarquia, aristo-*

cracia e *democracia* (regimes puros); *tirania, oligarquia e demagogia* (regimes degenerados ou corrompidos).

Aristóteles chamou *monarquia* ao regime político em que só um detém e exerce o poder, independentemente do processo que o selecciona; chamou *aristocracia* ao regime em que o poder é detido e exercido por alguns; chamou *democracia* ao regime em que o poder é compartilhado por todos os cidadãos, que alternadamente governam e são governados. Na sua óptica, estes regimes puros só existiriam se os detentores e executores do poder se manifestassem fieis à prossecução do interesse geral. Caso contrário, degeneravam em regimes corrompidos. Assim, a monarquia degenerava em *tirania*, sempre que o homem que governava o fazia em benefício próprio; a aristocracia degenerava em *oligarquia*, quando acontecia o mesmo com aqueles que governavam; a democracia degenerava em *demagogia*, quando todos procuravam satisfazer os seus próprios interesses, em vez do interesse geral, gerando uma situação de desordem em que todos falavam e ninguém se entendia, adiando assim a resolução dos problemas que a todos diziam respeito.

No entanto, Aristóteles constatou a existência de uma espécie de circulação destes modelos de regimes políticos. Assim, para a monarquia degenerada em tirania, vinha o remédio pela instauração de uma aristocracia correctora; para a degenerescência da aristocracia transformada em oligarquia, a correcção fazia-se pela restauração de uma democracia saudável; para a demagogia em que a democracia degenerava, a prossecução do bem comum vinha pela instalação de uma monarquia.

A observação de Aristóteles foi retomada por Políbio de Megalópolis para analisar a Constituição romana, que vigorava no século III, o qual a considerou excelente, por nela se encontrarem harmoniosamente combinados os princípios monárquico, aristocrático e democrático. A este propósito, Políbio escreveu o seguinte: *"As três formas de governo de que se falou mais acima encontravam-se amalgamados na Constituição romana, e a parte de cada uma delas estava calculada tão exactamente, tudo estava nela tão equitativamente combinado que ninguém, mesmo entre os romanos, teria podido dizer se se tratava de uma aristocracia, de uma democracia ou de uma monarquia. Esta indecisão era, por outro lado, muito natural. Examinados os poderes dos Cônsules, ter-se-ia dito que era um regime monárquico, uma realeza; julgado pelos poderes do Senado, era, pelo contrário, uma aristocracia; e, enfim, se se considerassem os poderes do povo, parecia que era pura e claramente, uma democracia"* (in Políbio de Megalópolis, *"Historial Universal durante a República Romana"*).

Esta fórmula parecia facilitar a circulação do poder de um para outro estrato social sem alteração. Assim, conforme a relevância dos estratos sociais e dos interesses, poderiam assumir preponderância os Cônsules, o Senado ou o Povo, acontecendo que o Império se fundou procurando manter a forma do poder pelo expediente de acumular no Imperador todas as magistraturas. E parece ter ficado célebre, para o estudo das instituições romanas, a seguinte frase de César Augusto: *"Imperador sou eu, sou o primeiro Cônsul e o principal Senador"*.

b) O Teocracismo e os Regimes Políticos

O *teocracismo*, como concepção do mundo e da vida que influenciou a afirmação do poder político durante o longo período medieval, fundamenta-se no princípio de que "o Poder emana de Deus"; e, por isso, o poder espiritual sobrepõe-se ao poder temporal.

Teorizado pelos Doutores da Igreja, sobretudo por *Santo Agostinho*, na sua *"Cidade de Deus"* (426)* e por *S. Tomás de Aquino*, na sua obra *"Do Governo Real"* (1266)**, o teocracismo (ou sacerdotalismo medieval) consubstancia-se na coexistência do poder religioso (espiritual) com o poder político (temporal) numa relação de subordinação do segundo ao primeiro, de acordo com o princípio de que "o poder religioso, absorve a autoridade laica e torna-se hegemónico".

---

* Na *"Cidade de Deus"*, Santo Agostinho definiu a "Cidade" (Estado) como "um agregado humano unido pela posse pacífica e comum do que ele ama". Dá-nos assim, uma noção comunitária de Estado. Na "Cidade", no Estado, os vínculos que ligam as pessoas são vínculos afectivos e não vínculos jurídicos e utilitaristas. Às pessoas aconteceu-lhes nascerem e viverem em tal ou tal comunidade social, e, por isso, os vínculos que fazem dessa comunidade uma sociedade organizada não são o resultado de pactos jurídicos e sociais subjacentes à concepção ciceroniana de Estado. Com Santo Agostinho passa-se de uma concepção jurídica a uma concepção afectiva do Estado, de uma noção societária a uma noção comunitária.

** Na sua obra *"Do Governo Real"*, S. Tomás de Aquino, influenciado pelo "agostinismo político", que dominou o pensamento medieval, e pela filosofia política aristotélica, considera que a sociedade politicamente organizada assenta nos vínculos jurídicos e sociais estabelecidos entre os seus membros para prosseguir os interesses comuns, e reforça a noção do poder personalizado, já que a noção de Estado passa da colectividade popular ao Governo, do Governo a pessoa de quem governa, isto é, do Estado ao Reino, do Reino ao Príncipe.

Na Antiguidade Clássica, o poder era, por essência, ilimitado, mesmo quando o seu exercício revestia a forma democrática. O Estado (Cidade-Estado), no que diz respeito ao exercício do poder, podia revestir formas diversas (monarquia, aristocracia, democracia), segundo a trilogia aristotélica, mas era sempre totalitário: tinha o direito de dirigir tudo. Mas com o teocracismo medieval desenvolve-se a ideia do poder limitado do Estado, uma vez que o poder religioso coexistia com o poder político numa relação de imposição/ subordinação: pouco a pouco, o poder religioso sobrepôs-se ao poder político.

O triunfo do poder religioso sobre o poder político consumou-se pelo desmantelamento dos impérios e pela formação de pequenos reinos, principados, condados, feudos, que declaravam obediência ao Sumo Pontífice.

O teocracismo teve, pois, uma grande influência na orientação do poder em toda a época medieval, dado que o poder dos príncipes (dos Estados) era limitado pelo poder temporal da Igreja, à qual prestavam juramento de obediência, e sem o reconhecimento da qual os reinos não tinha existência formal.

Nesta lógica do poder limitado dos Estados e da subordinação do poder político ao poder religioso, insere-se a instauração e desenvolvimento do feudalismo, que assentava na formulação de numerosos pactos, os quais estabeleciam as regras de imposição/ subordinação, de mando/ obediência.

Como mostramos no Capitulo II, o feudalismo foi um sistema económico, político e social que vigorou durante a Idade Média numa parte da Europa, sob os auspícios do teocracismo – a ideologia orientadora da afirmação do poder durante este longo período da história da civilização ocidental. E a forma de aquisição e exercício do poder, isto é, o regime político predominante nesta longa noite de obscurantismo, foi o *regime aristocrático* com forte concentração de poderes na pessoa dos senhores feudais e dos príncipes, os quais detinham a faculdade de fazer as leis, de as aplicar e de garantir o seu cumprimento através do exercício do poder judicial, em obediência aos princípios do sarcedotalismo medieval incarnado na pessoa do bispo de Roma (Sumo Pontífice).

Embora, subordinado ao poder religioso, o poder político era fortemente personalizado, e as consequências da sua afirmação traduziram-se numa rígida estratificação social, alimentada pela intolerância, pelo obscurantismo pela escravizada servidão, pelo medo de tudo.

c) O Absolutismo e os Regimes Políticos

Contra a preponderância do poder religioso insurgiram-se vários estudiosos e ideólogos do Estado moderno absoluto, dos quais merecem especial referência: *Marsílio de Pádua, Nicolau Maquievel, Jean Bodin, Richelieu* e *Luís XIV*. Estes autores contribuíram, de uma forma ou de outra, para definir os parâmetros ideológicos do Estado absolutista.

Marsílio de Pádua analisou as relações do poder político com o poder religioso e mostrou-se indignado com a magnitude do poder soberano exercido pela Igreja, sobretudo pelo Sumo Pontífice. A este respeito, escreveu, na sua obra *"Defensor Pacis"* (1324), o seguinte texto que aqui reproduzimos: *"A fim de desmascarar a falsidade dos bispos, ergo-me como um arauto da verdade e grito com todas as minhas forças, a vós todos, reis, príncipes, povos, tribos de todas as línguas, não vedes que o bispo de Roma exerce a sua soberania sobre todos os príncipes, sobre todos os reis do mundo(...) Existe algo de mais pernicioso, algo que represente um perigo maior para o repouso, a felicidade e o bem-estar de toda a raça humana?"* Pela sua frontalidade e pelo modo como defendeu as suas convicções e expôs as suas reflexões, Marsílio de Pádua é visto como o libertador da sociedade laica da opressão exercida pelo clero, e como precursor da construção do Estado soberano.

Nicolau Maquiavel preocupa-se em compreender a realidade do Estado. E o resultado das suas observações e análises expressou-o numa importante obra a que deu o nome de "O *Príncipe*" (1516). Procurando ser o mais objectivo possível, Maquiavel preocupou-se em excluir considerações valorativas para se ater aos factos. Fez uma análise realista do Estado; e considerou a política como a arte em que o Estado procura assegurar a obediência dos seus membros. Desmistificou o Estado e mostrou a verdade dissimulada pelos mitos do bem-comum, do interesse geral, do bem-estar social. Em vez de se preocupar com a prossecução do bem-comum e do bem-estar social, o Estado está mais empenhado em assegurar a obediência dos súbditos (dos cidadãos). Atendo-se a esta concepção realista do Estado, Maquiavel dirigiu uma série de conselhos ao Príncipe reinante, os quais este devia seguir a fim de fortalecer o poder do Estado e de o libertar de qualquer subjugação a qualquer outro poder. Para ele, o "Príncipe" devia ser realista, legalista, calculista, indiferente, astuto, hábil e superior. Devia estar acima do comum, da mediocridade, e situar-se para além do bem e do mal. Cupidez, rapacidade, roubo, libertinagem, deboche, velhacaria, perfídia, traição, que importam visto que tudo isso não deve ser julgado segundo a bitola comum que rege a vida privada, mas segundo o ideal de um Estado que se tem de construir e de manter. Desde que o Príncipe alcance o resultado desejado, todos os meios são considerados honestos. O Príncipe, como chefe único, corresponde a uma exigência da "razão do Estado", e esta postula conclusões absolutistas. Maquiavel exortou à libertação da Itália relativamente aos Bárbaros, aparecendo como um defensor do "princípio das nacionalidades", isto é, do direito à unificação e independência do Estado. O seu primordial objectivo era instituir uma Itália unida, armada e despadrada.

Jean Bodin procurou fazer uma análise global da sociedade politicamente organizada, abordando os aspectos políticos, económicos e sociais, e o resultado do seu laborioso trabalho tornou-o público em 1576, sob a designação de *"Seis Livros da República"*. Nesta vasta obra, Jean Bodin considera a "República" (o Estado) como *"o governo justo de vários lares e do que lhes é comum através de uma autoridade soberana"*; desenvolve a teoria da soberania do Estado; explica o modo de exercer a soberania, que pode revestir as formas monárquica, aristocrática e popular; trata da estrutura administrativa e social da sociedade; e faz uma análise sociológica do Estado, não descurando os problemas relacionados com as finanças, a moeda e a censura. Porém, o que tornou a sua obra célebre foi a definição e explanação do conceito de soberania, considerando-a una e indivisível, intransmissível por delegação, irrevogável, perpétua e suprema, e assemelhando-a a *"um poder que não tem igual na ordem interna, nem superior na ordem externa"* – um poder supremo e independente, porque nenhum outro poder lhe pode exigir contas, nem o Papa nem o Imperador como potências externas, nem os estados-gerais ou parlamentos ou qualquer outra instituição a nível interno. Por isso, Jean Bodin é considerado um defensor do governo absoluto e um teórico do Estado de direito moderno.

Tanto Jean Bodin como Maquiavel contribuíram para definir os contornos do Estado moderno e para sedimentar os princípios e valores do absolutismo. Com efeito, o Estado moderno erigido na Europa sobre as ruínas do feudalismo. Teve por base o desenvolvimento da economia mercantil e a libertação das sociedades civis do domínio temporal da Igreja; assentou na concentração do poder nas mãos do príncipe e no despertar da consciência nacional; e evocou a ideia de um poder eficaz, protegido, organizado, um poder institucionalizado que garante a sua própria segurança contra os perigos internos e externos.

Todavia, nem o absolutismo orientou a governação em todos os países da Europa*, nem esta ideologia é entendida do mesmo modo por todos os seus teóricos e executores. Com efeito, enquanto *Richelieu*, embora considerasse "o poder uma das coisas mais necessárias à grandeza dos Reis e à felicidade dos seus governos" e admitisse que "nada é mais perigoso do que haver várias autoridades com igual poder na administração dos negócios" (in: *"Máximas sobre o Estado"*-1688), aconselhava o Rei Luís XIII a entregar o leme do governo a um "primeiro-ministro", escolhido entre os seus conselheiros, preconizando uma *"monarquia ministerial"*, um *"absolutismo delegado"*; *Luís XIV*, em *"Reflexões sobre a Profissão de Rei"*, defende o poder absoluto do monarca, invocando o fundamento divino da sua autoridade. "Aquele que colocou os Reis acima dos homens quis que eles fossem respeitados como seus lugares-tenentes (…) A vontade de Deus é que todo aquele que nasceu súbdito obedeça sem julgar", assevera Luís XIV. Entende que a chefia pertence ao Rei, de acordo com a ordem divina e natural. Atribuir o direito de tomar resoluções aos súbditos e reservar ao Soberano o direito de ser venerado é perverter a ordem das coisas. Todo o poder pertence ao monarca: não se consegue, não se espera, não se faz nada senão através dele. O Rei não deve depender daqueles que o servem; deve manter a sua independência perante eles. Não deve rodear-se de uma "eminência parda", de favoritos ou favoritas. Não deve haver primeiro-ministro nem ministros influentes. O Rei pode ter conselheiros, mas deles só recebe sugestões. Quando estas são boas, o mérito pertence ao monarca, visto que soube segui-las. Luís XIV rejeita o absolutismo delegado preconizado por Richelieu, uma vez que diminui a dignidade do monarca e revela-se contrário aos princípios do absolutismo em que pretende fundar-se; e, em contrapartida, enaltece a profissão de Rei, considerando que, quando é bem desempenhada, realça e enobrece ao mesmo tempo o trono e o soberano. E rejeita também a existência de estados-gerais e assembleias legislativas, com a seguinte argumentação: *"este estado de sujeição que coloca o soberano na necessidade de recorrer ao povo para ditar a lei é a pior das desgraças em que pode cair um homem da nossa posição"*. Nesta linha de pensamento inscrevem-se *Cardin le Bret*, para quem o Rei não está dependente de nenhum poder que não seja o de Deus, pois, se o poder não fosse completo não seria verdadeiro Rei; e *Bossuet*, que defende o princípio de que o monarca não deve prestar contas a ninguém das suas ordens, uma vez que a autoridade real deve ser não só hereditária como também absoluta.

---

* Existem numerosos analistas que sustentam que o absolutismo nunca foi a ideologia dominante na Inglaterra.

A monarquia absoluta foi, pois, a forma de exercício de poder dominante no período em que as concepções absolutistas do mundo e da vida orientaram a afirmação do poder nas sociedades politicamente organizadas (séculos XVI, XVII e XVIII). Era um regime político aristocrático com concentração de poderes no titular da coroa, que algumas vezes os delegava parcialmente nos seus conselheiros, vigorando o *absolutismo delegado*.

d) O Liberalismo e os Regimes Políticos

A filosofia política de John Lock e a revolução inglesa de 1689 lançaram as bases de uma nova concepção do mundo e da vida que influenciou as Revoluções Americana e Francesa e se transformou em ideologia dominante no século XIX, a qual foi preconizada também por outros autores, designadamente Montesquieu, Rousseau, Voltaire, Siéyès, Tocqueville, Stuart Mill, Lamartine e Constant.

Estes estudiosos da organização das sociedades e das suas estruturas políticas, económicas e sociais, a alguns dos quais já fizemos referência no Capitulo II deste trabalho, insurgiram-se contra a organização concentrada do poder, o despotismo dos detentores da sua sede de exercício, a rígida estratificação social em estamentos herdada da Época Medieval, e o cerceamento das liberdades públicas e civis. E preconizaram uma nova organização política, económica e social, que se fundamenta numa concepção do mundo e da vida completamente oposta à que enformou o poder absolutista e assenta nos seguintes pressupostos: na divisão e separação dos poderes de acordo com as prédicas de Charles de Montesquieu; na consagração e garantia dos direitos e das liberdades individuais, conforme advogaram Voltaire, Stuart Mill e Lamartine; no incremento da iniciativa privada e na redução da intervenção estatal ao mínimo indispensável, conforme visionaram John Lock, Voltaire e Benjamin Constant; na participação dos cidadãos na gestão dos negócios públicos através do sufrágio, em consonância com o pensamento de Rousseau e as observações de Tocqueville; na regulamentação do exercício do poder mediante a aprovação de Leis Fundamentais que estabelecessem uma predefinição jurídica do ordenamento político-jurídico dos Estados, em conformidade com as ideias dos teóricos do constitucionalismo moderno (Sieyés, Constant, etc.).

Todos estes autores contribuíram para definir, divulgar e consolidar os princípios e os valores do liberalismo, para construir os alicerces e os fundamentos do Estado do *"laissez faire, laissez passer"*, e para instituir um regime de democracia representativa e substituir a monarquia absoluta pela monarquia limitada e/ou pela república parlamentar.

Não obstante a ideologia liberal se fundamentar nos princípios da liberdade e da igualdade, de tal modo que Alexis de Tocqueville, ao referir-se à democracia liberal que vigorava nos EUA nos anos trinta do século XIX, explica que o significado da democracia está intimamente ligado à ideia de liberdade política e define a *democracia* como "*a liberdade combinada com a igualdade*"; a *democracia liberal* vigente no século XIX sob a orientação desta concepção do mundo e da vida começou por ser uma *democracia censitária* e não passou de uma *democracia capacitária*, precisamente porque, numa primeira fase, apenas usufruíam de direitos políticos, eram eleitores, os que possuíssem uma certa extensão de terras ou uma dada quantidade de imóveis (sufrágio dos proprietários), ou os que pagassem um certo montante de contribuição directa (sufrágio dos contribuintes), e, numa segunda fase, atribuíram-se os direitos políticos também àqueles que, embora não possuíssem a quantidade de bens exigida para fazer parte do corpo eleitoral, desfrutavam de um mínimo de instrução, que lhes permitia pelo menos ler a Constituição (sufrágio capacitário). Ora, como a sociedade estava ainda bastante estratificada e as desigualdades económicas e sociais se foram acentuando, graças à liberdade de iniciativa e de empreendimento dos particulares e à abstenção e inércia do Estado, o regime político gerado pela implantação do liberalismo pode ser caracterizado como uma "*democracia aristocrática*" ao serviço dos interesses da burguesia.

e) O Socialismo e os Regimes Políticos

O liberalismo, como concepção do mundo e da vida inspiradora e influenciadora do Estado do "laissez faire, laissez passer", permitiu e possibilitou que se acentuassem as desigualdades económicas e sociais, e que a classe detentora dos meios de produção aumentasse os seus rendimentos à custa da exploração das massas trabalhadoras.

Contra as condições económicas, sociais e políticas subjacentes à sociedade liberal vão insurgir-se vários estudiosos e pensadores, de diversas concepções do mundo e da vida, mas intitulando-se todos socialistas: uns *socialistas revolucionários*, como Babeuf e Blanqui; outros *socialistas associacionistas*, como Saint-Simon, Louis Blanc e Buchez; outros *socialistas anarquistas*, como Proudhon e Bakounine; outros *socialistas científi-*

cos, como Engels, Karl Marx e Lenine; e outros *socialistas reformistas*, como Sidney Webb, Bernstein e Jean Jaurés. Todos estes autores condenaram as desigualdades económicas e sociais existentes no século XIX, decorrentes da afirmação do poder sob a influência do liberalismo, e proclamaram novas formas de organização política das sociedades, contribuindo para definir os contornos de novas concepções do mundo e da vida opostas à ideologia liberal.

A alguns destes autores já fizemos referência no Capitulo II, ao analisarmos as Revoluções Industriais e os Direitos Económicos e Sociais, designadamente a Babeuf, Louis Blanc, Joseph Proudhon, Michael Bakounine, Friederich Engels e Karl Marx, e expressámos aí o essencial do pensamento da cada um deles. Aos outros faremos agora as referências necessárias para compreendermos os fundamentos de duas ideologias – o *socialismo reformista* e o *marxismo-leninismo* (comunismo) – que viriam orientar a afirmação do poder em muitas sociedades a partir do primeiro quartel do século XX.

Blanqui, socialista revolucionário e igualitarista como Babeuf, preconizava, na sua obra "*O Prisioneiro*" a instituição de uma ditadura do proletariado, através do desarmamento da burguesia, do armamento do povo, da supressão da imprensa burguesa e da realização de eleições. "Uma vez destituída a antiga ordem, o caminho estará aberto e o terreno ficará livre para a edificação da nova sociedade", sublinha Blanqui. Os dois autores pretendiam que o povo tomasse o poder e instituísse uma autocracia dirigida por um "comité de insurreição", com vista a estabelecer uma sociedade igualitária. Defendiam pois, a tese da "*revolução permanente*", segundo a qual devia seguir-se a seguinte ordem de prioridades: primeiro tomar o poder, depois transformar a sociedade, e por fim conquistar a maioria.

Saint-Simon, na sua obra "*O Sistema Industrial*" (1821), afirma que recebeu a missão de retirar os poderes políticos das mãos do clero, da nobreza e da classe judiciária para os fazer passar para as mãos dos industriais. E resume o seu pensamento na famosa parábola que a seguir explicitamos.

Numa primeira hipótese, Saint-Simon imagina que a França perde subitamente os seus 50 primeiros físicos, os seus 50 primeiros químicos, os seus 50 primeiros mecânicos, os seus 50 primeiros engenheiros civis e militares, os seus 50 primeiros arquitectos; os seus 50 primeiros médicos, os seus 50 primeiros banqueiros, os seus 200 primeiros negociantes, os seus 600 primeiros cultivadores, os seus 50 primeiros ferreiros, os seus 50 primeiros carpinteiros, os seus 50 primeiros marceneiros, os seus 50 primeiros serralheiros... Uma vez que estes homens são os franceses que mais produzem..., aqueles que dirigem os trabalhos mais úteis à nação e que a tornam produtiva no que diz respeito à ciência, às belas-artes e às artes e ofícios..., são de todos os franceses os mais úteis ao seu país... Seria precisa pelo menos uma geração inteira para que a França se recompusesse de uma tal desgraça.

Numa segunda hipótese, Saint-Simon admite que a França conserva todos os homens de génio que possui nas ciências, nas belas-artes e nas artes e ofícios, mas que tem a infelicidade de perder no mesmo dia o irmão do Rei, o duque de Angoulême... Que perde ao mesmo tempo todos os grandes funcionários da Coroa, todos os ministros de Estado, todos os referendários, todos os conselheiros de Estado, todos os marechais, todos os cardeais, arcebispos, bispos, vigários e cónegos, todos os prefeitos e subprefeitos, todos os empregados dos ministérios e todos os juízes; e, além disso, os dez mil proprietários nobres mais ricos. Este acidente afligiria certamente os franceses, porque são bons e porque não poderiam encarar com indiferença o desaparecimento súbito de um tão grande número de compatriotas. Mas a perda destes trinta mil indivíduos, considerados como os mais importantes para o Estado, não lhes causaria desgosto senão sob um aspecto puramente sentimental, porque não se registaria nenhum prejuízo para o Estado no aspecto político.

Esta parábola mostra claramente que Saint-Simon atribuía grande relevância aos sectores activos da sociedade, e preconizava a sua organização associativa, por forma a tomarem e exercerem o poder político. É, por isso, considerado um defensor do associativismo.

Philippe Buchez, por seu turno, na sua obra "*Tratado de Política e de Ciência Social*", exprime ideias políticas bastante semelhantes às expostas por Louis Blanc. Defende os "ateliers sociais" e manifesta-se favorável ao sufrágio universal, necessário para democratizar a nação. Mas adverte que é necessário uma reforma económica e social para que o sufrágio universal não seja apenas um direito de fachada.

Ao contrário dos socialistas revolucionários e igualitaristas, os socialistas associacionistas pretendem conquistar primeiro a opinião pública, isto é, a maioria, e, por este meio, tomar o poder para reformar a sociedade, emprestando, assim, o seu contributo para a definição da tese da "*miséria crescente*".

A tese da "*miséria crescente*", segundo a qual as acções a desenvolver deviam ter em conta a seguinte ordem de prioridades: primeiro conquistar a maioria, depois tomar o poder, e por fim transformar a sociedade, é perfilhada pelos *socialistas científicos*, sobretudo por *Engels* e *Marx*, que, na sua obra colectiva "*O Manifesto da Partido Comunista*" (1848), chamam a atenção das classes operárias para as condições de miséria em que vivem, as quais se vão degradando em consequência do desenvolvimento industrial e da acumulação do capital pelos detentores dos meios de produção, e apelam a todos os proletários para que tomem consciência da sua miséria crescente e se unam, com vista a arrebatar o poder à classe dos capitalistas e a instaurar uma ditadura do proletariado. Paralelamente, Engels, Marx e Lenine não descuram da importância da tese da "*revolução permanente*". A este propósito, *Karl Marx* considerava que a revolução conducente à substituição da produção individual pela produção colectiva devia começar nos países mais evoluídos e mais industrializados e propagar-se na Europa Ocidental e do Leste, partindo dos países desenvolvidos até atingir os países menos avançados. E *Lenine*, afirmando-se o continuador e o interprete de Marx, achava que a revolução podia começar nos países em que a concentração capitalista era mais fraca e onde a democracia era inexistente, e que o processo revolucionário podia ser difundido, mas antes de atingir a Europa Ocidental encontraria na Ásia um potencial irresistível: Rússia, China e Índia. E daí a sua célebre frase: "o caminho para Paris passa por Pequim".

As teses da "revolução permanente" e da "miséria crescente" desenvolvidas pelos teóricos do socialismo científico fundamentaram e consubstanciam a ideologia *marxista-leninista,* popularmente designada por *comunismo*, que orientou a afirmação do poder na Rússia, após o triunfo da revolução bolchevique em Outubro de 1917, e nos países da Europa Central e do Leste, bem como na China, logo a seguir à Segunda Guerra Mundial, e conduziu, não à supressão do Estado como poder público, mas sim à edificação do Estado administrativista e totalitário.

Se a interpretação do pensamento marxista feita por Lenine conduziu à aplicação do princípio de que *a revolução ultrapassa e acelera a evolução*, princípio que o próprio Karl Marx admitiu a propósito da Comuna da Paris (1870), uma outra corrente, que se baseia também no pensamento marxista, imprimiu uma orientação diferente ao socialismo.

Criticando alguns aspectos da doutrina marxista, esta corrente, representada sobretudo por *Sidney Webb, Bernstein* e *Jean Jaurés,* considerados marxistas reformistas, vai construir os alicerces de uma nova ideologia designada por "*socialismo reformista*" (ou Social-Democracia). Estes autores defendem a tese dos "*sistemas concorrentes*", segundo a qual as acções a desenvolver deviam respeitar a seguinte ordem de prioridades: primeiro transformar a sociedade, depois conquistar a maioria, e por fim tomar o poder. Entendiam que a preservação, a ampliação e o aprofundamento da democracia conduziriam ao triunfo inevitável do socialismo; e advogavam a passagem gradual do liberalismo capitalista ao socialismo, exclusivamente pelas vias eleitorais e parlamentares.

Sidney Webb, nas suas obras *"Socialismo na Inglaterra"* e *"Ensaios Fabianos"* (1889), descreve o socialismo como a extensão dos princípios democráticos à organização económica; e admite a possibilidade de, pelo menos na Inglaterra, o capitalismo poder ser abolido totalmente através de modificações constitucionais e pacíficas, pois, no seu entender, a revolução industrial concentrou os produtores em fábricas e as populações nas cidades, as modificações económicas provocaram o desenvolvimento das instituições políticas, e o resultado inevitável da industrialização e da democracia é a implantação do socialismo, que se concretizará mediante:

a) A substituição da empresa privada pela propriedade pública municipal ou nacional;

b) O aumento das regulamentações públicas relativas aos sectores da economia que ainda estejam sob controle privado;

c) O aumento da apropriação pública de rendas, através de impostos sobre rendimentos e lucros;

d) A expansão do uso dos fundos públicos para o bem-estar dos sectores mais pobres da comunidade.

Sidney Webb foi, juntamente com Beatrice Webb e Bernard Schaw, um teorizador do *"socialismo fabiano"*, a componente ideológica que esteve na origem da criação do *Labour Party* (Partido Trabalhista) na Grã-Bretanha e que viria a orientar o comportamento dos seus dirigentes.

Edouard Bernstein inicia, em 1896, a revisão da teoria e da táctica marxistas numa perspectiva reformista. Com efeito, no seu trabalho *"Socialismo Evolucionista"* desenvolve a sua crítica do marxismo, argumentando que a tese da *"revolução permanente"* é incompatível com a perspectiva do materialismo histórico, e que a tese da *"miséria crescente"* não foi confirmada pela realidade da evolução capitalista. Aliás, Bernstein notou que *"a hipótese da miséria crescente, tal como a da revolução permanente, encerra o dogma blanquista de que a conquista do poder através da revolução proletária deve preceder qualquer transformação socialista da economia"*, e observou que qualquer programa táctico baseado nesta hipótese está permanentemente divorciado da realidade, propondo a substituição tanto da revolução permanente como da miséria crescente pela hipótese dos sistemas concorrentes.

Bernstein entendia que a transformação socialista da economia capitalista podia ser feita gradualmente sem necessidade de uma revolução política. E, por isso, no seu livro *"Os Pressupostos do Socialismo e as Tarefas da Social-Democracia"* (1898) rejeita a teoria do catastrofismo e manifesta-se contra a tese de que a transformação da sociedade deve aguardar a evolução política; critica o materialismo histórico, negando-lhe o determinismo que Marx lhe atribuía; e contesta a teoria da luta de classes. Além disso, defende que é (era) possível proceder a uma série de reformas dentro das regras da democracia representativa.

Jean Jaurés, por seu lado, afirma-se também um revisionista da teoria marxista, embora inicialmente se assuma um marxista ortodoxo. Líder do Partido Socialista Unificado Francês (SFIO – Secção Francesa da Internacional Operária) até 1919, Jaurés também rejeita a tese do "empobrecimento crescente" defendida por Marx e segundo a qual a libertação absoluta só pode basear-se na miséria completa; é manifestamente contrário ao catastrofismo revolucionário; e não está de acordo com Marx quanto à necessidade e à inevitabilidade da luta de classes. Na sua obra *"História do Socialismo"* (1911) expressa o seu pensamento nos seguintes termos: *"Não esqueçamos que é sobre os homens que agem as forças económicas. Ora as paixões e as ideias dos homens são prodigiosamente diversas e a complicação quase infinita da vida humana não pode ser reduzida brutal e mecanicamente a uma formula económica (...) Se bem que o homem viva primeiro que tudo a influência envolvente e continua do meio social, vive também pelos sentimentos e pelo espírito num meio mais vasto, que é o próprio universo(...) e o contacto com o universo faz vibrar na alma forças misteriosas e profundas, a força da eterna vida em movimento que precedeu as sociedades humanas e que lhes sobreviverá (...) Através da evolução quase mecânica das forças económicas e sociais, faremos sempre sentir a grande dignidade do espírito livre, liberto da própria humanidade pela eternidade do universo"*.

Jaurés não aceita o materialismo histórico senão como base útil para o seu idealismo, mas não admite nem a exclusividade nem a primazia dos factores de produção e de troca sobre as outras influências. Acredita na transformação progressiva, em plena democracia e graças à democracia, do sistema capitalista em sistema socialista.

Estes três teóricos da tese dos *"Sistemas Concorrentes"* definiram os contornos do *socialismo reformista*, a ideologia orientadora dos partidos trabalhistas, dos partidos sociais-democratas e dos partidos socialistas, a qual admite a iniciativa privada, mas exige a intervenção do Estado, com vista a criar condições que garantam a igualdade de oportunidades no acesso aos benefícios proporcionados pela colectividade politicamente organizada.

As duas ideologias derivadas do socialismo científico – do marxismo – não se compadecem com o mesmo regime político.

O *marxismo-leninismo* (comunismo), sendo apologista da ditadura do proletariado, instituiu um regime de partido único e uma organização autárcica da economia e do Estado, não admitindo a existência de qualquer organização à margem e fora das estruturas estaduais. O regime político ao serviço do marxismo-leninismo era (é), portanto, um regime monista que não admite alternância no poder, embora se auto-designasse por democracia popular.

O *socialismo reformista*, pelo contrário, é adverso a qualquer forma de ditadura, propugna a ampliação e aprofundamento da democracia numa sociedade plural e admite a alternância democrática no poder. Como concepção do mundo e da vida, que orienta o exercício do poder, o socialismo reformista não se compadece com outro regime senão o *regime democrático*. Tem coexistido com outras ideologias, cujos executores se vão alternando no poder, mantendo a mesma forma de exercício em pleno respeito pelos princípios da democracia representativa.

Em síntese, o *marxismo-leninismo* gerou um *Estado gestor*, que define os objectivos em função do que entende ser o bem comum, organiza os meios necessários e põe-nos em prática, com vista à realização desses objectivos, em consonância com o seu *plano imperativo*; enquanto o *socialismo reformista* aprimorou as responsabilidades do *Estado coordenador* na promoção das condições necessárias à realização do bem comum, confiando na livre iniciativa dos indivíduos e das instituições menores, cujas actividades devem respeitar os parâmetros estabelecidos no seu *plano indicativo*.

f) A Democracia Cristã e os Regimes Políticos

As desigualdades económicas e sociais decorrentes da implantação do liberalismo e do desenvolvimento industrial preocuparam também os pensadores católicos e levaram o Papa Leão XIII a afirmar a posição da Igreja sobre a constituição cristã dos Estados, a origem do poder, o dever cívico dos cristãos e os problemas económicos e sociais, através das Encíclicas *"Aeterni Patris, Immortale Dei", "Diuturnum Illud" "Sapientiae Christianae", "Rerum Novarum"*(1891), e ainda *"Graves Communii"* (1901).

Estes textos, sobretudo a Encíclica *"Rerum Novarum"*, definidora da doutrina social da Igreja, influenciaram o movimento católico e social a arquitectar os contornos da *democracia-cristã*, que pretendia tornar-se numa ideologia orientadora da acção do poder político. E, por isso, uma das suas vozes – a *Revista do Abade Six* – declarava, em 1896, que *"era impossível que as reivindicações sociais não se misturassem com a acção política e que a emancipação económica se pudesse conseguir sem uma emancipação no campo político"*. E explicava que *"o verdadeiro regime democrático é o regime do governo organizado pelo povo"*, o que implicava politicamente:

a) A representação nacional e proporcional dos interesses profissionais;

b) A descentralização, com liberdade de gestão do orçamento por parte das comunas, e a administração das escolas, dos estabelecimentos de assistência, dos hospícios e hospitais;

c) A autonomia das províncias ou regiões administrativas, com câmaras eleitas e que possuíssem as suas instituições próprias dentro da unidade do governo nacional;

d) A representação económica: câmaras regionais da agricultura, do comércio, do trabalho e das profissões liberais.

Para a democracia-cristã, o regime democrático devia assentar numa infra-estrutura social, cujo elemento base seria a organização profissional: sindicatos profissionais em todos os ramos de actividade.

O programa da *democracia-cristã*, divulgado pela *Revista do Abade Six*, preconizava a união das instituições da democracia constitucional com a organização social, criando-se organismos intermediários entre a Direcção do Estado e os cidadãos. E os seus pressupostos não se afastavam muito dos pressupostos do *socialismo reformista*.

Porém, utilizar o termo democracia-cristã para designar um sistema de organização política ultrapassava as intenções do Sumo Pontífice. E, por isso, Leão XIII exorta os católicos a usarem o termo democracia-cristã apenas para designar as obras exclusivamente sociais que exercem uma útil acção cristã entre o povo. Retira, assim, todo o significado político ao termo democracia-cristã, que entra em desuso e é substituído pelos termos *"acção popular"* e *"catolicismo social"*.

Entretanto, numerosos católicos sociais, intelectuais e sindicalistas, descontentes com os limites impostos a uma acção católica puramente social, decidiram, depois da Primeira Guerra Mundial, criar partidos políticos de inspiração católica, dos quais são exemplo o Partido Popular Italiano (PPI) e o Partido Democrata Popular Francês (PDPF), cuja orientação ideológica se baseava nos princípios da democracia-cristã divulgados pela *Revista do Abade Six,* sobretudo nos princípios do *personalismo* e do *institucionalismo*.

O *personalismo* respeita a toda a doutrina que atribua às pessoas um lugar importante dentro da realidade ou que as considere à partida como a única realidade. Considera que cada pessoa è um ser que não mais se repete e, por isso, deve ser respeitado no âmbito da acção social e da organização da sociedade. E o *institucionalismo* defende que o Estado não deve ignorar nem reduzir as actividades intermediárias, mas sim deixá-las organizarem-se a si próprias, quer para o serviço comum, quer em seu próprio proveito, e que deve conceder aos grupos a possibilidade de nascerem, de se desenvolverem e de agirem graças à sua institucionalização. De resto, o *institucionalismo*, protagonizado por *Maurice Hauriou* na sua famosa "*teoria da instituição*", procura resolver a antinomia do individual e do colectivo, fornecendo às concepções popularistas uma base ampla e segura, fora do âmbito do contratualismo universal, que caracteriza o liberalismo, e da legalidade autoritária que é característica do marxismo-leninismo (comunismo).

Nesta perspectiva, o Partido Democrata Popular Francês, no seu Congresso de Nancy (1929), declarou que "*o que é nacional diz respeito ao Estado, o que é regional à região e o que é comunal à comuna, e também o que é profissional diz respeito à profissão e o que é familiar à família*".

Os popularismos, inspirados nos valores da democracia-cristã, foram bem aceites no período que mediou as duas Grandes Guerras, mas tiveram uma audiência limitada devido ao desenvolvimento do fascismo numa grande parte da Europa e ao clima político criado a partir de 1933 pela iminência de um segundo conflito mundial.

Terminado o conflito com a derrota dos nacionalismos e dos regimes fascistas, parecia ter chegado o momento propício à afirmação do popularismo personalista. Entretanto, o Papa Pio XII, na sua mensagem de Natal de 1944, libertou a utilização da terminologia "*democracia-cristã*" no plano político, ao declarar que, na conjuntura do momento, esta não só é aceitável pelos crentes, como ainda é legitimamente preferível. E, em consequência disso, durante a década de 1940, em quase toda a Europa Ocidental, constituem-se partidos democratas-cristãos, ou então os partidos populares de antes da Guerra adoptam esta nova designação. No mesmo período, criam-se as *Novas Equipas Internacionais* (1947) que posteriormente deram origem à *União das Democracias-Cristãs* (1964).

Inspirada na *Doutrina Social da Igreja* de Leão XIII e influênciada pelo liberalismo filosófico, a *democracia-cristã*, como um conjunto de elementos míticos, racionais e sentimentais que definem a posição do indivíduo face ao Estado, e vice-versa, foi-se desenvolvendo e implantando socialmente no último quartel do século XIX, influenciando sobretudo muitas organizações de trabalhadores. No entanto, a relutância da Igreja em permitir que os seus representantes se envolvessem ou aconselhassem o envolvimento na vida política activa fez com que a terminologia de acção ligada ao catolicismo abandonasse a designação de "democracia-cristã" e a substituísse pelos termos "acção popular" e "catolicismo social". E muitos católicos, desejosos de intervir politicamente, já que profissionalmente intervinham através dos sindicatos de inspiração cristã, organizaram-se em partidos políticos nos anos subsequentes ao Primeiro Conflito Mundial, recorrendo ao termo "Popular". Mas, depois da Segunda Guerra Mundial, o termo "democracia-cristã" volta a ser utilizado politicamente na designação de muitos partidos políticos então criados ou reestruturados. E os valores do personalismo humanista, do institucionalismo político e social e da organização cristã das sociedades têm orientado o exercício do poder e a acção dos governos em muitos países, principalmente nos continentes Europeu e Americano, onde os partidos democratas-cristãos têm mais implantação e estão melhor representados, ao mesmo tempo que influenciaram muitas organizações de trabalhadores, associadas em centrais sindicais de inspiração democrata-cristã.

Os princípios do humanismo cristão, do personalismo e do institucionalismo não se compadecem com regimes aristocráticos e ditatoriais. E daí que a *democracia-cristã* tenha coexistido com outras ideologias em *regimes democráticos e pluralistas* que admitem a alternância ideológica na orientação do exercício do poder.

g) O Fascismo e os Regimes Políticos

O *fascismo*, como concepção do mundo e da vida, surgiu, na Europa, nos anos subsequentes à Primeira Guerra Mundial, sob a influência das ideias elitistas de Caetano Mosca e de Vilfredo Pareto, expressas nas suas obras *"Elementi di Scienza Política"* (1896) e *"Tratado de Sociologia Geral"* (1916), respectivamente, e das doutrinas antroporraciais de Gobineau (*"Ensaio sobre a Desigualdade das Raças Humanas"* 1855) de Chamberlain (*"As Raízes do Século XIX"* – 1899) e de Lapouge (*"O Ariano: Seu Papel Social"* – 1899); e afirmou-se em Itália, na Alemanha, em Portugal e em Espanha, sob o impulso determinante de Mussolini, Hitler, Salazar e Franco, responsáveis pela governação destes países durante longos períodos de tempo, e também na Argentina de Peron (1943-1955).

O *fascismo* aparece como reacção nacionalista e autoritária contra o enfraquecimento do Estado no século XIX e nos princípios do século XX sob as orientações do liberalismo e das tendências socialistas, e propugna a substituição do Estado demo-liberal fraco e decadente, que pode tornar-se socializante, por um novo tipo de Estado forte e autoritário. É, portanto, uma ideologia de reacção contra o liberalismo e de prevenção face ao socialismo e ao comunismo.

Enquanto o Estado liberal nasceu de um movimento revolucionário de crítica intelectual de origem inglesa, americana e francesa, e da reacção contra o Estado absolutista, baseando-se numa concepção individualista do homem e do seu destino, o *fascismo* preconiza a edificação de um Estado representando a ordem política de uma sociedade nacional, não se reduzindo aos indivíduos.

O *fascismo* apela ao sentimento nacionalista para consolidar as bases de um Estado forte, autoritário e mesmo totalitário, isto é, um Estado nacionalista através do qual a nação se pode realizar. E, por isso, o artigo 1.º da *Carta de Lavoro* italiana (1927) estabelece que *"a nação é um organismo dotado de uma existência, de um fim, de meios de acção superiores em poderio e em duração aos dos indivíduos isolados e agrupados que a compõem (...) Unidade ética, política e económica que se realiza integralmente no Estado fascista"*.

A concepção fascista do Estado implica logicamente o desaparecimento de toda a vida autónoma fora do Estado, tanto individual como colectiva, de forma que as relações entre particulares e entre grupos deixam de ser livres, como deixam também de ser exteriores ao Estado. Por isso, no seu discurso, de 28 de Outubro de 1926, Mussolini pronunciou a seguinte frase lapidar do Estado fascista: *"Tudo no Estado, nada fora do Estado, nada contra o Estado"*. Esta asserção identifica o Estado com o totalitarismo. O Estado fascista será (é), pois, um "Estado totalitário". O Estado é total, absorve a sociedade e identifica-se com ela. Transcende a vida pública e abarca as mais diversas manifestações da actividade social: a vida familiar, a vida económica, a vida intelectual, a vida religiosa, etc. A sua indiscrição é completa. Penetra no interior das famílias e das empresas; desce até ao segredo das consciências; julga as intenções e as omissões; retira todo o sentido ao adjectivo qualificativo "privado". Conforme observou Ebenstein, no seu livro *"4 Ismos em foco: Comunismo, Fascismo, Capitalismo, Socialismo"*, o fascismo *"é totalitário quanto aos objectivos e quanto aos meios de que se serve. Controla todos os aspectos da vida humana, desde o berço até à sepultura; e utiliza todas as formas de coerção, desde ameaças verbais até assassinatos em massa, para atingir os seus fins"*.

Por outro lado, o *fascismo* nega a igualdade humana com base no sexo, na profissão, no "status" social, na raça. De acordo com o código fascista, os homens são superiores às mulheres, os soldados são superiores aos civis, os membros do partido (fascista) estão acima dos que não são nele filiados, os países da elite (da raça ariana) são superiores aos outros, e, dentro da nação, a elite é superior aos demais e pode impor-lhes a sua vontade pela força.

Para a ideologia fascista, nas sociedades existe uma minoria da população (a elite) com características próprias e aptidões que lhe permitem dominar política, económica e socialmente a maioria, a massa inorganizada, que não dispõe de capacidade nem de meios para controlar a elite do poder. Para o fascismo as sociedades não estão estratificados em classes sociais capazes de disputar a conquista e o exercício do poder. Pelo contrário, nas sociedades existe um grupo coeso de "eleitos" (elite) ou escolhidos (escol), partilhando origens sociais, *status* económicos e educação comuns, e o resto da população constitui uma massa inorganizada, apática e politicamente inerte, incapaz de assumir o poder e governar a sociedade. Logo, o poder deve pertencer e ser exercido pelo grupo coeso – a elite – que tem o direito e a obrigação de dirigir os destinos da massa popular desorganizada.

Por outro lado, para a ideologia fascista, segundo a mesma lógica da teoria das elites, também na comunidade internacional existem nações de elite, que são superiores às outras e, portanto, têm o direito de as governar. E daí que o fascismo italiano tenha baseado a sua propaganda, nos primeiros tempos, à volta do renascimento do antigo império romano, e que o nacional-socialismo alemão (ou nazismo) tenha fundamentado o seu expansionismo na tese da superioridade da raça germano-nórdica e na teoria do espaço vital (Lebensraum); assim como a tese da superioridade da raça japonesa conduziu à definição imperialista da *zona de coprosperidade oriental,* segundo a qual o Japão iria prosperar dominando e explorando a Ásia e o Pacifico, e a teoria da superioridade da Argentina de Peron sublinhou insistentemente a missão e o destino imperialista deste país.

Negando a igualdade humana fundamental, sustentando que as sociedades devem ser dirigidas por governos de elite e não acreditando na "ilusão democrática" de que o povo è capaz de se governar a si próprio, dado que apenas uma pequena maioria da população qualificada pelo nascimento, instrução ou posição social, é capaz de compreender o que é mais conveniente para a sociedade em geral, e de por em prática essa compreensão, o *fascismo* não se compadece com regimes democráticos e pluralistas. É uma ideologia que não admite alternância no poder e que reserva a sua detenção e exercício a um grupo restrito da população – a elite social. Identifica-se, por conseguinte com *regimes políticos aristocráticos,* sejam eles *ditaduras legais, ditaduras de facto* ou *ditaduras de partido único.*

h) A Demotecnocracia e os Regimes Políticos

A tendência crescente dos partidos políticos em recorrerem a terminologias idênticas (personalismo, humanismo, desenvolvimento, progresso, etc.) e a políticas semelhantes quando exercem o poder, independentemente das suas raízes históricas e influências ideológicas, fez com que muitos analistas começassem a falar na *morte das ideologias* e a prognosticar a *desideologização dos regimes políticos* e a *despolitização* das sociedades. *Desideologização* por se assistir a uma ausência crescente de referência aos valores que galvanizam o empenhamento na conquista e exercício do poder; e *despolitização* por idealismo, por indiferença e por necessidade, verificando-se que as questões essenciais da sociedade escapam cada vez mais às controvérsias dos partidos e assistindo-se ao aumento crescente do abstencionismo eleitoral, ao fracasso de grandes formações político-partidárias e à participação nas decisões políticas de muitos tecnocratas que pertencem a uma elite altamente qualificada.

A despolitização por necessidade, devido à complexidade crescente do papel do Estado e da sua intervenção no sistema de produção e de troca, acarreta o desaparecimento progressivo dos "amadores da política" e a substituição dos políticos tradicionais, imbuídos de fortes convicções ideológicas, por "organizadores", ou seja, por técnicos altamente qualificados, cuja ascensão ao poder deu origem à moderna "tecnocracia", ou à "*demotecnocracia*", como alguns autores gostam de qualificar a concepção ideológica que nas últimas duas décadas parece ter orientado a forma de exercício do poder.

A ideia de um governo de técnicos não é muito recente. Já Saint-Simon, na sua famosa parábola, exprimiu esta ideia de forma categórica, para justificar que os políticos deviam ser substituídos pelos industriais, que na época constituíam a categoria dos "organizadores " dos "tecnocratas". E a "*Sociocracia*", de Augusto Conte, que se inspira em Saint-Simon, é também de feição tecnocrata, preconizando um sistema político assenta na autoridade do pai-chefe da empresa e daqueles a que chamou "dirigentes".

Todavia, as características da moderna tecnocracia foram retratadas por James Burnham, nas suas obras "*A Era dos Organizadores*" e "*Os Maquiavélicos*".

No seu livro "*A Era dos Organizadores*", Burnham explica o "carácter erróneo do marxismo", considerando que a revolução económica, que, segundo Marx, deveria conduzir à desintegração do Estado e a uma sociedade sem classes, conduziu, pelo contrário, ao despotismo totalitário do "organizadores". Burnham identificou três tipos de técnicos: *técnicos de atelier* ou de construção (operários qualificados, treinados e especializados); *técnicos de laboratório*, com conhecimentos profundos designadamente em ciências físicas, químicas e biológicas; e *técnicos organizadores*, os quais aos conhecimentos científicos e técnicos acrescentam conhecimentos psicológicos e sociais muito aprofundados, que lhes permitem saber lidar com os seres humanos. Esta última categoria de técnicos é formada pelos "organizadores", que dirigem verdadeira e globalmente todo o trabalho de produção, distribuição e consumo. Os "*organizadores-directores*", no entanto, não são geralmente capitalistas, não são os proprietários, nem os principais accionistas, nem os financeiros que reúnem o capital. São os que dirigem as empresas, sejam elas individuais ou colectivas, privadas ou públicas.

Por outro lado, na sua obra "*Os Maquiavélicos*", James Burnham explica que o poder dos "*técnicos-organizadores*", dos "*tecnocratas*", é uma realidade no mundo político contemporâneo, sublinhando que os "*tecnocratas*", formam uma oligarquia nas sociedades do nosso tempo. E acrescenta que a oligarquia dos modernos tecnocratas não é despolitizada nem abdica de uma concepção do mundo e da vida. Pelo contrário, é até muito mais política do que outros grupos sociais, pois as concepções tecnocratas têm origem na tradição maquiavélica e são completamente independentes de qualquer consideração ética. Burnham fez suas as teorias da linha de pensamento representada por Caetano Mosca, Vilfredo Pareto e Roberto Michels, autores que constataram a existência de uma "*lei de ferro da oligarquia*". Para estes autores, as massas são necessariamente governadas por uma minoria que se impõe até mesmo no seio dos partidos políticos que se qualificam a si mesmos de democráticos.

O carácter maquiavélico da *tecnocracia* faz com que esta esteja desligada de todo o fundamento ético. O problema fundamental da legitimidade é ignorado. Não há justificação para o poder: ele é porque é.

Na vida política, o essencial é a luta pelo poder, em virtude das vantagens sociais e materiais que ele proporciona. E, por isso, sublinha Burnham: "*O objectivo principal de todos os dirigentes é, na prática, servir os seus próprios interesses e conservar o seu poder e os seus privilégios. Não há excepção. O poder não é refreado por qualquer teoria, promessa moral, boa vontade ou religião. Nem os padres, nem os militares, nem os chefes operários, nem os homens de negócio, nem os burocratas, nem os senhores feudais são diferentes uns dos outros quanto ao uso que procuram fazer do poder*".

O poder da *tecnocracia* deu origem ao desenvolvimento do "*normativismo instrumental*" ou "*aplicado*", o qual se traduz na definição dos melhores meios para alcançar certos fins de governo, sem juízos éticos ou jurídicos sobre a validade dos objectivos. Mas isto não quer dizer que os "*tecnocratas*" não perfilhem uma ideologia e que não tenham opções políticas. Aliás, quando um técnico ascende ao poder deixa de ser puramente técnico, porque não existe acção governamental sem opção política e porque a técnica não pode ser o único elemento a determinar a opção. Pode acontecer que a escolha política seja feita por um técnico, mas nesse momento ele não age como técnico e sim como político influenciado por determinados valores míticos, racionais e sentimentais.

Portanto, a tecnocracia não marca o fim das ideologias nem é o atestado de óbito das ideias políticas; ela é, em si, o produto de certas concepções do mundo e da vida, que colocam a satisfação material e individual e a obtenção do lucro imediato acima da satisfação espiritual e da realização do interesse colectivo. A especialização técnica tornou-se imprescindível ao recrutamento dos dirigentes políticos e o "*tecnocracismo utilitário*" passou a estar presente no exercício do poder. Porém, a "*tecnocracia*", ou a "*demotecnocracia*" se preferimos, não é uma nova ideologia, nem tãopouco assinala a morte das ideologias tradicionais; é, antes, uma forma de aplicação dos conhecimentos técnicos aos processos de decisão, segundo uma filosofia orientadora, baseada em elementos comuns a algumas dessas ideologias que realçam a importância do individualismo em prejuízo dos princípios da igualdade e da solidariedade humana. Forma de aplicação dos conhecimentos técnicos essa que serve tanto regimes políticos democráticos como aristocráticos.

2. Regimes políticos e direitos humanos

Ao analisarmos, no subcapítulo anterior, a inter-relação ideologias/ regimes políticos, vimos que diferentes concepções do mundo e da vida se reflectem em diversas formas de exercer o poder, e que algumas ideologias que orientaram (e orientam) o exercício do poder do Estado apenas se compadecem com regimes políticos aristocráticos, autoritários e mesmo totalitários, não admitindo alternância ideológica, enquanto outras só admitem formas democráticas de exercício do poder, ou seja, fundamentam-se em princípios e valores que não têm lugar senão em regimes democráticos e pluralistas. E vimos também que as diversas formas de conquistar, deter e exercer o poder estadual se podem reduzir a duas categorias: formas aristocráticas, ditatoriais e monistas; e formas democráticas e pluralistas. O que significa que, ao longo da história da humanidade, tem havido períodos em que preponderaram, ou existiram exclusivamente, regimes políticos aristocráticos e monistas, e períodos em que regimes democráticos e pluralistas têm coexistido com regimes ditatoriais e totalitários em áreas geográficas distintas.

Por outro lado, ao analisarmos, no capítulo II, a evolução dos direitos humanos, constatamos que, em determinadas épocas históricas, as condições estruturais e conjunturais não foram favoráveis à consagração e salvaguarda dos direitos do homem, enquanto em outros períodos históricos se assistiu à proclamação dos direitos humanos e à instituição de mecanismos destinados à sua protecção e salvaguarda.

Posto isto, faz sentido perguntar: haverá alguma relação entre regimes políticos e direitos humanos? E a resposta é forçosamente afirmativa. Pois, se os regimes políticos vigentes em qualquer sociedade politicamente organizada e em qualquer momento histórico são reflexo da concepção do mundo e da vida – da ideologia – dominante nesse mesmo momento, e se as ideologias são tão diferenciadas a ponto de umas considerarem a dignidade, a liberdade, a igualdade e a solidariedade como valores inerentes à própria natureza humana, que devem ser preservados e respeitados, e de outras negarem o princípio da igualdade dos seres humanos e sustentarem que a definição do bem comum e a mobilização dos meios necessários à sua realização é tarefa exclusiva de um grupo social restrito – a *elite* – existente em todas as sociedades, é evidente que existe uma relação directa entre os regimes políticos e os direitos e liberdades fundamentais do homem.

Na realidade, os direitos humanos, tal como explicitámos no capítulo I, assentam nos princípios da dignidade, da liberdade, da igualdade, da solidariedade, da responsabilidade, da autoridade e da universalidade. Logo, para que os direitos e as liberdades fundamentais do homem possam ser consagrados, protegidos e respeitados é preciso que os regimes políticos em vigor respeitem os princípios atrás referidos. Caso contrário, os direitos humanos serão desrespeitados, cerceados ou negados. E o que aconteceu ao longo da história da humanidade mostra-nos claramente que a vigência de regimes aristocráticos, ditatoriais e totalitários não foi favorável à consagração e salvaguarda dos direitos humanos, e que estes apenas foram proclamados e salvaguardados em países onde vigoravam regimes democráticos.

De facto, se atentarmos na evolução dos direitos do homem e das liberdades fundamentais, verificamos que, desde a Antiguidade Grega até às Revoluções Liberais que marcaram o início da Idade Contemporânea, as condições foram pouco propícias à consagração e proclamação dos direitos humanos, em virtude do exercício do poder ser orientado por concepções monolíticas do mundo e da vida, que negavam os princípios da liberdade e da igualdade do ser humano e propugnavam a persistência de desigualdades económicas, sociais, políticas e culturais, decorrentes de formas de organização social fortemente estruturadas e hierarquizadas, assentes num sistema de estamentos, ou de castas.

Apesar do esforço de alguns filósofos em prol das ideias subjacentes ao princípio de que "os homens nascem livres e iguais", os regimes políticos vigentes, depois do desaparecimento da democracia ateniense, até à implantação da democracia liberal, não foram receptivos a estas ideias, e os direitos de liberdade e igualdade eram apenas, prerrogativa da oligarquia aristocrática que detinha e exercia o poder. Com efeito, tanto os regimes imperiais que antecederam e se prolongaram pela Idade Média, como as oligarquias teocráticas e as aristocracias absolutistas, que detiveram e exerceram o poder durante vários séculos, eram adversas aos princípios da dignidade, da liberdade e da igualdade dos seres humanos. E a consequência disso foi o estabelecimento de relações de imposição/subordinação e a sujeição dos súditos à servidão escravizada, à intolerância, ao obscurantismo, à perseguição e mesmo ao terror, para garantir a obediência a um poder que servia os interesses das oligarquias que rodeavam os imperadores, os senhores feudais e os príncipes das monarquias absolutas. Tais relações de imposição/ subordinação foram sublinhadas pelo Cardeal de Richelieu, no seu livro "*Máximas sobre o Estado*", ao referir que o povo devia ser mantido numa condição de inferioridade, pois "*é preciso compará-lo às mulas que, uma vez habituadas à carga, se estragam mais devido a um repouso demasiado longo que devido ao trabalho*".

A concentração dos poderes nas mãos do imperador, do senhor feudal ou dos príncipes reinantes e a sua afirmação através de relações de imposição/subordinação geraram enorme descontentamento entre o povo, que se sentia cada vez mais explorado pelas novas formas de produção industrial, e mereceram contundentes críticas dos teóricos das liberdades individuais e dos direitos civis e políticos, que preconizavam a legitimação do poder pelo consentimento do povo ou, pelo menos, pela maioria do povo, e a substituição das relações de imposição/subordinação por relações de mando/ obediência. E o resultado dessas críticas e do consequente descontentamento traduziu-se nas revoluções liberais da última metade do século XVIII, designadamente as Revoluções Americana e Francesa, que criaram condições para a instituição de formas de Estado republicanas e de regimes políticos democráticos, num mundo dominado pelas monarquias absolutistas.

A instituição de regimes democráticos liberais, embora censitários e capacitários durante longo tempo, inseriu-se numa conjuntura política de afirmação dos princípios da dignidade, da liberdade, da igualdade e da solidariedade (fraternidade), princípios sobre os quais assentam os direitos e as liberdades fundamentais do homem. Todavia, a democracia aristocrática sob a orientação da ideologia liberal não se compadecia senão com os "direitos de", direitos de liberdades, ou seja, direitos pessoais, civis e políticos,* que exigem do Estado uma abstenção e não uma intervenção. E daí que as Declarações Liberais dos Direitos do Homem – Declaração Americana e Declaração Francesa – não contemplem os direitos económicos, sociais e culturais, como já havíamos sublinhado no capítulo II deste trabalho. E daí também que o princípio da liberdade, sobretudo da livre iniciativa e do livre empreendimento, se tenha sobreposto, ou tenha feito

---

* Direitos políticos consignados apenas àqueles que possuíam determinada quantidade de bens (sufrágio censitário) ou que desfrutavam de um mínimo de instrução (sufrágio capacitário).

esquecer o princípio da igualdade de todos face aos benefícios proporcionados pela sociedade politicamente organizada. E o resultado disso traduziu-se no agravamento das desigualdades económicas e sociais, na exploração das massas operárias, e no aumento das injustiças sociais.

Da observação destas realidades desenvolveram-se ideias condenatórias da situação económica, social e política vigente e propugnadoras de diferente organização política e económica das sociedades. Ideias essas que, depois de sistematizadas e doutrinadas, deram lugar: umas ao socialismo marxista-leninista; outras ao socialismo reformista; e outras à democracia cristã. Estas ideologias preconizavam uma maior intervenção do Estado nos sectores económicos e sociais, a fim de reduzir as desigualdades existentes, de acabar com as injustiças sociais e de garantir a consagração e salvaguarda dos "direitos a", isto é, dos direitos económicos, sociais e culturais. Porém, enquanto o socialismo reformista e a democracia cristã propunham a edificação de um Estado coordenador mediante a aprimoração do regime democrático e pluralista, o marxismo-leninismo, que objectivava como finalidade última o desaparecimento do Estado, acabou por erigir um Estado gestor que chamou a si a responsabilidade de dirigir tudo, não deixando nada à livre iniciativa de cada um, e por instituir um regime aristocrático de partido único, ou de partido hegemónico, que definia o bem comum e determinava imperativamente o que cada um devia fazer para a realização do bem colectivo. Entretanto, a persistência da ideologia liberal na orientação do Estado do "laisser-faire, laissez-passer", que se tornou cada vez mais fraco, e não conseguia realizar as aspirações da nação, nem travar a afirmação do marxismo-leninismo (do comunismo), suscitou as ambições de lideres carismáticos que, aproveitando o descontentamento gerado pela conjuntura subjacente a I Guerra Mundial, galvanizam as emoções de muitos desiludidos prometendo instituir um Estado-nacional forte capaz de cumprir os desígnios da nação. E, em pouco tempo, conseguem apoio popular suficiente para instaurar regimes ditatoriais, autoritários e totalitários, que transformaram os cidadãos em súbditos de Estados nacionalistas, orientados pelos princípios do maquiavelismo tradicional, segundo o qual não se deve olhar a meios para alcançar os fins; e o fim do Estado nacionalista é o engrandecimento da nação mesmo que isso implique a perda dos direitos e das liberdades fundamentais e o sacrifício da integridade física e moral e da própria vida.

Assim, as contingências decorrentes da I Guerra Mundial geraram condições favoráveis à instauração de regimes políticos fascistas, autoritários e totalitários: regimes ditatoriais de facto uns; regimes ditatoriais legais, outros; e regimes ditatoriais de partido único, alguns. Todos estes regimes políticos, que vigoravam, nos anos trinta do século XX, em vários países espalhados pelos quatro cantos do mundo, coexistiram com regimes políticos democráticos e pluralistas, que continuavam a vigorar nos países onde as concepções do mundo e da vida liberais, socialistas reformistas (ou sociais-democratas) e democratas cristãs orientavam a afirmação e o exercício do poder político.

Esta conjuntura, marcada, por um lado, pelos efeitos da I Guerra Mundial, e, por outro lado, pela definição de políticas agressivas conducentes à eclosão da II Grande Guerra, não favoreceu a política de consagração e salvaguarda dos direitos humanos, pelo simples facto dos regimes fascistas, ditatoriais e totalitários negarem os direitos e as liberdades fundamentais do homem.

Entretanto, o desenlace da II Guerra Mundial traduziu-se na vitória das democracias estabilizadas sobre os regimes ditatoriais. E, desde então, à medida que os regimes democráticos e pluralistas foram substituindo os regimes aristocráticos, ditatoriais e monistas, isto é, à medida que se vai democratizando o mundo, a consagração, salvaguarda e protecção dos direitos do homem e das liberdades fundamentais são plasmados em convenções, declarações, pactos e tratados internacionais, e inscritos nas Leis Fundamentais dos Estados cujos ordenamentos jurídicos se fundam nos princípios da dignidade, da liberdade, da igualdade, da solidariedade, da responsabilidade e da autoridade democrática.

CAPÍTULO V
Cidadania Europeia e Direitos Humanos

Desde que o tratado de Maastricht, de 7 de Fevereiro de 1992, definiu como um dos objectivos da União Europeia "o reforço da defesa dos direitos e dos interesses dos nacionais dos seus Estados-membros, mediante a instituição de uma *cidadania da União*" (art. B, 3.º), e estabeleceu, como princípio, "o respeito pelos direitos fundamentais tal como os garante a Convenção Europeia de Salvaguarda dos Direitos do Homem e das Liberdades Fundamentais, assinada em Roma em 4 de Novembro de 1950, e tal como resultam das tradições constitucionais comuns aos Estados-Membros, enquanto princípios gerais do direito comunitário" (art. F, n.º 2), começou a falar-se frequentemente em cidadania europeia e a escrever-se sobre esta temática. Todavia, colocam-se ainda algumas interrogações sobre esta matéria que é necessário esclarecer convenientemente. Por exemplo:

Quais as dimensões dos conceitos de cidadania e de cidadania europeia?

Qual a inter-relação cidadania nacional / cidadania europeia?

Quais os direitos e deveres do cidadão da União Europeia?

Qual o estatuto político e civil do cidadão europeu (da União Europeia)?

Quais as inovações introduzidas pelos Tratados de Maastricht, de Amesterdão e de Nice em matéria de direitos do cidadão da União Europeia?

Qual o enquadramento da cidadania europeia no contexto dos direitos do homem?

A estas interrogações procuramos dar resposta nas páginas deste capítulo, por forma a entender e explicar a inserção da cidadania europeia no contexto global dos direitos humanos.

1. Conceito e dimensões da Cidadania

Entende-se, hoje, por *cidadania* o conjunto de direitos e obrigações civis e políticos que ligam o indivíduo ao seu respectivo Estado. Cidadania é, pois, o vínculo político-jurídico que liga um indivíduo a um Estado e o constitui perante este num particular conjunto de direitos e obrigações. Este vínculo político-jurídico consubstancia-se no *estatuto de cidadão*, que permite ao seu titular participar, directa ou indirectamente, nas decisões soberanas do Estado, por oposição aos estrangeiros que não desfrutam, em princípio, dos direitos subjacentes ao conceito de cidadania.

Na Antiguidade Clássica, a cidadania foi entendida como o conjunto de direitos e deveres de cada um face à "pólis" e como a capacidade e a possibilidade de participar nos assuntos de todos. A cidadania era, pois, a prerrogativa dos cidadãos participarem na vida pública; era uma prerrogativa dos titulares do direito de participarem nos assuntos comuns. Porém, o conjunto dos cidadãos, para os quais a cidadania foi concebida, era limitado, já que a dimensão da cidadania assentava no princípio da exclusão: excluía as mulheres, os estrangeiros e os escravos.

Entretanto, na Europa ocidental, o conceito de cidadania, que passou da cidade à nação e desta ao Estado, foi ampliando os círculos de inclusão social, isto é, foi reduzindo as categorias dos excluídos de participar nos assuntos políticos do Estado.

É certo que a cidadania começou por excluir os escravos e as mulheres, e que excluiu depois os não proprietários, os que não tinham uma renda mínima, os analfabetos, conforme as épocas e as sociedades. Mas com a consolidação e afirmação do Estado moderno, dotado de um poder soberano, um poder supremo e independente, quer dizer, um poder sem igual na ordem interna nem superior na ordem externa, o conceito de cidadania ganha projecção e tende a identificar-se juridicamente com a nacionalidade. De resto, é muito comum referir-se que, por princípio, todos os titulares da nacionalidade de um Estado são cidadãos desse mesmo Estado. Serão mesmo? Ou haverá nacionais de um Estado que não usufruem do estatuto de cidadania?

Ser-se cidadão de um Estado significa compartilhar da soberania desse mesmo Estado. E, como o conceito de soberania de Estado moderno gerou um conjunto de direitos e deveres do indivíduo face ao poder soberano, parece lógico que compartilhar da soberania signifique ser-se depositário dos direitos e deveres consagrados na Lei Fundamental desse mesmo Estado. Mas será que todos os titulares da nacionalidade de um

Estado gozam da plenitude dos direitos e deveres constitucionalmente consignados?

2. Cidadania e Nacionalidade

Como vimos atrás, o conceito de *cidadania* traduz o vínculo político-jurídico que liga um indivíduo a um Estado e do qual decorrem direitos e obrigações daquele perante o poder político deste. Por outro lado, costuma definir-se *nacionalidade* como "o vínculo jurídico que liga os indivíduos a uma comunidade politicamente organizada e os integra num certo Povo e a esta qualidade correspondem certos direitos e certas obrigações para com a colectividade e para com os outros cidadãos" (Caetano, 1983, 124).

Os dois conceitos, de cidadania e de nacionalidade, alicerçam-se nos vínculos que ligam os indivíduos aos seus próprios Estados. Além disso, de acordo com a opinião fundamentada dos analistas, tanto a nacionalidade como a cidadania podem ser originárias ou derivadas. São originárias (adquiridas pelo nascimento), quando se verificam dois factores previstos nas legislações modernas: o *jus sanguinis* (nacionalidade dos progenitores) e o *jus soli* (local do nascimento). São derivadas (adquiridas em momento ulterior) quando se verifica a manifestação da vontade do indivíduo, preenchidas os requisitos exigidos, ou a prática de um acto do Estado (naturalização) através do qual torna seus nacionais, em determinadas circunstâncias, estrangeiros ou apátridas.

Parece, portanto, que os dois conceitos reflectem a mesma realidade. E não falta mesmo quem entenda que cidadania e nacionalidade são sinónimos. Aliás, tanto a Constituição de 1933, como a Constituição de 1976, utilizam o termo cidadãos, quando se referem aos nacionais do Estado Português. Assim, o art. 7.º da CRP de 1933 dispõe que "*a lei civil determina como se adquire e como se perde a qualidade de cidadão português*", e o seu art. 8.º preceitua que "*constituem direitos, liberdades e garantias individuais dos cidadãos portugueses:...*"; enquanto a CRP de 1976 estabelece, no seu art. 4.º, que "*são cidadãos portugueses todos aqueles que como tal sejam considerados pela lei ou por convenção internacional*" e prescreve, no seu art. 12.º, n.º 1, que "*todos os cidadãos gozam dos direitos e estão sujeitos aos deveres consignados na Constituição*".

"Tendencialmente, os conceitos de cidadania e nacionalidade identificam-se, descrevendo o *status* do indivíduo perante o Estado. Desta forma, cidadania é a categoria jurídica que designa a pertença de um indivíduo a uma comunidade política, em virtude de cujas leis desfruta de direitos civis e políticos, já a nacionalidade tem uma relevância *ad extra* da dita comunidade nas suas relações com o exterior" (Piernas, 1993, 12). Este autor evidencia que não há coincidência objectiva dos conceitos de cidadania e de nacionalidade. E existem muitos autores que atribuem à expressão "nacionalidade" um sentido mais amplo, não a ligando ao exercício de direitos e obrigações existentes entre o indivíduo e o Estado. Nem todos os nacionais de um Estado podem exercer as prerrogativas inerentes ao estatuto de cidadania: participar, directa ou indirectamente, nas decisões políticas da colectividade politicamente organizada. Por exemplo, os menores de idade eleitoral e as pessoas condenadas em virtude da prática de certos crimes não podem exercer os direitos de participação política; e, no entanto, têm a nacionalidade de um certo Estado.

O conceito de nacionalidade é, pois, mais abrangente do que o conceito de cidadania. Nenhum indivíduo usufrui do estatuto de cidadania se não tiver o estatuto de nacionalidade; mas nem todos os nacionais de um Estado beneficiam do *status activae civitatis*.

3. Cidadania Europeia (da União Europeia)

A nível da Comunidade Europeia (CE), não obstante se haver implementado e desenvolvido o processo de integração, a questão dos direitos do homem e das liberdades fundamentais não mereceu tratamento específico nos Tratados Originários: Tratados de Paris e de Roma. Por isso, reconhecendo essa lacuna jurídica, os responsáveis pela revisão destes Tratados inseriram no Tratado de Maastricht, de 7 de Fevereiro de 1992, disposições relativas aos direitos humanos, comprometendo os Estados-membros da União Europeia a respeitar a Convenção Europeia de Salvaguarda dos Direitos do Homem e das Liberdades Fundamentais, de 4 de Novembro de 1950, e a instituir uma *"cidadania da União"* (cidadania europeia), conferindo aos nacionais dos respectivos Estado-membros direitos económicos, sociais, civis e políticos que ultrapassam o âmbito das fronteiras nacionais.

É certo que o termo cidadania europeia já havia sido referenciado diversas vezes a partir da Cimeira de Paris, de Dezembro de 1974; mas foi com a aprovação do Tratado de Maastricht – Tratado da União Europeia – que a cidadania europeia (cidadania da União) ganhou foros de sustentabilidade jurídica, sedo-lhe dedicada a Parte II da nova versão do Tratado CEE.

Assim, o Tratado da União Europeia estabelece, no seu artigo B 3 (art. 2.º, 3 dos Tratados de Amesterdão e de Nice), que é um objectivo da União Europeia "*o reforço da defesa dos direitos e dos interesses dos nacionais dos seus Estados-membros, mediante a instituição de uma cidadania da União*". E, para esse efeito, estipula o seguinte:

Artigo 8.º (art. 17.º dos T. de Amesterdão e de Nice)
1. É instituída a cidadania da União. É cidadão da União qualquer pessoa que tenha a nacionalidade de um Estado-membro.
2. Os cidadãos da União gozam dos direitos e estão sujeitos aos deveres previstos no presente Tratado.

Artigo 8.º – A(art. 18.º dos T. de Amesterdão e de Nice)
1. Qualquer cidadão da União goza do direito de circular e permanecer livremente no território dos Estados-membros, sem prejuízo das limitações e condições previstas no presente Tratado e nas disposições adoptadas em sua aplicação.
2. O Conselho pode adoptar disposições destinadas a facilitar o exercício dos direitos a que se refere o número anterior; salvo disposição em contrário do presente Tratado, o Conselho delibera por unanimidade, sob proposta da Comissão e após parecer favorável do Parlamento Europeu.

Artigo 8.º – B (art. 19.º dos T. de Amesterdão e de Nice)
1. Qualquer cidadão da União residente num Estado-membro que não seja o da sua nacionalidade goza do direito de eleger e ser eleito nas eleições municipais do Estado-membro de residência nas mesmas condições que os nacionais desse Estado. Esse direito será exercido sem prejuízo das modalidades adoptadas pelo Conselho, deliberando por unanimidade, sob proposta da Comissão, e após consulta do Parlamento Europeu; essas regras podem prever disposições derrogatórias sempre que problemas específicos de um Estado-membro o justifiquem.
2. Sem prejuízo do disposto do n.º 4 do artigo 190.º e das disposições adoptadas em sua aplicação, qualquer cidadão da União goza do direito de eleger e ser eleito nas eleições para o Parlamento Europeu no Estado-membro de residência, nas mesmas condições que os nacionais desse Estado. Esse direito será exercido sem prejuízo das modalidades adoptadas pelo Conselho, deliberando por

unanimidade, sob proposta da Comissão, e após consulta do Parlamento Europeu; essas regras podem prever disposições derrogatórias, sempre que problemas específicos de um Estado-membro o justifiquem. (versão do art. 19.° do Tratado de Nice).

Artigo 8.° – C (art. 20.° dos T. de Amesterdão e de Nice)
Qualquer cidadão da União beneficia, no território de países terceiros em que o Estado-membro de que é nacional não se encontre representado, de protecção por parte das autoridades diplomáticas e consulares de qualquer Estado-membro, nas mesmas condições que os nacionais desse Estado. Os Estados-membros estabelecem entre si as regras necessárias e encetam as negociações internacionais requeridas para garantir essa protecção.

Artigo 8.° – D (art. 21.° dos T. de Amesterdão e de Nice)
Qualquer cidadão da União goza do direito de petição ao Parlamento Europeu, nos termos do disposto no artigo 194.°.

Qualquer cidadão da União se pode dirigir ao Provedor de Justiça, instituído nos termos do artigo 195.°. (versão do art. 21 dos Tratados de Amesterdão e de Nice).

Às disposições deste artigo 8.° – D, acrescentou-lhes o Tratado de Amesterdão o seguinte parágrafo:
"Qualquer cidadão da União pode dirigir-se por escrito a qualquer das instituições ou órgãos a que se refere o presente artigo ou o artigo 7.° (Parlamento Europeu, Conselho, Comissão, Tribunal de Justiça, Tribunal de Contas) numa das línguas previstas no artigo 314.° e obter uma resposta redigida na mesma língua".

Artigo 8.° – E (art. 22.° dos T. de Amesterdão e de Nice)
A Comissão apresentará ao Parlamento Europeu, ao Conselho e ao Comité Económico e Social, de três em três anos, um relatório sobre a aplicação das disposições da presente Parte. Esse relatório terá em conta o desenvolvimento da União.

Com base nesses relatórios, e sem prejuízo das demais disposições do presente Tratado, o Conselho, deliberando por unanimidade, sob proposta da Comissão, e após consulta do Parlamento Europeu, pode aprovar disposições destinadas a aprofundar os direitos previstos na presente Parte, cuja adopção recomendará aos Estados-membros, nos termos das respectivas normas constitucionais.

Nos termos do Tratado de Maastricht, a Cidadania da União garante a todos os cidadãos de um Estado-membro da União quatro direitos específicos:

a) O direito à liberdade de circular e de permanecer no território dos Estados-membros (art. 8.°-A).

b) O direito de eleger e ser eleito nas eleições autárquicas e nas eleições para o Parlamento Europeu no Estado-membro de residência (art. 8-B).

c) O direito de beneficiar de protecção por parte das autoridades diplomáticas e consulares de qualquer outro Estado-membro, no território de países terceiros em que o Estado-membro de que é nacional não se encontre representado (art. 8.° – C).

d) O direito de petição ao Parlamento Europeu e de recurso ao Provedor de Justiça, em defesa dos seus direitos contra a má gestão e administração das actividades da União, por parte das suas instituições (art. 8.°-D).

O direito de petição à Comissão e ao Conselho e de recurso ao Tribunal de Justiça e ao Tribunal de Contas foi acrescentado pelo Tratado de Nice, de 26 de Fevereiro de 2001.

O Tratado da União Europeia conferiu, pois, aos nacionais dos Estado comunitários direitos civis e políticos e reforçou os direitos económicos e sociais de que aqueles já beneficiavam com base no Direito Comunitário erigido pelo processo de integração europeia. De resto, há quem afirme que, segundo a terminologia político-jurídica, o Tratado de Maastricht "constitucionalizou", pela primeira vez, o conceito de cidadania da União (cidadania europeia), pondo termo a um debate político que remonta a meados da década de setenta*.

---

* Começou a falar-se na "Europa dos Cidadãos", na sequência da Cimeira de Paris, de Dezembro de 1974, durante a qual os Chefes de Governo concordaram quanto à oportunidade de "encarregar um grupo de trabalho de estudar as condições e os termos em que poderiam ser reconhecidos direitos especiais aos cidadãos dos nove Estados-membros da Comunidade Europeia". E daí resultou o Relatório Tindemanns sobre a União Europeia, onde se fez referência aos direitos de participação política e à possibilidade de um nacional de um Estado-membro ser funcionário público noutro Estado-membro.

Sobre a Europa dos Cidadãos e a Cidadania Europeia afirmaram-se duas correntes ou duas perspectivas de abordagem desta temática: a *perspectiva intergovernamental* e a *perspectiva institucional*. A primeira, prosseguida pelos Estados-membros, propunha que a cidadania europeia se construísse através de acordos recíprocos pelos quais cada um dos Estados-membros alargaria os benefícios atribuídos ao seus nacionais a cidadãos de outros

É certo que a salvaguarda dos direitos económicos dos cidadãos já estava prevista nos Tratados originários, nomeadamente no Tratado CEE, e a protecção de alguns direitos sociais foi objecto de certas deliberações das Instituições comunitárias. Porém, a garantia do livre exercício dos direitos políticos só mais tarde foi equacionada a nível da Comunidade Europeia e mereceu, em Maastricht, pela primeira vez, um tratamento jurídico consentâneo com a vontade de cooperação recíproca manifestada pelos Estados-membros.

3.1. *Direitos Económicos e Sociais no Tratado CEE e no Direito Comunitário Derivado*

O Tratado CEE, assinado em Roma em 25 de Março de 1957, declara no seu preâmbulo, que as partes contratantes estão *"determinadas a estabelecer os fundamentos de uma união cada vez mais estreita entre os povos europeus"*, o que significa que estão dispostas criar as condições e a empreender esforços para instituir uma união política.

Porém, este objectivo figura, no contexto do Tratado, como um objectivo remoto, já que os objectivos imediatos e específicos do Tratado são essencialmente económicos e visam a realização do mercado comum. E é por isso que as disposições do Tratado concernentes aos direitos e liberdades dos cidadãos têm um cunho marcadamente económico. Com efeito, tanto a alínea i) do art. 3.° relativa à criação de um Fundo Social Europeu, como o art. 7.° respeitante ao "princípio da não-discriminação", ou o art. 48.° concernente à liberdade de deslocação, ao acesso ao emprego, à fixação e permanência dos trabalhadores e às condições de trabalho, estabelecem princípios e regras destinadas a garantir que a livre circulação das mercadorias e dos capitais será acompanhada da livre circulação das pessoas, para que o mercado comum não seja apenas um mercado comercial. E os regulamentos e directivas adoptadas pelas Instituições Comunitárias, com base nas disposições do Tratado CEE, reflectem o mesmo cunho marcadamente económico.

Estados-membros. A segunda, perfilhada pela Comissão e pelo Parlamento Europeu, propugnava a instituição de uma cidadania comum (cidadania europeia) a nível comunitário, que compreenderia os direitos e obrigações inerentes a este conceito consagrados nas ordens jurídicas dos Estados-membros. E do confronto das duas correntes resultaram os direitos dos cidadãos europeus plasmados nos Tratados de Maastricht, de Amesterdão e de Nice.

Nesta perspectiva, o Tratado CEE e o Direito Comunitário Derivado concederam aos cidadãos dos Estados comunitários vários direitos económicos e sociais que podem ser invocados na sua actividade profissional, no espaço geográfico da Comunidade Europeia. Quer dizer que os nacionais dos Estados-membros gozam de direitos económicos e sociais que ultrapassam largamente as fronteiras dos respectivos Estados. Direitos estes que giram, fundamentalmente, à volta de dois princípios: *o princípio da não-discriminação e igualdade* e o *princípio de livre circulação*.

O princípio da não-discriminação constitui a pedra angular de toda a construção europeia. Segundo o art. 7.º do Tratado CEE, "*no domínio da aplicação deste Tratado, e sem prejuízo das disposições especiais nele previstas é proibida qualquer discriminação com base na nacionalidade*".

Este princípio de não-discriminação está inserido em vários artigos do Tratado concernentes a outros tantos domínios de actividade, como, por exemplo, ao domínio dos transportes (art. 79.º) e ao domínio da fiscalidade (art. 95.º); mas é sobretudo no domínio social que este princípio assume importância relevante. Com efeito, de acordo com o disposto no n.º 2 do art. 48.º do referido Tratado, a livre circulação dos trabalhadores "implica a abolição de qualquer discriminação, baseada na nacionalidade, entre os trabalhadores dos Estados-membros, no que diz respeito ao emprego, à remuneração e às outras condições de trabalho".

O princípio da não-discriminação, assim definido, foi objecto de uma regulamentação do Conselho, em 15 de Outubro de 1968 (Regulamento 1612/68), a qual especifica as condições da sua aplicação, no que respeita ao acesso ao emprego e ao exercício da profissão. Assim, o n.º 1 do art. 7.º do Regulamento 1612/68 do Conselho, de 15 de Outubro de 1968, dispõe que "os trabalhadores naturais de um Estado-membro não podem, no território de outros Estados-membros, ser tratados, com base na sua nacionalidade, diferentemente dos trabalhadores nacionais em todas as condições de emprego e de trabalho, nomeadamente em matéria de remuneração, de licença e de reintegração profissional, ou de reemprego em caso de perda dos postos de trabalho". E o n.º 2 do mesmo artigo acrescenta que "beneficiam das mesmas vantagens sociais e fiscais que os trabalhadores nacionais". Por fim, o art. 8.º deste Regulamento garante a igualdade de tratamento dos trabalhadores, desde que sejam nacionais de um dos Estados-membros, em matéria de filiação nas organizações sindicais e de exercício dos direitos sindicais.

O Regulamento 1612/68 do Conselho coloca todos os trabalhadores da Comunidade Europeia (CE), seja qual for a sua nacionalidade, em pé de igualdade relativamente ao direito social e sindical.

Por outro lado, o Tratado CEE reconhece também *o princípio da igualdade* entre trabalhadores masculinos e femininos (art. 119.°); princípio este ao qual o Tribunal de Justiça Europeu reconhece uma dupla finalidade: uma finalidade económica, por eliminar a discriminação entre trabalhadores de sexos diferentes em matéria de remuneração; e uma finalidade social, na medida em que propugna o progresso social e a melhoria das condições de vida e de emprego dos europeus.

Com o Tratado CEE e o Regulamento 1612/68, de 15 de Outubro de 1968, o princípio geral da discriminação que regia a condição de estrangeiros foi substituído pelo princípio da não-discriminação no tratamento dos nacionais dos Estados-membros. E o Tribunal de Justiça Europeu, ao decidir, em 26 de Maio de 1982 e 17 de Dezembro de 1984, que um Estado-membro não podia impedir o acesso de nacionais de outros Estados-membros a empregos que, embora se inserissem em organismos públicos, não implicassem uma participação efectiva no exercício do poder público e na salvaguarda dos interesses gerais do Estado, fez uma interpretação restritiva do n.° 4 do art. 48.° do Tratado CEE* e criou um novo direito para os cidadãos comunitários, ampliando assim, o âmbito do princípio da não-discriminação.

O princípio de livre circulação está intrinsecamente ligado ao princípio da não-discriminação, pois a livre circulação pressupõe que os cidadãos da Comunidade Europeia são tratados de maneira igual em todos os Estados-membros e que gozam do direito de iniciativa.

O princípio de livre circulação consagrado no art. 48.° do Tratado CEE comporta três aspectos distintos mas interligados: *a liberdade de circulação das pessoas, a liberdade de estabelecimento* e a *liberdade de prestação de serviços*. Liberdades estas consideradas instrumentais para a realização do mercado comum.

A livre circulação dos trabalhadores prevista desde início pelos Tratados originários deu lugar rapidamente à livre circulação dos seus familiares, o que implica não apenas o direito de deslocação mas também o direito à instalação e residência. E, depois da aprovação do Regulamento 1612/68 do Conselho, que reconhece o princípio de livre circulação como um direito fundamental dos trabalhadores e das suas famílias, a livre cir-

---

* O n.° 4 do Art. 48.° do Tratado CEE diz que " *As disposições do presente artigo não serão aplicáveis aos empregos na administração pública*"; enquanto o n.° 1 e a alínea a) do n.° 3 do mesmo Art. 48.° estabelecem que "*a livre circulação dos trabalhadores (...) abrange o direito de concorrer a empregos efectivamente oferecidos*".

culação dos trabalhadores transformou-se na *livre circulação das pessoas*, ou seja, no direito de estas se instalarem, residirem e permanecerem no país comunitário de sua escolha. E os Estados-membros passaram a admitir no seu território os nacionais dos outros países da Comunidade Europeia, mediante a simples apresentação do seu bilhete de identidade ou de um passaporte com validade.

A liberdade de estabelecimento consiste no direito dos investidores (industriais ou comerciantes) de um país membro da Comunidade Europeia se instalarem, estabelecerem, criarem e gerirem as suas empresas em qualquer Estado comunitário nas mesmas condições definidas pela legislação do país de acolhimento para os seus próprios nacionais.

A liberdade de prestação de serviços significa que os nacionais dos países comunitários podem propor e prestar os serviços para que estão profissionalmente preparados aos clientes de qualquer Estado-membro da Comunidade Europeia nas mesmas condições legais dos prestadores de serviços nacionais deste Estado.

O princípio de livre circulação consubstancia, pois, a liberdade de circulação de pessoas, a liberdade de estabelecimento e a liberdade de prestação de serviços. Significa isto que os nacionais de qualquer um dos Estados-membros devem poder desenvolver as suas actividades em todo o espaço comunitário, sejam elas de investidores, de gestores, de prestadores de serviços ou de simples trabalhadores por conta de outrém, em igualdade de circunstâncias e nas mesmas condições dos nacionais dos outros países da Comunidade Europeia (CE).

Por isso, com base no Tratado CEE, foram regulamentados os direitos económicos e sociais dos cidadãos comunitários, que ultrapassam as fronteiras nacionais e lhes permitem deslocar-se livremente, fixar residência e trabalhar no país comunitário de sua livre escolha. Instituíram-se direitos novos, e o conjunto de regras que disciplinam a livre circulação das pessoas e a liberdade de estabelecimento fez aparecer uma nova categoria de cidadãos, os "*cidadãos do mercado comum*", que o Tribunal de Justiça Europeu reforçou, ao estabelecer um *standard maximum* de direitos fundamentais que os nacionais de um país da Comunidade Europeia podem invocar e fazer valer junto às Instituições Comunitárias. Assim, no âmbito da Comunidade Europeia, a qualidade de nacional de um Estado-membro permite-lhe usufruir de direitos, não somente no seu país como também nos outros Estados Comunitários, estabelecendo-se, por conseguinte, uma dissociação entre território nacional e efeitos jurídicos da nacionalidade.

O livre desenvolvimento de actividades, no seio da CE, implica que as pessoas possam deslocar-se livremente no espaço da Europa Comunitária, estabelecer-se em qualquer região de um qualquer Estado-membro e prestar e oferecer os seus serviços em qualquer lugar no interior da CE; mas implica também que os capitais possam ser depositados, creditados, movimentados e investidos por qualquer pessoa, singular ou colectiva, em qualquer país ou região do espaço comunitário.

Por conseguinte, para garantir a efectiva realização do mercado interno e o perfeito funcionamento do mercado comum, deve ser assegurada e respeitada a livre concorrência entre todos os agentes económicos e financeiros, que se propõem colocar à disposição de cerca de 450 milhões de consumidores os seus bens, serviços e capitais. E daí que as Instituições Comunitárias tenham adoptado regulamentações e tomado medidas destinadas a garantir a liberalização dos movimentos de capitais, a liberalização dos serviços bancários, a liberalização do sector dos seguros e o livre exercício de profissões liberais.

3.1.1. *Liberalização dos Movimentos de Capitais*

A eliminação dos entraves aos movimentos de capitais, com vista ao bom funcionamento do mercado comum, está prevista nos artigos 67.º e seguintes do Tratado CEE. Por isso, com base neste articulado, as Instituições Comunitárias adoptaram várias medidas, a fim de segurar a livre circulação de capitais. Assim, em 1960 e 1962, o Conselho de Ministros aprovou duas directivas, através das quais estabeleceu obrigações para eliminar as restrições aos movimentos de capitais nos Estados-membros da CE. Pretendia-se que as transações financeiras fossem completamente liberalizadas, nomeadamente no que concerne ao crédito comercial a curto e médio prazo, às transferências de capitais pessoais e aos investimentos. Em Novembro de 1986, o Conselho de Ministros aprovou um programa proposto pela Comissão, que visava a liberalização completa das transações de capitais; e em Junho de 1988, aprovou a Directiva 88/361/CEE, que previa a supressão, até meados de 1990, de todos os tipos de controlo de movimentos de capitais ainda existentes na maior parte dos Estados-membros, com excepção de Espanha, Grécia, Irlanda e Portugal, para os quais era alargado o prazo até final de 1992.

Esta Directiva alargava a liberalização aos investimentos em títulos a curto prazo, à movimentação de contas a prazo e à ordem e aos empréstimos e créditos financeiros.

3.1.2. Liberalização dos Serviços Bancários

O art. 61.º do Tratado CEE estabelece que a liberalização dos serviços bancários deve efectuar-se de harmonia com a progressiva liberalização de circulação de capitais.

Com base nesta disposição, foram adoptadas diversas directivas concernentes à liberalização dos serviços bancários, das quais destacamos: uma Directiva de 1973 relativa à supressão das restrições à liberdade de estabelecimento e à livre prestação de serviços em matéria de actividades não assalariadas dos bancos e outras instituições financeiras; a primeira Directiva (1977) respeitante à coordenação das disposições legislativas, regulamentares e administrativas relativas ao acesso à actividade dos estabelecimentos de crédito e ao seu exercício; a Directiva concernente à fiscalização dos estabelecimentos de crédito numa base consolidada (1983); a Directiva 86/365/CEE, de Dezembro de 1986, relativa às contas anuais e às contas consolidadas dos bancos e outras instituições financeiras; a Directiva 89/117/CEE, de Fevereiro de 1989, respeitante às obrigações em matéria de publicidade dos documentos contabilísticos das sucursais criadas num Estado-membro da CE, dos estabelecimentos de crédito e dos estabelecimentos financeiros; a Directiva 89/229/CEE, de Abril de 1989, que define os créditos comuns aplicáveis aos fundos próprios das instituições de crédito.

3.1.3. Liberalização do Sector dos Seguros

Tal como no sector dos serviços bancários e de acordo com as disposições dos artigos 52.º e 59.º do Tratado CEE, também no sector dos seguros as Instituições Comunitárias produziram legislação atinente à liberdade de estabelecimento e à livre prestação de serviços. Com efeito, em Agosto de 1964, foi adoptada uma Directiva respeitante à supressão das restrições à liberdade de estabelecimento e à livre prestação de serviços em matéria de resseguro; em Fevereiro de 1975 entrou em vigor uma Directiva concernente à supressão das restrições à liberdade de estabelecimento em matéria de seguro directo não-vida; e, em Fevereiro de 1976, entrou em vigor outra Directiva respeitante à coordenação das disposições legislativas, regulamentares e administrativas referentes ao acesso à actividade de seguro directo não-vida e ao seu exercício. Estas Directivas foram posteriormente complementadas pela Directiva 78/453/CEE relativa à coordenação das disposições legislativas, regulamentares e administrativas em matéria de co-seguro comunitário; pela Directiva 88/357/CEE, destinada a facilitar o direito de estabelecimento e a livre prestação de serviços; e por uma Directiva que cria um sistema de autorização única, permitindo a uma empresa seguradora com sede num Estado-membro da CE abrir sucursais ou prestar serviços nos outros países comunitários, sem ter de se submeter a qualquer autorização destes.

No que respeita ao seguro de vida, entrou em vigor, em Setembro de 1980, a primeira Directiva respeitante à coordenação das disposições legislativas, regulamentares e administrativas concernentes ao acesso à actividade de seguro directo de vida e ao seu exercício (Directiva 79//267/CEE), a qual permitia às empresas seguradoras comunitárias estabelecer-se no mercado de qualquer Estado-membro, sem por em causa os sistemas nacionais de controlo; em 1990, foi adoptada a segunda Directiva (90/619/CEE) que liberalizou ainda mais o mercado deste ramo de seguros, ao permitir que os particulares pudessem fazer seguros em seguradoras estabelecidas noutros Estados-membros diferentes do que são nacionais, e autorizar que as empresas de seguros comercializassem certos produtos para além das fronteiras nacionais; e, em 1 de Julho de 1994, entrou em vigor a terceira Directiva, que permite às seguradoras exercerem livremente as suas actividades no espaço comunitário, com base na regulamentação aplicada no país da sua sede.

A legislação produzida e as medidas tomadas pelas Instituições da CE visam garantir às seguradoras a prestação de serviços em todo o espaço comunitário e assegurar aos cidadãos a liberdade de escolherem as empresas de seguros em que pretendem fazer os seus seguros independentemente dos Estados-membro onde estão sediados.

3.1.4. *Livre Exercício de Profissões Liberais*

O livre exercício de actividades decorrentes de uma profissão liberal está contemplado nos artigos 59.° e 60.° do Tratado CEE. No entanto, o livre exercício de actividades liberais implica o reconhecimento mútuo dos diplomas e da formação e experiência profissionais. Por isso, par superar as dificuldades à livre prestação de serviços no âmbito das profissões liberais, as Instituições Comunitárias adoptaram uma Directiva, em 21 de Dezembro de 1988, sobre o sistema geral de reconhecimento dos diplomas assente no princípio de que cada cidadão deve ter a possibilidade de exercer, se assim o desejar e se realizar os esforços de adaptação necessários, uma actividade profissional em outro Estado-membro diferente do país onde adquiriu os conhecimentos académicos e profissionais.

É evidente que certas formações académicas e profissionais, como as ligadas ao sector da saúde (médicos, dentistas, veterinários, enfermeiros, parteiras) não levantam grandes problemas e foram de fácil regulamentação comunitária. Mas outras há que colocam obstáculos relativos ao conteúdo dos diplomas, ou dos certificados, que conferem o título de formação que permite o acesso a uma profissão. E daí que o sistema se baseie em dois pressupostos fundamentais:

§ Na comparabilidade das formações, segundo a qual se considera, em princípio, que um indivíduo está apto a exercer uma actividade profissional num Estado-membro diferente daquele em que se formou, se possui um diploma de ensino superior que sanciona uma formação de pelo menos três anos e que prepara para esta actividade;

§ No apelo à confiança recíproca entre os Estados-membros: a aplicação do sistema implica uma cooperação activa entre os Estados comunitários.

Por outro lado, o sistema compreende garantias para os cidadãos europeus que a ele recorram, e, ao mesmo tempo, é um sistema evolutivo. Mas permite também a exigência de compensações nos casos em que se verifiquem diferenças significativas entre formações. Assim, o Estado de acolhimento pode exigir compensações:

§ Quando a duração da formação apresenta diferenças que ultrapassem um ano. Neste caso, pode ser exigida uma experiência profissional complementar;

§ Quando existem diferenças substanciais entre as matérias leccionadas e estudadas. Neste caso, pode escolher-se entre um estágio de adaptação de três anos ou mais ou uma prova de aptidão respeitante ao todo ou parte das matérias em falta.

Além do sistema geral de reconhecimento dos diplomas, para diversas profissões são adoptadas "directivas sectoriais", as quais apresentam duas modalidades:

§ *Directivas de coordenação*, que visam coordenar e harmonizar a formação. Estabelecem critérios *qualitativos* (conteúdos de formação) e *quantitativos* (anos de estudo, número de horas do curso) a que devem corresponder os cursos para poderem ser emitidos e reconhecidos mutuamente os diplomas;

§ *Directivas de reconhecimento mútuo,* que estipulam o reconhecimento automático dos diplomas. Isto é, se o diploma respeita a um curso que está em conformidade com as normas europeias, não é necessário aprofundar o seu conteúdo e deve ser reconhecido automaticamente.

Com base nestes critérios, foram adoptadas directivas para o sector da saúde, relativas a médicos (1975), enfermeiros (1977), dentistas (1978), veterinários (1978), parteiras (1980), farmacêuticos (1985), e para outras profissões como agentes imobiliários (1967), advogados (1977), arquitectos (1985) e agentes comerciais (1986).

A legislação comunitária, produzida com base no Tratado CEE, sobre a equivalência dos diplomas de formação e qualificação profissionais garante a todo o cidadão comunitário o direito de exigir que o Estado-membro de acolhimento examine e tenha em consideração os diplomas que obtete num outro Estado-membro a fim de determinar se correspondem aos critérios de avaliação nacionais, fundando-se a respectiva análise apenas em critérios objectivos como por exemplo, o conteúdo e a duração dos cursos.

Nesta perspectiva, se a correspondência de formação for integral, o Estado-membro de acolhimento deve proceder ao reconhecimento das qualificações obtidas; se a correspondência for parcial, o Estado-membro de acolhimento deverá verificar se os conhecimentos entretanto adquiridos pelo requerente, no âmbito de um determinado ciclo de estudos ou de uma experiência profissional, compensam a diferença.

3.1.5. *Política Social e Carta Social Europeia*

A política social comunitária foi contemplada no Tratado CECA (Tratado de Paris, de 18 de Abril de 1951), desenvolvida no Tratado CEE, merecendo um tratamento mais desenvolvido no Acto Único Europeu (1986) e um aprofundamento no Tratado de Maastricht (1992).

Ambos os Tratados originários contêm disposições destinadas a proteger os direitos dos trabalhadores a mudar de país membro da CE e de trabalho sem perder os benefícios da segurança social; e ambos reconhecem que os trabalhadores devem ser protegidos contra alterações económicas bruscas e ajudados a adaptar-se a novos empregos. Todavia, a política social foi durante muito tempo, uma preocupação relativamente secundária da CE, sendo considerada como um assunto que diz respeito aos governos dos respectivos países. E a CE não se preocupava senão com problemas muito específicos ligados ao desenvolvimento do processo de integração europeia ou a certas obrigações específicas decorrentes do Tratado CEE em matéria social: adoptou algumas medidas legislativas e criou o Fundo Social Europeu, previsto na alínea i) do artigo 3.º do Tratado CEE, com vista a melhorar as possibilidades de emprego dos trabalhadores e a contribuir para a melhoria do nível de vida.

Todavia, a concepção relativamente tradicional da política social foi dando lugar progressivamente a uma intervenção comunitária mais voluntarista e mais activa. Com efeito, em resposta ao descontentamento social dos trabalhadores nos primeiros anos da década de 1970, a CE lançou um programa de reforma social que dava grande importância à melhoria das condições de trabalho, à intervenção dos trabalhadores nas decisões da empresa que lhes dizem respeito, à protecção contra os despedimentos em massa e contra os efeitos da fusão de empresas, à formação de centros destinados a tratar dos problemas especiais dos emigrantes, às mulheres e aos trabalhadores idosos, à fixação da semana de trabalho em 40 horas e a quatro semanas de férias pagas.

Na sequência deste programa de reforma social, foram alargadas as actividades do Fundo Social Europeu (FSE), em 1977, passando a financiar o desemprego estrutural, a contribuir para o auxílio financeiro aos trabalhadores incapacitados e a conceder auxílios aos desempregados. Entretanto, a reforma do FSE, de 17 de Outubro de 1983, veio a precisar melhor o âmbito material, pessoal e geográfico das suas intervenções e acentuou mais o carácter geográfico das acções apoiadas por este instrumento financeiro da CE. E, com a reforma dos Fundos Estruturais, de 29 de Junho de 1989, as intervenções do FSE passaram a incidir especialmente nos desempregados de longa duração, nos jovens após o período de escolaridade obrigatória e nas ajudas à contratação e à criação de actividades de independentes, com vista a resolver os problemas de mão-de-obra particularmente nas regiões em atraso de desenvolvimento, nas regiões industriais em declínio e nas zonas rurais.

A política social comunitária, desenvolvida com base nos Tratados de Paris e de Roma, ganhou novo impulso com a aprovação e entrada em vigor do Acto Único Europeu, de 28 de Fevereiro de 1986, que introduziu alterações significativas àqueles Tratados em matéria social, fazendo coincidir a realização do mercado interno com a promoção da coesão económica e social. A dimensão social passou a ser considerada como uma componente essencial da realização do mercado interno, posto que o grande mercado não teria sentido se não fosse acompanhado de progresso social traduzido no aumento do nível de vida e de segurança social dos cidadãos europeus.

Esta concepção integracionista da *dimensão social* foi reafirmada em Outubro de 1989, em Bruges, pelo então presidente da Comissão Europeia, Jaques Delors, numa altura em que se debatia, a nível do Conselho de Ministros, a *Carta Comunitária dos Direitos Sociais Fundamentais dos Trabalhadores* – também designada por *Carta Social Europeia*, sublinhando que "a dimensão social está presente em todas as nossas acções". Mas foi sem dúvida, a aprovação da *Carta Social Europeia* pelos Chefes de Governo dos Estados-membros, em Dezembro de 1989, que consagrou um conjunto de princípios e de normas que balizam o âmbito da dimensão social europeia.

A *Carta Social Europeia*, aprovada com reticências do Reino Unido, define o âmbito dos direitos sociais dos cidadãos da CE, em geral, e dos trabalhadores, em particular, proclamando os grandes princípios a respeito dos seguintes direitos:

a) Direito a livre circulação: este direito garante a liberdade de estabelecimento e de exercício de uma profissão em todos os Estados-membros nas mesmas condições aplicáveis aos nacionais do país de acolhimento, com a excepção das interpretações do TJE dos casos previstos no n.º 4 do art. 48.º do Tratado CEE, que estabelece que a livre circulação das pessoas não é aplicável aos empregos na administração pública; mas o Tribunal considera que esta excepção só se aplica aos empregos do sector público cuja actividade se relacione com o exercício de poderes de soberania.

b) Direito a emprego e remuneração: este direito assenta no princípio de que todos os cidadãos da CE desfrutam da possibilidade de acesso a um emprego e à correspondente remuneração, pelo que lhes devem ser garantidos meios de subsistência suficientes.

c) Direito a melhores condições de vida e de trabalho: este direito propugna, para o mercado único, a aproximação do nível de vida e das condições de trabalho em toda a CE, o que pressupõe a harmonização do tempo de trabalho, do período de férias e do descanso semanal, bem como a aproximação das legislações nacionais.

d) Direito à protecção social: este direito visa assegurar uma protecção social adequada a todos os cidadãos, qualquer que seja o seu estatuto social e profissional, garantindo-lhes uma assistência social condigna.

e) Direito á livre associação e à negociação colectiva: este direito reconhece a todos, trabalhadores e empregadores, a liberdade de criarem ou de se filiarem em organizações profissionais, e de negociarem e concluírem livremente convenções colectivas de trabalho.

f) Direito à formação profissional: este direito consubstancia-se no princípio de que todos os trabalhadores devem prosseguir a sua formação profissional ao longo da vida, o que implica a concessão de licenças para formação, tanto nos serviços públicos como nas empresas privadas.

g) Direito à igualdade de tratamento entre homens e mulheres: este direito garante, não apenas salário igual para trabalho igual, mas também igualdade de acesso à profissão e igual protecção social, educação, formação e progressão profissionais.

h) Direito à informação e consulta: este direito respeita essencialmente aos trabalhadores de empresas multinacionais, que devem ser informados e consultados acerca de modificações ou acontecimentos importantes que afectem a vida da empresa e se reflictam nas condições de trabalho ou na manutenção do emprego.

i) Direito á protecção da saúde e à garantia de segurança no ambiente de trabalho: este direito garante que todos os trabalhadores beneficiem de condições de saúde e de medidas de segurança satisfatórias no exercício da sua profissão.

j) Direito à protecção das crianças e dos adolescentes: este direito define a idade de 16 anos como mínima para admissão ao trabalho, em termos contratuais, e garante aos jovens uma remuneração equitativa e os correspondentes benefícios sociais.

k) Direito dos idosos: este direito assegura a todas as pessoas em idade de reforma a recepção de pensões condignas que lhes assegurem um nível de vida decente e desafogado.

l) Direito dos deficientes: este direito reconhece a todos os deficientes a faculdade de beneficiarem de medidas específicas, nomeadamente nos domínios da formação, da integração e da readaptação profissionais e sociais.

A aplicação dos princípios e das regras inerentes à Carta Social Europeia dependem da vontade das autoridades competentes dos Estados-membros, dos parceiros sociais e das medidas e acções adoptadas e empreendidas pela própria Comunidade Europeia.

Nesta perspectiva, as Instituições Comunitárias desenvolveram diversas actividades. A Comissão Europeia lançou três importantes programas no âmbito do FSE: o *Programa Euroform*, com vista a apoiar o desenvolvimento de novas qualificações, competências e oportunidades de emprego; o *Programa Now*, com o objectivo de promover e garantir a igualdade de oportunidades para as mulheres nos domínios de emprego e da formação profissional; e o *Programa Horizon,* destinado a fomentar o emprego de pessoas deficientes e de certos grupos de trabalhadores desfavorecidos. Por outro lado, o Conselho de Ministros adoptou uma série de directivas e resoluções relativas aos requisitos gerais nos domínios da saúde e da segurança no trabalho, que os Estados-membros deveriam aplicar até finais de 1992, às medidas necessárias para melhorar a segurança no trabalho, à utilização de equipamentos, à integração de jovens deficientes em programas normais de educação, e à criação de órgãos representativos dos trabalhadores a nível europeu.

3.2. *Direitos Económicos e Sociais nos Tratados de Maastricht, de Amesterdão e de Nice*

Enquanto o Tratado CEE preconizava a realização de um mercado comum (alínea c) do art. 3.°) e o Acto Único Europeu, aprovado em 28 de Fevereiro de 1968 e em vigor desde 1 de Julho de 1987, visava estabelecer um mercado interno até 1 de Janeiro de 1993, que compreenderia um espaço sem fronteiras internas no qual circulariam livremente as mercadorias, as pessoas, os serviços e os capitais, (art. 13.°), o Tratado de Maastricht e os protocolos anexos previam a realização de uma união económica e monetária e a instituição de uma união política (artigo B). Quer dizer que a concretização dos objectivos enunciados no Tratado da União Europeia acrescentaria, ao livre movimento das pessoas, dos bens, dos serviços e dos capitais, a harmonização das legislações nacionais e das políticas económicas dos Estados-membros, a adopção de uma política comum de desenvolvimento económico, a implementação de políticas comuns e de políticas comunitárias, o incremento de uma única política monetária, fiscal e social, a instituição de órgãos centrais (comunitários) para definir, aprovar e fazer aplicar a política monetária e fiscal, e eventualmente a adopção de uma política externa comum. De resto, o próprio Tratado de Maastricht estabelece as fórmulas jurídicas necessárias, definidoras dos requisitos a respeitar, das etapas a percorrer e das acções a desenvolver com vista à realização da União Económica e Monetária (UEM) a nível da Comunidade Europeia. Com efeito, tomando por base o *Plano Delors* de 1989, que estabelecia os requisitos políticos, económicos e institucionais, necessários para a concretização da UEM em três fases sucessivas, devendo a primeira fase iniciar-se em 1 de Julho de 1990, o Tratado de Maastricht fixou em 1 de Janeiro de 1994 a data do início da segunda fase (art. 109.°-E, N.° 1) e estabeleceu que a terceira fase teria início o mais tardar, em 1 de Janeiro de 1999 (art. 109.°-J, n.° 4). Porém, dadas as vicissitudes decorrentes da evolução da conjuntura, somente em Janeiro de 2002 entrou em circulação a moeda europeia – o *Euro* – no espaço dos onze países que aderiram à moeda única nessa data, tendo ficado de fora da chamada *zona euro* a Dinamarca, a Grécia,* a Suécia e o Reino Unido.

A entrada em vigor da moeda única, que simboliza a União Económica e Monetária, foi precedida da institucionalização, em 1998, do Banco Central Europeu (BCE) e do Sistema Europeu de Bancos Centrais (SEBC). A estas duas instituições compete: definir e executar a política monetária da CE; realizar as operações cambiais compatíveis com o disposto no Tratado; fixar e alterar as taxas de juro básicas; deter e gerir as reservas cambiais oficiais dos Estados-membros; promover o bom funcionamento dos sistemas de pagamentos; e contribuir para a boa condução das políticas desenvolvidas pelas autoridades competentes no que se refere à supervisão prudencial das instituições de crédito e à estabilidade do sistema financeiro.

Com a entrada em vigor do Tratado da União Europeia, em 1 de Novembro de 1993, a liberalização dos movimentos de capitais ganhou nova dimensão jurídica, pois deixou de assentar em disposições do direito derivado e passou a basear-se no articulado do respectivo Tratado (artigos 73.°-B a 73.°-G), que implica a aplicabilidade directa das regras estabelecidas concernentes à livre circulação de capitais no espaço comunitário. De resto, "por força do art. 73.°-B, *são proibidas todas as restrições aos movimentos de capitais e todas as restrições aos pagamentos quer entre os Estados-membros quer entre estes e os países terceiros*" (Campos, 1997, 479). E em cumprimento do Acórdão do TJE, de 14 de Dezembro de 1995, Processo n.° 13/94, " *as disposições do artigo 73.°-B, n.° 1, conjugadas com os artigos 73.°-C e 73.°-D, n.° 1, alínea b) do Tratado, podem ser invocadas perante o órgão jurisdicional nacional e conduzir à inaplicabilidade das disposições nacionais que lhes sejam contrárias*".

---

* A Grécia foi admitida no clube da Zona Euro em 2003.

Quer dizer que a aplicação das disposições do Tratado de Maastricht e a realização da União Económica e Monetária nelas prevista facilitou a liberalização dos movimentos de capitais, que se traduz na eliminação do controlo das transferências de capitais em todo o espaço comunitário e na possibilidade dos cidadãos da União Europeia poderem contrair empréstimos e abrir contas em instituições de crédito sediadas em qualquer Estado-membro da União Europeia.

Por outro lado, em consequência da aprovação pelo Conselho Europeu, de 10 de Dezembro de 1991, à excepção do Reino Unido, do *Protocolo e do Acordo relativos à Política Social*, com a entrada em vigor do Tratado de Maastricht a dimensão social europeia ganhou maior projecção e os direitos sociais dos cidadãos comunitários foram alargados, pois os respectivos Protocolo e Acordo foram incluídos como anexos ao Tratado.

Nos termos do *Protocolo e do Acordo relativos à Política Social*, a Comunidade Europeia assumiu a responsabilidade de apoiar e completar a acção dos Estados-membros nos seguintes domínios:

• Melhoria, principalmente do ambiente de trabalho, a fim de proteger a saúde e a segurança dos trabalhadores;
• Condições de trabalho;
• Informação e consulta dos trabalhadores;
• Igualdade entre homens e mulheres no que se refere a oportunidades no mercado de trabalho e ao tratamento no trabalho;
• Integração de pessoas excluídas do mercado de trabalho, sem prejuízo do disposto no art. 127.° do Tratado da União Europeia (política de formação profissional).

A acção da CE e dos Estados-membros, em matéria de política social, visa a promoção do emprego, a melhoria das condições de vida e de trabalho, uma protecção social adequada, o diálogo entre os parceiros sociais, o desenvolvimento dos recursos humanos tendo em vista um nível de emprego elevado e duradouro e a luta contra as exclusões, conforme prescreve o art. 1.° do Acordo atrás referido.

O Acordo relativo à Política Social atribui especial relevância ao diálogo entre os parceiros sociais e ao princípio da não-discriminação sexual para efeitos remuneratórios, dedicando-lhes os artigos 3.°, 4.° e 6.°. Este articulado atribui à Comissão Europeia a responsabilidade e a obrigação de promover a consulta dos parceiros sociais a nível comunitário, facilitando o diálogo e assegurando-lhes o apoio necessário e equilibrado, com vista a incrementar as relações contratuais, que podem dar azo à celebração de acordos respeitantes às matérias abrangidas pelo Acordo relativo à Política Social. Além disso, dispõe que cada Estado-membro se obriga a aplicar o princípio da igualdade de remuneração, para trabalho igual, entre trabalhadores masculinos e femininos, especificando o que se entende por "igualdade de remuneração sem discriminação baseada no sexo".

No entanto, ficaram excluídas de aplicação do Acordo relativo à Política Social e, portanto, do âmbito de acção da Comunidade, as matérias concernentes "*às remunerações, ao direito sindical, ao direito à greve e ao direito de lock-out*" (n.° 6 do art. 2.°).

O Acordo relativo à Política Social foi integrado no corpo do Tratado de Amesterdão de 2 de Outubro de 1997, que entrou em vigor em 1 de Maio de 1999, constituindo o Capítulo I do Título XI, novos artigos 136.° a 145.° do Tratado CEE. Unificaram-se, assim, os fundamentos jurídicos em matéria de política social, e a promoção do emprego foi considerada uma "questão de interesse comum", passando a ser um dos objectivos comunitários, bem como a questão da igualdade entre homens e mulheres (art. 2 do Tratado CEE). Porém, o Tratado de Amesterdão continua a exigir a obtenção da unanimidade no Conselho para aprovar actos legislativos respeitantes aos seguintes domínios:

    a) Segurança social e protecção social dos trabalhadores;

    b) Protecção dos trabalhadores em caso de rescisão do contrato de trabalho;

    c) Representação e defesa colectiva dos interesses dos trabalhadores e das entidades patronais, incluindo a co-gestão;

    d) Condições de emprego dos nacionais de países terceiros que tenham residência regular no território da CE;

    e) Contribuições financeiras destinadas à promoção do emprego e à criação de postos de trabalho.

E as questões relacionadas com remunerações e direitos de associação, de greve e de lock-out mantêm-se excluídas da competência comunitária (n.° 5 do art. 137.°).

Por estas razões, continua a dizer-se, com propriedade, que a dimensão social europeia avança muito mais lentamente do que a dimensão económica, não obstante as disposições do Capítulo I do Título XI do Tratado obriguem todos os Estados-membros da União Europeia e estabeleçam que a Comunidade e os Estados-membros, tendo presentes os direitos sociais fundamentais, tal como os enunciam a Carta Social Europeia, assinada em Turim, em 18 de Outubro de 1961, e a Carta Comunitária dos Direitos Sociais Fundamentais dos Trabalhadores, de 1989, têm por objectivos, a promoção do emprego, a melhoria das condições de vida e de trabalho, de uma protecção social adequada, do desenvolvimento dos recursos humanos e da luta contra as exclusões (art. 136.°).

Além dos desenvolvimentos subjacentes à política social que reforçam os direitos económicos e sociais dos cidadãos comunitários, a evolução do processo de integração, em consequência da aplicação do Tratado de Maastricht, permitiu o entendimento dos Estados-membros no domínio do ensino superior com vista a ultrapassar algumas dificuldades à liberalização da prestação de serviços e sobretudo ao livre exercício das profissões liberais. Assim, tendo em conta o texto da Declaração de Sorbone,* de 25 de Maio de 1998, sobre a harmonização da arquitectura do sistema europeu de ensino superior, os Ministros do Ensino Superior de 29 países europeus** assinaram a *Declaração de Bolonha*, em 19 de Junho de 1999, pela qual afirmaram o apoio aos princípios gerais da Declaração de Sorbone e se comprometeram em coordenar as respectivas políticas para alcançar, a curto prazo, o mais tardar até 2010, os objectivos seguintes:

§ *Adopção de um sistema de graus facilmente inteligíveis e comparáveis*, incluindo a implementação do suplemento de Diploma para promover a empregabilidade dos cidadãos europeus e a competitividade internacional do sistema de ensino superior europeu;

§ *Adopção de um sistema baseado essencialmente em dois ciclos*: graduado e pós-graduado. O primeiro ciclo, de pelo menos três anos, relevante para o mercado de trabalho; o segundo ciclo conducente aos graus de mestre e/ou doutoramento;

§ *Estabelecimento de um sistema (de acumulação e transferência de créditos), tal como o ECTS* (sistema europeu de transferência de créditos), destinado a promover uma maior mobilidade de estudantes;

§ *Promoção da mobilidade de estudantes, docentes, investigadores e pessoal administrativo;*

§ *Promoção da cooperação europeia na avaliação da qualidade de ensino*, com vista a desenvolver critérios e metodologias comparáveis;

---

* A Declaração de Sorbone foi assinada pelos Ministros da Educação da Alemanha, França, Itália e Reino Unido.

** Além de 24 países da U E, também assinaram a Declaração de Bolonha a Bulgária, Islândia, Noruega, Roménia e Suíça.

§ *Promoção das dimensões europeias do ensino superior*, particularmente no que diz respeito ao desenvolvimento curricular, à cooperação inter-institucional, à mobilidade e a programas integrados de estudo e investigação.

A Declaração apela à cooperação intergovernamental e à contribuição das instituições do ensino superior para desenvolver este processo que visa a competitividade do Sistema Europeu de Ensino Superior e a mobilidade e empregabilidade no Espaço Europeu.

3.3. *Direitos Políticos e Civis dos Cidadãos da União Europeia*

A percepção da realidade subjacente aos direitos económicos e sociais fez emergir uma corrente de pensamento que defendia que a aplicação dos princípios de não-discriminação e de livre circulação conduziria a uma verdadeira cidadania europeia. E algumas iniciativas das Instituições Comunitárias reflectem a influência desta corrente. Por exemplo, o Conselho Europeu de Dezembro de 1974, pronunciou-se sobre a atribuição de "direitos especiais" aos cidadãos da CE; o Relatório Tindemann sobre a União Europeia, de 1975, compreendia um capítulo sobre a "Europa dos Cidadãos"; e o Conselho Europeu, de Junho de 1984, reconhecendo a necessidade da Europa responder aos anseios dos povos europeus e de adoptar as medidas apropriadas para reforçar e promover a sua identidade e imagem junto dos cidadãos e perante o mundo, propôs a criação de um "comité ad hoc", com a incumbência de estudar a questão da "Europa dos Cidadãos". Este comité, conhecido por "Comité Adonnino", apresentou dois relatórios sobre o assunto – ao Conselho Europeu de Bruxelas (Mar. 1985) e ao Conselho Europeu de Milão (Jun. 1985) – nos quais propôs o aprofundamento dos *direitos económicos* (livre circulação e liberdade de estabelecimento) dos cidadãos europeus e a atribuição de direitos novos, designados *direitos especiais* (nomeadamente o direito de voto).

Estas iniciativas não tiveram, contudo, seguimento e efeitos imediatos, na medida em que nem o Livro Branco da Comissão sobre a "realização do mercado interno" nem o próprio Acto Único Europeu (1986) fazem qualquer referência ou contêm alguma disposição acerca da cidadania europeia. Por isso, apesar das numerosas propostas, recomendações e resoluções, até à aprovação do Tratado de Maastricht (Fev. 1992) aos naturais dos países da CE apenas eram reconhecidos alguns direitos no domínio económico e social, independentemente do Estado-membro a que pertenciam; mas no que concerne aos direitos políticos (direito eleitoral activo e passivo, direito de acesso às funções públicas, liberdade de reunião e de associação), a sua usufruição estava ligada à condição de nacionalidade. Quer dizer que o Direito Comunitário atribuía aos cidadãos da CE, independentemente da sua nacionalidade, diversos direitos económicos e sociais, mas não lhes reconhecia a capacidade para exercer, do mesmo modo, direitos políticos fundamentais considerados como elementos tradicionais do conceito de cidadania. E daí que os subscritores do Tratado da União Europeia, reconhecendo que a supressão das fronteiras físicas, técnicas e fiscais, através da realização do mercado interno, se traduz na livre circulação de mercadorias, das pessoas, de serviços e dos capitais, achassem por bem inserir no Tratado disposições que garantam aos cidadãos o direito de desfrutar destas liberdades e de participar, directa ou indirectamente, na vida política comunitária. Estas disposições, constituem o articulado concernente à "Cidadania da União" (artigos 8.° – A a 8.°-E) (actuais artigos 17.° a 22.° do Tratado de Nice), no qual, como já atrás sublinhamos, são reconhecidos a todos os cidadãos que tenham a nacionalidade de um Estado-membro da União Europeia (UE) o direito eleitoral activo e passivo nas eleições para o Parlamento e nas eleições autárquicas, o direito de protecção diplomática e consular e o direito de apresentarem petições ao Parlamento Europeu, à Comissão Europeia e ao Conselho e de se dirigirem ao Provedor de Justiça, ao Tribunal de Justiça Europeu e ao Tribuna de Contas, em defesa dos seus direitos, contra a má gestão e administração das actividades da CE por parte das suas Instituições.

Os Tratados de Maastricht (1992) e de Nice (2001) conferem, pois, aos nacionais dos Estados comunitários, direitos políticos e civis e reforçam os direitos económicos e sociais de que aqueles já beneficiavam com base no Direito Comunitário originário e derivado.

Em que consistem, então, estes direitos políticos e civis? Em que condições é que podem ser exercidos? E que implicações suscitam?

3.3.1. *Cidadania Nacional e Cidadania Europeia*

O conceito de cidadania nacional abrange o conjunto de direitos e deveres dos indivíduos face ao poder político do Estado de que são nacionais e a capacidade e a possibilidade de participarem, directa ou indirectamente, nos negócios públicos desse Estado. Ser-se cidadão de um Estado significa compartilhar a soberania desse Estado. E, se a soberania do Estado é partilhada com a soberania de outros Estados, no espaço regional em que se inserem, será legítimo compartilhar a cidadania nesse mesmo espaço? Por exemplo, será legítimo aos cidadãos dos Estados-membros da União Europeia compartilhar os direitos e deveres políticos e civis nesse espaço regional? Ou a cidadania nacional apenas é (será) complementada pela cidadania regional (cidadania europeia)?

O exercício da cidadania é um conceito ambivalente: permite gerar um sentimento comum de se pertencer a uma sociedade política, mas simultaneamente exclui aqueles que não são considerados cidadãos. Quer dizer que o conceito de cidadania consubstancia o *princípio de inclusão* e o *princípio de exclusão*.

A noção de cidadania define-se segundo um critério objectivo: o de nacionalidade das pessoas. A nacionalidade é, portanto, uma condição necessária para se adquirir a qualidade de cidadão, mas não é suficiente, porque cidadão é aquele que é depositário de uma parte da soberania nacional e que desfruta do direito de participar, directa ou indirectamente, no exercício desta soberania. A cidadania é, portanto, uma subcategoria da nacionalidade, na medida em que nem todos os nacionais são forçosamente cidadãos, na acepção político-jurídica desta palavra, dado que em todas as sociedades políticas são estabelecidas condições jurídicas restritivas à obtenção do estatuto de cidadania.

A tradição jurídica europeia aderiu longamente a esta conceptualização: o cidadão é um membro da nação, e o acesso à nacionalidade condiciona o acesso à cidadania. E daí que a lógica da nacionalidade confinada a um determinado espaço territorial se haja sobreposto à lógica universalista, e que o triunfo do Estado-nação fizesse depender a cidadania da nacionalidade. E daí também que a questão da cidadania europeia dificilmente se possa dissociar da noção de nacionalidade.

Os responsáveis da Comunidade Europeia tinham (e têm) perfeita consciência dessa realidade e, por isso, inscreveram no Tratado da União Europeia que é condição necessária ter a nacionalidade de um Estado-membro para se ser cidadão da União; e, por outro lado, atribuem à União Europeia o objectivo de reforçar a protecção dos direitos e dos interesses dos nacionais dos Estados-membros pela instauração de uma cidadania da União.

Apesar da noção de nacionalidade se sobrepor à noção de cidadania e da condição de nacional de um país membro ser indispensável para se usufruir do estatuto de cidadão da União, o desenvolvimento do processo de integração europeia foi criando alguns símbolos – a *bandeira oficial da CE*; o *hino europeu*; o *dia da Europa* e o *euro* (moeda europeia) – que reforçam a identidade europeia. Todavia, não existe ainda o sentimento comum de se pertencer a uma Europa comunitária detentora de um poder soberano. O sentimento nacional sobreleva o sentimento europeísta. E daí que o acesso ao exercício de determinadas funções públicas continue a ser interditado aos nacionais de Estados-membros diferentes do Estado onde residem; isto é, só os nacionais do respectivo Estado gozam do direito de exercer funções públicas relacionadas com o exercício do poder soberano nacional.

O estatuto de cidadania europeia baseia-se no *princípio de inclusão* e assenta, à partida no laço indissolúvel entre cidadania da União e cidadania nacional. Logo as regras de aplicação de cidadania nacional condicionam as regras de aplicação da cidadania europeia não sendo esta mais do que um acréscimo daquela, na justa medida em que os Estados conservam a prerrogativa soberana de definirem unilateralmente as regras de aquisição da nacionalidade. De resto, o Tratado de Maastricht, ao especificar que "é cidadão da União toda a pessoa que tenha a nacionalidade de um Estado-membro", remete para o direito nacional, para a ordem jurídica interna, a competência para fixar as regras de aquisição e de perda da nacionalidade e da cidadania nacional. Logo a cidadania da União é uma "cidadania de atribuição" relativamente à cidadania de direito comum: a cidadania nacional.

Esta prerrogativa da soberania nacional que os Tratados Comunitários conservam imutável dificulta (ou pode dificultar) a aplicação plena do princípio da igualdade, pois não impede que possam existir disparidades entre as legislações nacionais, que permitam que um indivíduo seja aceite num país e recusado noutro. Quer dizer que o *princípio de exclusão* pode ser utilizado de modo diferente pelos Estados-membros da União Europeia. E este é um problema delicado se atendermos a que no espaço comunitário existem centenas de milhares de emigrados provenientes de países terceiros.

3.3.2. *Estatuto Político do Cidadão Europeu (da União Europeia)*

O estatuto político decorrente do conceito de cidadania caracteriza-se pelos direitos que autorga aos indivíduos que dele beneficiam, os quais se traduzem essencialmente na participação, de forma directa ou indirecta, no exercício do poder soberano nacional. Estes direitos são, aliás, reconhecidos pelo Pacto Internacional relativo aos Direitos Civis e Políticos, em cujo art. 25.° se declara que *"todo o cidadão tem o direito e a possibilidade, sem nenhuma discriminação e sem restrições, a participar na direcção dos negócios políticos"*.

A nível da CE, no entanto, só muito superficialmente estes direitos foram consignados nos Tratados originários, na medida em que, no sistema institucional comunitário, apenas o Parlamento Europeu é formado por representantes dos povos dos respectivos Estados-membros.

De facto, nos termos do art. 138.° do Tratados CEE, os membros do Parlamento Europeu devem ser eleitos por sufrágio universal e segundo um processo uniforme. Porém, a aplicação desta disposição só foi possível passados mais de vinte anos depois do respectivo Tratado entrar em vigor, e, mesmo assim, sem que os Estados-membros chegassem a acordo sobre a adopção de um processo eleitoral uniforme. Com efeito, somente em 7 a 10 de Junho de 1979 é que os membros do Parlamento Europeu foram eleitos por sufrágio universal, pela primeira vez. Mas estas eleições foram mais eleições nacionais do que propriamente europeias, sucedendo o mesmo com as eleições de 1984 e de 1989. Na verdade, a legislação comum que regulou essas eleições consubstancia-se no Acto do Conselho, de 20 de Setembro de 1976, que permite a cada Estado-membro escolher o sistema eleitoral a utilizar e decidir se o direito de voto é apenas privilégio dos seus nacionais. Assim, a maior parte dos Estados adoptou o processo de escrutínio de representação proporcional, com a excepção do Reino Unido que se manteve fiel a seu sistema maioritário, embora o método de transformação dos votos em mandatos tenha variado de uns países para outros. E também a maior parte dos Estados-membros reservou o direito de voto aos seus nacionais, à excepção da *Irlanda* que, desde as eleições de 1979, concede o direito de voto aos nacionais de outros Estados-membros domiciliados no seu território; da *Holanda* que concede o direito de voto aos nacionais dos outros Estados impossibilitados de exercer este direito nos seus países de origem; e da *Itália* que não só concede o direito de voto aos nacionais dos outros países membros como lhes reconhece o direito de serem eleitos no seu território, como sucedeu, aliás, nas eleições de 1989, com a eleição em Itália do francês Prof. Maurice Duverger.

As eleições europeias realizadas até 1994 não proporcionaram a instauração de uma cidadania europeia, já que a escolha dos membros da única Instituição comunitária representativa – o Parlamento Europeu – se realizou através de eleições nacionais justapostas.

É por isso que os responsáveis da CE inseriram no Tratado da União Europeia o princípio da não-discriminação em matéria de eleições europeias, ao estabelecerem que *"todo o cidadão da União residente num Estado-membro que não seja o da sua nacionalidade goza do direito de eleger e de ser eleito nas eleições para o Parlamento Europeu no Estado-membro de residência, nas mesmas condições dos nacionais desse Estado"* (art. 8-B, n.° 2). A aplicação desta disposição foi regulamentada pela *Directiva 93/109/CE do Conselho*,* de 6 de Dezembro de 1993, a qual estabelece o sistema de exercício do direito de voto e de elegibilidade, nas eleições para o Parlamento Europeu, dos cidadãos da União residentes num Estado-membro de que não tenham a nacionalidade. Esta Directiva comporta três princípios fundamentais:

§ O princípio que garante ao cidadão europeu usufruir do direito eleitoral activo e passivo, independentemente de residir em um ou outro Estado-membro desde que preencha os requisitos nela estabelecidos;

§ O princípio da liberdade de exercício do direito de voto no Estado-membro de residência ou no Estado-membro de origem;

§ O princípio do direito de derrogação que permite aos Estados-membros, nos quais a proporção de cidadãos da União nela residentes, que não tenham a sua nacionalidade e tenham atingido a idade de votar, ultrapassar 20% do conjunto dos cidadãos de maior idade eleitoral ali residentes, atribuir o direito eleitoral activo aos eleitores comunitários que tenha residido nesses Estados-membros durante um período mínimo que pode ir até cinco anos e o direito eleitoral passivo aos eleitores que ali tenha residido durante um período que não pode ser superior a dez anos.

As eleições de Junho de 1994 já tiveram em conta esta Directiva. No entanto, nem estas eleições, nem as eleições de 1999 e de 2004 se realizaram segundo um processo eleitoral uniforme para toda a União Europeia, continuando a ser diferentes os métodos de transformação dos votos em mandatos, conforme dispõem as leis eleitorais de cada um dos países comunitários.

No que respeita à participação dos cidadãos na vida política local a nível da CE, a situação era idêntica: a maioria dos Estados-membros re-

---

* Jornal Oficial das Comunidades Europeias n.° L 329/37, de 30 de Dezembro de 1993.

servava aos seus nacionais o direito eleitoral activo e passivo, à excepção da *Dinamarca*, da *Holanda* e da *Irlanda* que já concediam o direito de voto aos estrangeiros muito antes da aprovação do Tratado de Maastricht.

A *Dinamarca* começou por reconhecer o direito de voto, nas eleições municipais, aos nacionais dos países membros da União Nórdica (Dinamarca, Finlândia, Islândia, Noruega e Suécia). E, pela Lei de 30 de Março de 1981, tornou extensivo esse direito a todos os estrangeiros que preenchessem as três condições seguintes: ter 18 ou mais anos de idade, estar domiciliado numa comuna e ter residência na Dinamarca, pelo menos, os três anos que precedem as respectivas eleições.

A *Holanda* começou por criar os Conselhos de Emigrados com poder meramente consultivo; mas em 1983, depois de modificar o art. 130.° da Constituição, atribuiu o direito de voto aos estrangeiros residentes no país durante, pelo menos, cinco anos.

A *Irlanda* atribuiu o direito eleitoral activo e passivo aos estrangeiros em 1973, data em que adoptou o "Electoral Act", que consagra este direito.

Por outro lado, com excepção da Espanha e da França, os Estados comunitários não permitem que os seus nacionais residentes no estrangeiro participem directa ou indirectamente na vida política local.

Esta diversidade de tratamento não se compadece com a generalização da liberdade de circulação e de estabelecimento exigida pela realização do mercado interno. E, por isso, as Instituições comunitárias lançaram o debate sobre a atribuição do direito de voto nas eleições autárquicas antes desta matéria ser consignada no Tratado de Maastricht. Assim, sob pressão do Parlamento Europeu, a Comissão apresentou, em 22 de Junho de 1988, uma proposta de directiva sobre o direito de voto dos cidadãos comunitários nas eleições autárquicas nos países onde residem. E, embora na questão que relaciona o direito de voto com a elegibilidade, a proposta de directiva respeitasse os particularismos jurídicos nacionais, estabelecendo uma possibilidade e não uma obrigação de aplicar este direito, e permitindo uma derrogação para as funções de presidente do município, não mereceu a unanimidade dos membros do Conselho.

Entretanto, nas negociações que precederam a aprovação do Tratado de Maastricht, a questão foi novamente colocada; e o resultado dessas negociações traduziu-se na aprovação do disposto no n.° 1 do art. 8.°-B deste Tratado, que reza o seguinte: *"qualquer cidadão da União residente num Estado-membro que não seja o da sua nacionalidade goza do direito de eleger e de ser eleito nas eleições autárquicas do Estado-membro de residência, nas mesmas condições dos nacionais desse Estado"*.

Esta disposição oferecia aos Estados-membros a possibilidade de concederem aos nacionais de outros Estados comunitários residentes no seu território o direito eleitoral activo e passivo nas eleições autárquicas. No entanto, esse direito não podia ser exercido em prejuízo das modalidades de aplicação adoptadas por unanimidade dos membros do Conselho, sob proposta da Comissão, que podem conter disposições derrogatórias. E nesta matéria levantavam-se questões delicadas. Admitiriam todos os Estados que os nacionais dos outros países-membros residentes no seu território usufruíssem do direito de eleger e de serem eleitos para todos os órgãos autárquicos? Que duração mínima de residência iriam exigir para conceder o direito eleitoral activo? E para atribuir o direito eleitoral passivo? E por quanto tempo iriam exigir uma derrogação?

O consenso sobre esta matéria não foi fácil, nem pacífico, em virtude da composição da população maior de 18 anos residente nos países comunitários e da contribuição de órgãos autárquicos para formação de alguns órgãos de soberania. Todavia, foi possível ultrapassar as divergências e regulamentar a aplicação do n.º 1 do art. 8.º-B do Tratado de Maastricht mediante a aprovação da *Directiva 94/80/CE do Conselho**, de 19 de Dezembro de 1994, que estabelece as regras de exercício do direito de voto e de elegibilidade, nas eleições autárquicas, dos cidadãos da União residentes num Estado-membro de que não tenham a nacionalidade.

Esta Directiva garante aos cidadãos da União Europeia o exercício do direito eleitoral activo e passivo nas eleições autárquicas, independentemente de residirem num Estado comunitário diferente do da sua nacionalidade, nas condições que ela própria estabelece e prevê. Destina-se, assim, a impedir que a nacionalidade constitua um obstáculo a que cidadãos da União exerçam o direito de voto e sejam elegíveis no Estado onde residem, embora não sejam seus nacionais. Nos termos do seu articulado, todo o Estado-membro deve proporcionar aos nacionais de outros Estados-membros, se assim for o seu desejo, a inscrição nos cadernos eleitorais e a participação activa e passiva nos actos eleitorais para a constituição dos órgãos das autarquias locais. Todavia, esta obrigação dos Estados pode ser objecto de derrogação; pois, o art. 12.º da respectiva Directiva dispõe que, "se num Estado-membro, em 1 de Janeiro de 1996, a proporção de cidadãos da União aí residentes que não tenham a sua nacionalidade e que tenham atingido a idade de voto ultrapassar 20% do conjunto dos cidadãos

---

* Jornal Oficial das Comunidades Europeias, n.º L 368/38, de 31 de Dezembro de 1994.

da União em idade de voto aí residentes, esse Estado pode exigir que os nacionais dos outros Estados-membros residam no seu território durante um período mínimo que não pode ultrapassar a duração de um mandato da assembleia representativa da autarquia para poderem usufruir do direito eleitoral activo. Esse período mínimo de residência exigível pode ir até dois mandatos para atribuição do direito eleitoral passiva".

Além desta derrogação, a Directiva reserva aos Estados-membros o direito de disporem que somente os seus nacionais são elegíveis para as funções de presidente ou de membro colegial executivo (art. 12.°, n.° 3), de estipularem que qualquer cidadão da União seja inelegível em consequência de uma decisão individual em matéria civil ou penal, por força da legislação do seu Estado de origem (art. 5.°), e ainda de estabelecerem que os cidadãos da União nacionais de outros Estados-membros eleitos para um órgão representativo das autarquias locais não poderão participar na designação dos eleitores de uma Câmara parlamentar, nem na eleição dos membros dessa Câmara. (Esta última disposição tem em conta sobretudo a eleição do Senado em França e foi objecto de uma declaração da delegação francesa).

3.3.3. *Estatuto Civil do Cidadão Europeu (da União Europeia)*

O exercício dos direito políticos consagrados no Tratado de Maastricht implica o reconhecimento e protecção dos direito sociais e civis (liberdade de reunião e de manifestação, direito de associação, garantia dos direitos fundamentais, protecção judiciária, etc.). quer dizer que os direitos civis são complementares dos direitos políticos, mas constituem, simultaneamente, os fundamentos da garantia do exercício destes.

Os Tratados originários, constitutivos das três Comunidades Europeias (CECA, CEE e EURATOM) não contêm qualquer referência aos direitos do homem. Contêm, como já vimos atrás, disposições relativas à livre circulação dos trabalhadores e à protecção social destes e dos seus familiares, em alguns aspectos da actividade económica, mas não dizem nada sobre a Declaração Universal e os respectivos Pactos Complementares, nem sobre a Convenção Europeia da Salvaguarda dos Direitos do Homem e das Liberdades Fundamentais. E o Direito Comunitário Derivado assenta também na mesma lógica económica e social e descura a perspectiva jurídica e civilista em matéria de protecção dos direitos fundamentais dos cidadãos. Adoptaram-se regras relativas à realização do mercado interno e aprovou-se em Dezembro de 1989, a Carta Comunitária dos Direitos Sociais Fundamentais (Carta Social Europeia); mas nunca se conseguiu congregar a vontade dos governos dos Estados-membros para adoptar uma Carta Comunitária dos Direitos do Homem, ou para que a CE, no seu conjunto, aderisse à Convenção Europeia dos Direitos do Homem, precisamente porque os governos se refugiavam em dois argumentos fundamentais: por um lado, todos os Estados comunitário são membros do Conselho da Europa e subscritores da Convenção Europeia dos Direitos do Homem; por outro lado, o Tribunal de Justiça Europeu recorre sistematicamente aos direitos fundamentais protegidos pela Convenção para fundamentar os seus acórdãos. No entanto, e apesar destes argumentos, o Parlamento europeu adoptou, em 9 de Julho de 1991, uma resolução recomendando a adesão da CE à respectiva Convenção Europeia. E, se esta recomendação não foi objecto de uma decisão do Conselho no mesmo sentido, teve o mérito de sensibilizar os subscritores do Tratado de Maastricht para aceitarem que a União Europeia assimile ou absorva, a própria Convenção Europeia dos Direitos do Homem. E daí que o art. F, n.º 2, do Tratado estipule que "a União respeitará os direitos fundamentais tal como os garante a Convenção Europeia de Salvaguarda dos Direitos do Homem e das Liberdades Fundamentais (...) e tal como resultam das tradições constitucionais comuns aos Estado-membros, enquanto princípios gerais do Direito Comunitário".

Nos termos desta disposição do Tratado da União Europeia, a Convenção Europeia dos Direitos do Homem tornou-se um "princípio geral do Direito Comunitário", que encontra novamente expressão no Título VI do Tratado referente á cooperação em matéria de justiça e assuntos internos.

Ao inserirem no Tratado da União Europeia disposições relativas ao reconhecimento dos direitos fundamentais do cidadão, os negociadores do Tratado não se esqueceram de integrar no texto deste algumas normas destinadas a garantir a protecção daqueles direitos, introduzindo algumas inovações nesta matéria.

A primeira inovação consiste na *adopção do direito de protecção diplomática e consular* de que podem beneficiar os nacionais dos Estados-membros através dos meios disponíveis de outro Estado-membro (art. 8.º-C). Contudo, este direito não é universal e geral, dado que assenta no princípio da representação subsidiária, segundo o qual os cidadãos podem requerer essa protecção a representações diplomáticas ou consulares de outros Estados-membros em território de terceiros países nos quais o Estado de que são nacionais não disponha de representação diplomática.

Consequentemente o cidadão europeu não adquire este direito face à União Europeia, é o Tratado que lhe permite ser protegido por qualquer um dos Estados-membros da União, depois de estabelecidas as regras necessárias e encetadas as negociações internacionais requeridas para garantir essa protecção, conforme dispõe a parte final do art. 8.°-C.

A segunda inovação concerne à *criação de um Provedor de Justiça Comunitário*, conforme dispõe o segundo parágrafo do art. 8.°-D e o n.° 1 do art. 138.°. Nomeado pelo Parlamento Europeu, após cada eleição, por um período de cinco anos correspondente à legislatura, o Provedor de Justiça tem competência para receber queixas dos particulares ou de pessoas colectivas acerca de casos de má administração na actuação das Instituições e organismos comunitários, salvo o Tribunal de Justiça Europeu e o Tribunal de Primeira Instância, e para proceder à realização de inquéritos, quer por sua própria iniciativa, quer com base nas queixas que lhe tenham sido apresentados, sobre aspectos administrativos que considera justificados.

A terceira inovação diz respeito à introdução no Tratado de Maastricht do *direito de petição*. Com efeito, nos termos do primeiro parágrafo do art. 8.°-D e do art. 138.°-D, qualquer cidadão da União bem como qualquer pessoa singular ou colectiva gozam do direito de petição ao Parlamento Europeu,* isto é, têm o direito de apresentar, a título individual ou em associação com outros cidadãos ou pessoas, petições ao Parlamento Europeu sobre qualquer questão que se integra nos domínios de actividade da Comunidade e lhe diga directamente respeito.

A quarta inovação prende-se com a *cooperação policial e judiciária* em matéria civil e penal e com a política de asilo, conforme estabelece o articulado do Título VI do Tratado da União Europeia. De acordo com o disposto neste articulado, foi instituída uma cooperação nos domínios da justiça e dos assuntos internos; e os Estados-membros consideraram de interesse comum as seguintes questões:

---

* Os Tratados originário das Comunidades Europeias não previam o direito de dirigir petições às Instituições Comunitárias. Este direito encontrou acolhimento nos artigos 156.° a 158.° do Regulamento Interno do Parlamento Europeu, nos quais se estabelece que os cidadãos podem dirigir à Comissão de Petições as mais variadas questões relativas à aplicação do direito comunitário, aos direitos do homem e às questões do ambiente, da cultura, da segurança social; e que a referida Comissão pode decidir do seguimento a dar às petições recebidas. Entretanto, um acordo interinstitucional assinado em 1 de Abril de 1989 estabeleceu formalmente o direito de petição não só ao Parlamento Europeu como também à Comissão e ao Conselho e formalizou o compromisso de dar seguimento às petições e de responder às questões apresentadas. E, por isso, o Tratado de Amesterdão tornou extensivo ao Conselho e à Comissão o disposto no primeiro parágrafo do Art. 8.°-D do Tratado da União Europeia.

§ A política de asilo;
§ A política de imigração e a política em relação aos nacionais de países terceiros;
§ As regras aplicáveis à passagem de pessoas nas fronteiras externas dos Estados-membros e ao exercício do controlo dessa passagem;
§ A luta contra a toxicomania;
§ A luta contra a fraude de dimensão internacional;
§ A cooperação judiciária em matéria civil;
§ A cooperação judiciária em matéria penal;
§ A cooperação aduaneira;
§ A cooperação policial tendo em vista a prevenção e a luta contra o terrorismo, o tráfico ilícito, a droga e outras formas graves de criminalidade internacional, incluindo, se necessário, determinados aspectos de cooperação aduaneira, em ligação com a organização, à escala da União, de um sistema de intercâmbio de informações no âmbito de uma União Europeia de Polícia (EUROPOL).

Além disso, acordaram que estas questões seriam tratadas no âmbito da Convenção Europeia de Salvaguarda dos Direitos do Homem e das Liberdades Fundamentais e da Convenção Relativa ao Estatuto dos Refugiados, e tendo em conta a protecção concedida pelos Estados-membros às pessoas perseguidas por motivos políticos.

Do ponto de vista dos princípios, estas inovações são importantes para definir o estatuto civil do cidadão europeu. Porém, no plano prático, o direito de petição e a existência de um Provedor de Justiça têm pouca relevância, precisamente porque o Parlamento Europeu ainda tem diminutos poderes no complexo procedimento decisório da União Europeia. O Parlamento Europeu pode ser invadido de petições dos cidadãos e o Provedor de Justiça pode promover vários inquéritos, mas que efeitos poderão ter, se as decisões político-jurídicas são predominantemente da competência do Conselho (ou do Conselho Europeu) e as competências contenciosas são atributo do Tribunal de Justiça Europeu?

4. Enquadramento da Cidadania Europeia no Contexto dos Direitos do Homem

Considerando que os Tratados de Maastricht, de Amesterdão e de Nice, na parte destinada à cidadania da União, reconheceram aos cidadãos nacionais dos Estados-membros o direito de elegerem e de serem eleitos nas eleições autárquicas e nas eleições para o Parlamento Europeu no Estado-membro de residência, o direito à protecção diplomática e consular por parte de qualquer Estado-membro da UE, o direito de petição ao Parlamento Europeu, à Comissão e ao Conselho e de recurso ao Provedor de Justiça Europeu, ao TJE e ao Tribunal de Contas, e o direito à liberdade de circular e de permanecer no território dos Estados-membros, e tendo em conta que a Carta dos Direitos Fundamentais da União Europeia consagra um dos seis capítulos à cidadania, parece-nos pertinente perguntar:

De que modo a cidadania europeia (a cidadania da União) se enquadra no contexto dos direitos humanos?

A que geração dos direitos do homem pertencem os direitos subjacentes à cidadania europeia?

A garantia dos direitos dos cidadãos europeus, reconhecidos formalmente pelos Tratados de Maastricht, de Amesterdão e de Nice, exige uma abstenção ou uma intervenção do Estado?

Ao analisarmos, no Capítulo II, a evolução do reconhecimento e consagração dos direitos humanos, verificamos que os direitos inerentes aos princípios da dignidade, da liberdade, da igualdade e da propriedade foram os primeiros a ser consagrados, quer nas Leis Fundamentais dos Estados, quer nas Declarações nacionais dos direitos do homem; e constatamos também que só mais tarde foram consagrados os direitos subjacentes aos princípios da solidariedade, da responsabilidade colectiva, da segurança e da universalidade. Quer dizer que, numa primeira fase, foram reconhecidos os *"direitos de"*, os chamados *direitos da primeira geração*; aqueles direitos cuja aplicação efectiva exige uma abstenção das autoridades públicas, do próprio Estado: são os direitos pessoais e os direitos de liberdades civis e políticos. Seguiu-se, depois, o reconhecimento dos *"direitos a"*, direitos baseados no princípio da intervenção do Estado, que exigem não uma abstenção mas sim uma prestação das autoridades públicas: são designados *direitos da segunda geração*, cujo objecto de incidência concerne geralmente aos domínios económico, social e cultural. Por fim, foram proclamados novos direitos decorrentes da evolução da conjuntura mundial nas últimas décadas do século XX, tais como: o direito à paz, o direito ao desenvolvimento harmonioso das culturas, o direito a um ambiente protegido. São direitos vagos, difusos, que implicam tanto a abstenção como a intervenção do Estado, e geralmente intitulados *direitos da terceira geração*.

Como enquadrar, então, os direitos inerentes à cidadania europeia no contexto dos direitos do homem?

O estatuto de cidadania europeia (de cidadania da União) garante a todos os cidadãos dos Estados-membros da UE quatro direitos específicos que referimos no primeiro parágrafo deste subcapítulo, a saber: *direito a circular e permanecer* (...); *direito a eleger e ser eleito* (...); *direito à protecção diplomática e consular* (...); *direito de petição e de recurso* (...).

Vejamos como cada um destes direitos se integra no âmbito geral dos direitos do homem, ou melhor, vejamos a que geração dos direitos humanos pertence cada um deles.

a) Direito à liberdade de circular e de permanecer no território dos Estados-membros

O art. 8.º-A do Tratado de União Europeia (TUE) proclama que "qualquer cidadão da União goza do direito de circular e permanecer livremente no território dos Estados-membros da União Europeia". Quer isto dizer que a liberdade de circulação e de permanência dos nacionais dos Estados-membros da CE no espaço comunitário deixou de ser considerada como um instrumento ao serviço de um objectivo económico (a instituição do mercado comum) e passou a ser um direito inerente ao estatuto de cidadania europeia (cidadania da União).

O direito de liberdade de circulação, de permanência e de estabelecimento no espaço comunitário já estava previsto no Tratado CEE (art. 48.º) e foi regulamentado pelos actos jurídicos fundamentais* adoptadas pelas

---

* São os seguintes Actos Jurídicos do Direito Comunitário Derivado relativos à liberdade de circulação de pessoas:

– Regulamento (CEE) n.º 1612/68 do Conselho, de 15 de Out. de 1968, relativo à liberdade de circulação de trabalhadores na CE;

– Directiva 63/360/CEE do Conselho, de 15 de Out. de 1968, relativa à suspensão das restrições à deslocação e permanência dos trabalhadores dos Estados-membros e suas famílias na CE,

– Regulamento (CEE) n.º 1251/70 da Comissão, de 29 de Jun. de 1970, relativo ao direito dos trabalhadores permanecerem no território de um Estado-membro depois de nele terem exercido uma actividade laboral;

– Directiva n.º 73/148/CEE do Conselho, de 21 de Maio de 1973 relativa à supressão das restrições à deslocação e permanência dos nacionais dos Estados-membros da CE, em matéria de estabelecimento;

– Directiva n.º 64/221/CEE do Conselho, de 25 de Fev. de 1964, relativa à coordenação de medidas especiais respeitantes aos estrangeiros em matéria de deslocação e estadia justificadas por razões de ordem pública e de saúde pública.

Instituições comunitárias competentes, os quais fazem parte integrante do acervo do Direito Comunitário Derivado. No entanto, o Tratado da União Europeia constitucionalizou esse direito e inseriu-o no âmbito dos direitos da cidadania da União.

Os direitos de livre circulação, de livre permanência e de livre estabelecimento, embora fossem inscritos no Tratado CEE e nos actos jurídicos do Direito Comunitário Derivado como instrumentos necessários à realização do mercado comum, atribuindo-lhes, por isso, um cunho marcadamente económico, pertencem ao conjunto dos direitos da primeira geração: os "direitos de". São direitos das liberdades fundamentais, cuja aplicação exige das autoridades públicas uma abstenção. O seu exercício implica que o Estado ou qualquer outra instituição abdiquem de intervir, colocando quaisquer obstáculos de ordem formal, técnica ou administrativa à sua plena usufruição.

b) Direito de eleger e de ser eleito nas eleições autárquicas e nas eleições europeias

Nos termos do art. 8.°-B do Tratado da União Europeia, todo o cidadão da U E residente num Estado-membro diferente do país da sua nacionalidade goza do direito de eleger e de ser eleito nas eleições autárquicas e nas eleições para o Parlamento Europeu, no Estado-membro de residência, nas mesmas condições dos nacionais desse Estado.

Esta disposição do TUE, que foi regulamentada pela Directiva 93/109/CE do Conselho, de 6 de Dez. de 1993, no que respeita às eleições para o Parlamento Europeu, e pela Directiva 94/80/CE do Conselho, de 19 de Dez. de 1994, no que concerne às eleições autárquicas, veio institucionalizar e tornar comum a todos os Estados-membros da U E um direito que já havia sido concedido por alguns Estados (Dinamarca, Holanda, Irlanda e Itália) aos nacionais dos outros Estados-membros residentes nos seus territórios. Reconheceu-se, assim, a todos os cidadãos da União o direito de livremente participarem, no país de residência, de forma directa ou indirecta, nas decisões que respeitam às comunidades autárquicas, por um lado, e nas decisões que concernem à União Europeia, por outro lado.

Trata-se de um direito político que consubstancia a essência do estatuto de cidadania e que os Estados modernos inscreveram nas suas Leis Fundamentais (Constituições) e nas Declarações nacionais dos direitos do homem. É um dos direitos da primeira geração, que permite aos cidadãos escolherem os seus representantes nos órgãos do poder político do Estado e fazerem parte desses mesmos órgãos. É um direito que assenta nos princípios da liberdade, da igualdade e da universalidade, e que, por isso, exige que o Estado se abstenha de criar mecanismos que dificultem ou impeçam o seu pleno exercício.

c) Direito à Protecção diplomática e consular

O art. 8.°-C do Tratado da União Europeia dispõe que qualquer cidadão da União beneficia de protecção por parte das autoridades diplomáticas e consulares de qualquer Estado-membro, no território de países terceiros em que o Estado-membro de que se é nacional não se encontre representado. Esta disposição do TUE reproduz o princípio da igualdade de tratamento a nível externo, pois as condições de protecção do cidadão pelas autoridades diplomáticas e consulares de um Estado-membro são idênticas às exigidas para a protecção dos nacionais desse Estado; e introduz o princípio da representação subsidiária, na medida em que possibilita aos cidadãos solicitar protecção a representações diplomáticas e consulares de outros Estados-membros em território de terceiros países, nos quais o Estado de que se é nacional não disponha de representação diplomática ou consular.

Fundamentalmente, o disposto no art. 8.°-C do TUE torna extensiva a todos os cidadãos nacionais dos Estados-membros da UE a protecção diplomática e consular clássica, que se baseia em mecanismos inter-estaduais, mecanismos para garantir essa protecção, pois a parte final deste artigo especifica que os Estados-membros estabelecerão entre si as regras necessárias e encetarão as negociações internacionais requeridas para garantir a protecção diplomática e consular. Na realidade, o TUE concede ao cidadão de União a possibilidade de ser protegido por qualquer um dos Estados-membros nas condições prescritas no art. 8.°-C. Todavia, o cidadão da União não adquire este direito face à UE, mas adquire sim o direito de se dirigir a uma representação diplomática ou consular de um Estado-membro: não se dirige às Instituições comunitárias solicitando protecção diplomática, mas sim às representações dos Estados-membros.

O desenvolvimento das relações diplomáticas e consulares mostra-nos que é prática habitual que, na ausência de relações diplomáticas entre dois Estados, a protecção dos nacionais do primeiro Estado, no território do segundo, seja assegurada por um terceiro Estado, encarregado de representar os interesses do primeiro Estado junto do segundo. E esta prática corrente das relações inter-estaduais tornou-se, com o Tratado de Maastricht, formalmente extensiva a todos os Estados-membros da UE, permitindo ao cidadãos da União escolher, nas condições previstas no Tratado, as representações diplomáticas e consulares de um outro Estado-membro, para solicitar a protecção necessária.

O exercício do direito de protecção diplomática e consular exige, pois, uma intervenção dos Estados, ou seja, das autoridades competentes dos Estados. Logo, este direito integra-se no conjunto dos "direitos a", direitos da segunda geração, que se traduzem numa obrigação de agir por parte do Estado, numa responsabilidade deste intervir para que os titulares desses direitos possam usufruir da sua aplicação efectiva.

d) Direito de Petição e de Recurso

De acordo com o disposto no art. 8-D do Tratado da União Europeia, os cidadãos da União gozam do direito de petição ao Parlamento Europeu, e podem dirigir-se ao Provedor de Justiça Europeu. Os destinatários das petições e dos recursos foram aumentados pelo Tratado de Amesterdão (art. 21.°), sendo incluídos também a Comissão, o Conselho, o Tribunal de Justiça e o Tribunal de Contas. Quer dizer que qualquer cidadão da União, bem como qualquer outra pessoa singular ou colectiva com residência ou sede estatutária num Estado-membro, tem o direito de apresentar, a título individual ou em associação com outros cidadãos ou pessoas, petições ao Parlamento Europeu, à Comissão, ao Conselho de Ministros sobre qualquer questão que se integre nos domínios de actividade da CE e lhe diga directamente respeito, e dirigir-se ao Provedor de Justiça Europeu, ao TJE e ao Tribunal de Contas, denunciando casos de má administração na actuação das Instituições ou organismos comunitários.

Como vimos anteriormente, o direito de petição ao Parlamento Europeu há muito que estava previsto no seu Regimento Interno, e o Conselho e a Comissão comprometeram-se, por acordo interinstitucional de 12 de Abril de 1989, a colaborar com o Parlamento na análise das petições recebidas. Porém faltava a este direito o fundamento constitucional comunitário que lhe foi atribuído pelos artigos 8.°-D e artigos 138.°-D do Tratado de Maastricht. Contudo o direito de recurso ao Provedor de Justiça Europeu é uma inovação do Tratado da União Europeia.

O direito dos cidadãos se dirigirem a órgãos de soberania dos Estados em defesa dos seus direitos formalmente consagrados é um direito reconhecido pelas Leis Fundamentais dos Estados modernos e pelas Declarações Nacionais e Universais dos direitos do homem. Aliás, o direito de petição foi consagrado pelo Bill of Rights, em 1698.

O direito de petição é um direito subjacente ao "*status activus*", que os Estados devem respeitar e preservar. Por conseguinte, enquadra-se no conjunto dos direitos da primeira geração, na medida em que se traduz na faculdade de apresentar um pedido a uma instituição ou a uma autoridade pública, a fim de que adopte ou proponha determinadas medidas ou desenvolva certas acções, com vista a salvaguardar direitos pessoais formalmente consignados.

Os quatro direitos específicos analisados, os quais consubstanciam o estatuto de cidadania europeia (cidadania da União), integram-se no conjunto dos direitos do homem; e todos eles foram consagrados nas Leis Fundamentais dos Estados ou nos acordos e convenções internacionais por estes celebrados.

Com efeito, o direito à livre circulação e permanência no espaço nacional, o direito de eleger e ser eleito nas eleições autárquicas e legislativas nacionais e o direito de petição e de recurso são direitos há muito reconhecidos pelos Estados; e o direito de protecção diplomática e consular decorre de uma prática das relações de reciprocidade desenvolvidas pelos Estados, com vista a garantir a protecção dos seus nacionais no território dos outros países, e está prescrito nas Convenções de Viena* sobre as relações diplomáticas e sobre as relações consulares, respectivamente, de 18 de Abril de 1961 e de 24 de Abril de 1963. E, por isso mesmo, os subscritores do Tratado de Amesterdão acrescentaram um parágrafo ao art. 8 do Tratado de Maastricht, que reza o seguinte: "*a cidadania da União é complementar da cidadania nacional e não a substitui*". Por conseguinte, os direitos subjacentes à cidadania europeia enquadram-se no âmbito dos direitos humanos consagrados nas Declarações, Convenções e Pactos internacionais.

---

* A alínea b) do Art. 3.º da Convenção de Viena sobre Relações Diplomáticas dispõe que é função de uma missão diplomática "proteger no Estado acreditador os interesses do Estado acreditante e de seus nacionais, dentro dos limites estabelecidos pelo direito internacional"; e a alínea a) do Art. 5.º da Convenção de Viena sobre Relações Consulares prescreve que as funções consulares consistem em: "proteger no Estado receptor os interesses do Estado que envia e dos seus nacionais, pessoas singulares ou colectivas, dentro dos limites permitidos pelo direito internacional".

CAPITULO VI
Direitos do Homem e Regimes Políticos em Portugal

Portugal é, hoje, um Estado-nação, democrático, de direito e do bem-estar social, pois, de acordo com a sua Lei Fundamental – a Constituição da República Portuguesa (CRP) – *"baseia-se na soberania popular, no pluralismo de expressão e organização política democráticas e no respeito e na garantia de efectivação dos direitos e liberdades fundamentais"* (art. 2.º), e compete-lhe *"promover o aumento do bem-estar social, económico e da qualidade de vida do povo, em especial das classes mais desfavorecidas"* (art. 81.º). Quer dizer que o Estado português assenta no primado da lei e da soberania popular, reconhecendo o sufrágio universal como fonte legítima do poder e garantindo a efectivação dos direitos e das liberdades fundamentais, e assume a responsabilidade de assegurar os serviços sociais elementares, designadamente nos domínios da saúde, da educação e da habitação, mediante recurso a financiamentos públicos.

Mas será que o Estado português foi sempre um Estado – nação democrático e de direito? E ter-se-à preocupado sempre em salvaguardar os direitos e liberdades fundamentais e em promover a igualdade de oportunidades com vista a garantir a todos o bem-estar social? Quais as concepções do mundo e da vida que têm orientado a afirmação do poder em Portugal? E quais as formas que o exercício do poder revestiu ao longo da história política portuguesa?

Na perspectiva da evolução dos direitos humanos, o que terá acontecido em Portugal? Acompanhou, ou não, os progressos registados nos outros países europeus? E de que modo estão hoje salvaguardados e protegidos em Portugal os direitos e as liberdades fundamentais do homem?

A estas interrogações e a outras que possam surgir procuramos dar resposta nas páginas deste capítulo destinado a analisar os direitos humanos e os regimes políticos em Portugal.

1. Da fundação do reino à revolução liberal

Herdando a confiança daquele grupo de antepassados, que durante anos, ao lado de Viriato, desafiaram o Império Romano, os Portugueses fundaram o "Reino Portucale", alargaram a sua dimensão geográfica, consolidaram a nacionalidade e desempenharam papel relevante na moldagem da história do mundo moderno e contemporâneo.

Com efeito, ciosos por se constituírem em reino independente, os barões portucalenses apoiam o jovem D. Afonso Henriques na luta contra a sua mãe, D. Teresa, que culminou com a derrota desta na batalha de S. Mamede, em 1128. Desde então D. Afonso Henriques tomou conta do Condado Portucalense, mas a sua independência política só foi juridicamente reconhecida em 23 de Maio de 1179 pela Bula *Manifestis Probatum,* do Papa Alexandre III, embora na Conferência de Zamora, sob a vigília do cardeal Guido de Vico, delegado do papa Inocêncio II, Afonso VII de Castela haja reconhecido a evidência da nova unidade política sob a chefia de D. Afonso Henriques.

Confirmada a independência dos reis de Leão e Castela, os Portugueses preocuparam-se em alargar o Reino, integrando-se no movimento europeu de repulsa contra os Muçulmanos. E a expulsão dos Árabes, a consolidação da nacionalidade e a delimitação das fronteiras com a vizinha Espanha constituíram as principais preocupações dos governantes portugueses durante toda a I Dinastia (1128-1385).

Expulsos definitivamente os Muçulmanos e resolvida a crise de 1383-1385, os Portugueses, estimulados pela dinâmica revolucionária imprimida à causa da legitimação de D. João I, voltaram-se então para a aventura dos descobrimentos.

Movidos por interesses económicos, razões políticas, ou fé religiosa[*], a partir de 1415, data da tomada de Ceuta, os Portugueses lançaram-se à procura de novas terras e novas gentes. E, no curto espaço de um século, estabeleceram-se nas costas de África e numa grande faixa da América do Sul e chegaram à Arábia, à Pérsia, à Índia, à Malásia, à actual Indonésia, à Tailândia, à Indochina, à China e ao Japão, constituindo assim o grande Império Português.

---

* Jaime Cortesão defende o imperativo económico, ao afirmar: "Embora para nós o passado se não explique apenas pelos factores económicos, pois damos lugar de importância e relevo às causas espirituais, reconhecemos que aqueles são o móbil e fundamento das acções humanas" (in *Política de Sigilo dos Descobrimentos* – citado por Agostinho Cardoso em *"Portugal no Mundo de Ontem, Hoje e de Amanhã"*.

A aventura dos descobrimentos e a consequente ocupação dos territórios descobertos tiveram dois efeitos de relevante importância, que se reflectiram na comunidade internacional e na estrutura político administrativa do Estado português. Com efeito, graças à aventura marítima dos Portugueses (e também dos espanhóis), a Península Ibérica sucedeu às Repúblicas marítimas italianas na projecção das rotas do comércio e da navegação, e a comunidade internacional, que, durante a Idade Média estava limitada `a Europa e ao Mediterrâneo, projectou-se sobre o resto do mundo através do Atlântico, começando a construir-se o mundo da Europa que durará até meados do século XX. Por outro lado, a ocupação de espaços territoriais dos continentes africano, americano e asiático fez-se, em muitos casos, através do desenvolvimento de relações de imposição/ subordinação decorrentes da afirmação do poder político português sobre povos de culturas distintas da cultura da Europa do Sul e Mediterrânica, facto que se traduziu na modificação da estrutura e da configuração política do Estado português, que deixa de ser um Estado-nação – coincidência de um poder político com uma área cultural mais ou menos homogénea – e passa a identificar-se com um Estado-plurinacional – sobreposição de um poder político a diferentes áreas culturais heterogéneas (diferentes nações). Esta evidência foi retratada por Almeida Garrete do seguinte modo: "Portugal dominava já na África e Ásia quando descobriu o Brasil (...). Por maneira que a nova descoberta pouca sensação fez em tal abundância de conquistas: a especiaria e os diamantes da Ásia, o marfim e o ouro da África cegavam os olhos do comerciante; *a vassalagem de tanta nação florescente*, as páreas de tanto rei poderoso deslumbravam o monarca" (1830, 57).

Entretanto, na sequência da morte de D. Sebastião, em 1578, e das hesitações do cardeal D. Henrique em nomear o seu sucessor, as Cortes, reunidas em Tomar a partir de 16 de Abril de 1581, proclamaram Filipe II de Castela rei de Portugal, com a designação de Filipe I. E a nação portuguesa (a área cultural de antes dos descobrimentos) passou a fazer parte do Estado plurinacional castelhano até à consumação do Golpe de Estado de 1 de Dezembro de 1640 que restaurou a independência de Portugal.

A partir da restauração da independência, Portugal voltara à situação de Estado plurinacional até à aprovação da Constituição de 1976, que sancionou a independência das colónias portuguesas e reduziu a afirmação da soberania nacional ao território do continente e às regiões autónomas da

Madeira e dos Açores*, fazendo corresponder o poder político a uma área cultural homogénea (uma nação), onde os valores, usos, costumes e tradições definem os parâmetros da vivência de um presente comum e os desígnios de construir um futuro em comum.

Portugal nasceu, pois, em plena Época Medieval (em 1128 *de factum*, em 1179 *de jure*). E a sua organização política, económica e social reflectiu as contingências da época pautadas pela preponderância do poder religioso, sob a orientação do teocracismo medieval, cujas evidências mais marcantes foram: a presença do delegado do papa Inocêncio II na assinatura do Tratado de Zamora em 5 de Outubro de 1143; a emissão da *Bula Manifestis Probatum* em 23 de Maio de 1179; a instituição do Tribunal do Santo Ofício em 23 de Maio de 1536; e a emissão da *Bula Alexandrina* em 1493, mediante a qual o papa Alexandre VI reparte o mundo a descobrir entre Espanha e Portugal, atribuindo à primeira tudo o que fica a Ocidente de um meridiano que passa ao largo de Dacar, e, ao segundo, o que se encontre a Oriente dessa linha.

O teocracismo foi, pois, a ideologia orientadora do poder político português até a afirmação do absolutismo, que começou a expressar-se a partir de 1481 com a política de centralização prosseguida por D. João II para governar o país*-** e se consolidou, como ideologia dominante, nos reinados subsequentes à restauração da independência (1640), conhecendo a sua expressão máxima no reinado de D. José I (1750-1777) sob a forma de despotismo esclarecido. E o exercício do poder, neste longo período da história política portuguesa, revestiu a forma de uma *monarquia aristocrática*, sob a influência do teocracismo medieval, e de uma *monarquia absoluta*, sob a orientação das concepções absolutistas do mundo e da vida que geraram um regime político de concentração de poderes absolutos nas mãos do titular da coroa, que algumas vezes os delegava nos seus conse-

---

* Nos termos da Constituição de 1976, "o território de Macau, sob administração portuguesa, rege-se por estatuto adequado à sua situação especial" (Art. 5.°, n.° 4) –, Macau passou a fazer parte da China em 20 de Dezembro de 1999 – e "Portugal continua vinculado às responsabilidades que lhe incumbem de harmonia com o direito internacional, de promover e garantir o direito à independência de Timor Leste" (Art. 306, n.° 1) –Ocupado pela Indonésia em finais de 1975, Timor Leste tornou-se um Estado independente em 20 de Maio de 2002, sendo admitido na ONU.

** Logo que ascendeu ao trono, D. João II mandou reunir as Cortes em Évora, em 12 de Novembro de 1481, com vista à afirmação do poder pessoal, exigindo que todos os estamentos (estados sociais) aí presentes lhe prestassem um rigoroso juramento de obediência. E de seguida tomou medidas que restringiam doações, privilégios, abusos de jurisdição e despesas da grande nobreza.

lheiros, dando lugar a um regime de *monarquia ministerial*, ou de *absolutismo delegado*, como sucedeu com D. José I que delegou extensos poderes em Sebastião José de Carvalho e Melo, mais conhecido por *Marquês de Pombal* (título que recebeu em 1770), o qual exerceu as funções de Secretário Geral do Reino, depois de ter sido Secretário de Estado dos Negócios Estrangeiros e da Guerra, imitando em Portugal o papel que o Cardeal Richelieu desempenhou no reinado de Luís XIII em França.

Por outro lado, a organização económica, assente quase exclusivamente na exploração da terra até ao desenvolvimento do mercantilismo, gerou um sistema social marcadamente senhorialista típico das sociedades feudais daquele tempo, cuja estratificação social, resultante da combinação dos poderes religioso, económico e político era bastante rígida. No topo da pirâmide social figurava o titular da Coroa, seguindo-se-lhe o alto clero e os senhores feudais, aparecendo, depois, a baixa nobreza, o clero paroquial e os camponeses livres, e encontrando-se os servos da glebe e os escravos na base da pirâmide.

Esta estratificação, comum às sociedades feudais, foi dando lugar a uma estrutura social aparentemente mais simples, baseada em *estamentos* ou "*estados sociais*" por razões de ordem política e funcional. E quando, em 1254, D. Afonso III convocou, para reunirem em Leiria, representantes dos concelhos, juntamente com os representantes do clero e da nobreza, ali se encontraram os três estados (ou estamentos), que delimitavam a grande divisão da pirâmide social portuguesa até à afirmação política da burguesia e implantação do liberalismo como ideologia predominante. A este propósito José Manuel Garcia sublinhou que "há que ter presente até inícios do século XIX a tripartição em ordens de origem medieval, mas a partir do século XV podemos verificar uma realidade cada vez mais complexa nas divisões de cada uma delas e nas relações entre os seus diversos elementos (…).A classe dominante continuava a englobar o conjunto de elementos dos sectores mais elevados da nobreza e do clero em que a cabeça era o rei. Ainda integrável nela mas já na sua margem, poderemos incluir os outros escalões daquelas ordens, que, de uma maneira ou de outra, assumiram uma posição de relevo social e de aproveitamento dos frutos do trabalho do povo" (1984, 103).

De acordo com a exposição de José Manuel Garcia, desde meados do século XIII até à revolução liberal, a estrutura da sociedade portuguesa assentava em três pilares sociais – estamentos – constituídos designadamente pelo *clero*, pela *nobreza* e pelo *povo*. Cada um destes estamentos integrava elementos distintos, ou categorias sociais diferentes.

O *clero*, detentor de grandes potentados económicos, cujos rendimentos chegaram a ombrear com os do Estado, dividia-se em *alto clero* (arcebispos, bispos, abades e outras figuras das altas hierarquias eclesiásticas), e *baixo clero* (prelados a quem era confiada a orientação espiritual das paróquias).

A *nobreza* dividia-se, segundo um critério político-económico, em *alta nobreza* e *baixa nobreza*, ou segundo um critério sócio-funcional, em *nobreza de corte, nobreza de espada, nobreza de toga* e *nobreza de solar*. A *nobreza de corte* era formada por aqueles que frequentavam o centro de convívio e da vida política do reino, os quais eram susceptíveis de ser nomeados para várias funções. A *nobreza de espada* compreendia aqueles que eram destinados à carreira militar podendo a ela ascender elementos oriundos do terceiro estado (povo) que se distinguissem pelo seu valor militar e dispusessem de uma certa riqueza. A *nobreza de toga* englobava os elementos que exerciam funções administrativas, financeiras e judiciais, integrando, excepcionalmente, elementos saídos do grupo de letrados pertencente ao terceiro estado. A *nobreza de solar*, também designada por *nobreza provincial*, correspondia ao grupo de fidalgos que residiam geralmente nas suas propriedades e/ou exerciam importantes funções no interior do país.

O povo (o terceiro estado) também compreendia diferentes categorias sociais, que, numa escala descendente, iam do grupo de letrados até aos escravos que ocupavam a base da pirâmide social, passando pelo grupo dos comerciantes burgueses, dos artífices, dos pequenos proprietários e dos assalariados.

Estratificação Social em Portugal na Época do Absolutismo

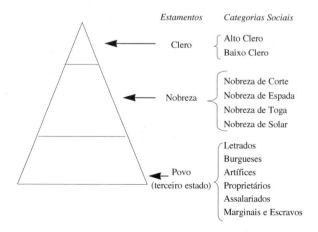

As contingências subjacentes à Época Medieval – a Idade das Trevas, do obscurantismo, da intolerância, da teocracia papal – reflectiram-se na organização política, económica e social do Estado português nos primeiros anos da sua existência e influenciaram tanto as instituições políticas como as estruturas económicas e sociais, bem como o modo de sentir, pensar e agir do povo português, ao longo da vários séculos. E os efeitos do renascimento fizeram-se sentir menos na transformação da sociedade do que na organização centralizada do poder sob os auspícios do absolutismo.

Este longo período da história de Portugal (1128-1820), tal como sucedeu em quase todos os países europeus, não foi favorável à consagração e salvaguarda dos direitos do homem e das liberdades fundamentais.

De facto, a presença do teocracismo como ideologia orientadora da aristocracia medieval até finais da Idade Media e a sua substituição pelo absolutismo, influenciador da centralização do poder do Estado, a organização feudal e senhorialista da economia e a consequente estratificação social fortemente hierarquizada não permitiram a afirmação dos princípios da dignidade, da liberdade, da igualdade e da solidariedade humanas, dificultando, assim, a consagração e respeito pelos direitos do homem. Pelo contrário, neste longo período de tempo, mantiveram-se e acentuaram-se as desigualdades económicas e as diferenças de estatuto social, substituise a servidão (servos da glebe) pela escravatura*, desenvolveu-se a perseguição aos hereges e aos relapsos com o estabelecimento da Inquisição (1536) e instituiu-se a censura à liberdade de opinião, de expressão e de imprensa. De resto, conforme sublinhou J. Manuel Garcia, *"para além da perseguição a todos os que não tivessem limpeza de sangue", a Inquisição também se encarregou de reprimir todos que tivessem atitudes susceptíveis de se não integrarem plenamente nas normas do estrito catolicismo. Práticas de protestantismo, islamismo, ateísmo, bruxaria, feitiçaria, certas doenças que se pensava terem ligações com o diabo, comportamento moral indecoroso, entre os outros factores, podiam conduzir à actuação dos inquisidores e à condenação dos seus verdadeiros ou supostos praticantes. E o controlo de leituras e a elaboração do Índex dos livros proibidos, criado em 28 de Outubro de 1542, passou a estar, desde 1547, sob a sua alçada"* (1984, 115).

---

* As informações disponíveis na época apontavam para a existência, no século XVI, de elevado número de escravos no continente português, perfazendo em Lisboa cerca de 10% da sua população total. (A escravatura foi definitivamente abolida na Metrópole em 1761).

De acordo com a expressão de A.H. Oliveira Marques, *"a direcção da cultura pela Igreja e pelo Estado não era apenas imposta pelas universidades e pelos colégios. A introdução da censura organizada veio a ser outro instrumento para tal, e mais eficiente ainda"* (2002, 135). Aliás, segundo as palavras deste autor, a *"censura autêntica só veio a ser estabelecida com a Inquisição"*. Porém, *"a Inquisição não tinha o monopólio da censura. Tanto os bispos como o rei não renunciaram ao direito de controlar a produção literária. Os prelados impuseram a sua autoridade tradicional especialmente a partir do século XVII, enquanto o rei – interessado acima de tudo nos aspectos políticos – a estabeleceu de direito e de facto em 1576, mas tornando-a somente efectiva na década de 1590. Assim, todo o livro em vias de publicação tinha de sofrer um processo altamente complicado. Era primeiro apresentado à Inquisição, depois ao "ordinário"(ou seja, ao bispo da diocese) e por fim ao rei através do Desembargo do Paço. Em cada caso o livro andava para trás e para diante, do autor para os censores e destes para o autor, se haviam alterações a serem feitas. A edição final exibia a autorização das três entidades, podendo distar meses e até anos da primitiva data de apresentação"* (2002, 137).

A fórmula adoptada pelos censores proibia todos os livros ou partes deles que atentassem contra a "santa fé e os costumes". E o rigor da censura variava conforme a obra estava contida no rol geral, vindo de Roma, ou apenas fazia parte do *Índex* português. Foram muitos os autores que viram os seus livros proibidos, desde que D. João III se lembrou de empossar, em 1539, o seu irmão mais novo, o cardeal D. Henrique, nas funções de inquisidor-geral do Tribunal do Santo Ofício, por serem considerados atentatórios contra a "santa fé e os costumes". *"Obras de Damião de Góis, autos de Gil Vicente, a 2.ª edição de Os Lusíadas, de Luís de Camões, a Peregrinação, de Fernão Mendes Pinto, O Diálogo do Soldado Prático, de Diogo do Couto, e o Esmeraldo de Situ Orbis, de Darte Pacheco Pereira, estão entre os muitos que conheceram a beatitude dos índices expurgatórios"* (Brandão, 2003, 1-15). E foram vários os escritores que estiveram nos calabouços das prisões por causa dos seus escritos serem considerados nefastos e atentarem contra o regime, o poder e os costumes das elites governantes: Damião de Góis, Luís de Camões, Francisco Manuel de Melo, Padre António Vieira, António José da Silva, Correia Garção, José Anastácio da Cunha, Tomás António Gonzaga, Marquesa de Alorna, Barbosa du Bocage, Almeida Garrett, Camilo Castelo Branco, são nomes que constam da lista apresentada no trabalho de José Amaro Dionísio na "Grande Reportagem", em Julho de 1993, sob o título *"Escritores na Prisão"*.

Porém, não foi só através da censura e das perseguições levadas a cabo pela Inquisição que a "santa aliança" entre o poder régio e o poder religioso cerceou os direitos e as liberdades fundamentais do homem. Foi também através da permanência de um regime político absolutista, umas vezes aristocrático, outras vezes oligárquico, que assentava no princípio do poder divino dos reis, favorecia as elites privilegiadas sem grandes preocupações com as classes desfavorecidas e praticava e/ou permitia que se praticasse a escravatura e o tráfico de escravos, pelo menos até 1761, a primeira, e até 1842, o segundo. Aliás, o tráfico de escravos ganhou tamanha dimensão e tão grandes proporções, que, por volta de 1806, a totalidade dos escravos perfazia mais de metade da população da ainda colónia portuguesa no continente sul americano (o Brasil), conforme foi sublinhado por Almeida Garrett: "*Supõe-se, pela combinação de todos os cômputos feitos até 1806, que nesse ano a população do Brasil não excedia de 800.000 negros e mulatos forros, 1.500.000 escravos, 8 a 990.000 indígenas aldeados, total 3.100.000; sendo apenas a quinta ou a sexta parte brancos*" (1830, 59).

Um Estado que pratica ou permite a prática da escravatura, que tolera o tráfico de escravos, que discrimina os seus nacionais com base no estado social em que cada um se integra, e que institui e mantém em funcionamento uma máquina destinada a perseguir e a castigar os hereges, os relapsos e os homens cultos e de espírito livre que denunciam a prepotência dos poderosos e os métodos por estes utilizados para se preservarem no poder e usufruírem das regalias e das benesses que este lhes proporciona, não pode inscrever-se no grupo de Estados abertos à consagração e salvaguarda dos direitos humanos.

Logo, parece-nos não ser possível falar-se em direitos do homem e da cidadania em Portugal no longo período que vai da sua fundação até à revolução liberal do primeiro quartel do século XIX.

2. Da revolução liberal à II República

Enquanto os efeitos da Revolução Francesa se faziam sentir por quase toda a Europa continental e os princípios da liberdade, da igualdade e da fraternidade galvanizavam os povos (ou os seus representantes) a pugnarem pela consagração e salvaguarda dos direitos enunciados na Declaração dos Direitos do Homem e do Cidadão, de 26 de Agosto de 1789, em Portugal continuava a vigorar o regime absoluto, no qual "os reis, embora limitados em consciência pela Religião, pela Moral, e ainda sujeitos a observar a constituição natural do Reino (isto é, a necessidade de respeitar o equilíbrio de facto de certas forças espirituais e sociais), consideravam-se desprendidos de limitações jurídicas provenientes de qualquer poder" (Caetano, 1971, 11), exercendo o poder supremo, já que lhe pertencia a última decisão em todos os assuntos do governo e da administração e as leis traduziam a expressão da sua vontade. E só em 1820 soaram as trombetas da liberdade neste canto ocidental da Europa, sob o impulso das ideias da revolução liberal, que vão orientar o exercício do poder durante a Monarquia Constitucional e a I República Portuguesa, salvo algumas interrupções de curta duração, tais como: a instauração do absolutismo por D. Miguel, em 3 de Junho de 1823, na sequência da revolta de fins de Maio desse ano que ficou conhecida por *Vilafrancada*, e a sua restauração em Maio de 1828, depois do regresso da Áustria onde esteve exilado desde 13 de Maio de 1824; e a ditadura de Costa Cabral – a Cabralada – de 10 de Fevereiro de 1842 a Maio de 1846.

A vigência do liberalismo, como ideologia orientadora do poder político em Portugal, reparte-se por três períodos distintos: período de instauração da Monarquia Constitucional, que vai da Revolução de 1820 ao Golpe de Estado de 1842; período de consolidação e estabilidade da Monarquia Constitucional, que vai de 1842 a 1910, data da implantação da I República em Portugal; e período de vigência da I República, que vai de 5 de Outubro de 1910 a 28 de Maio de 1926, data em que se consumou o Golpe de Estado, que instaurou uma ditadura militar e criou condições para a transformação desta numa ditadura legal, com a aprovação e entrada em vigor da Constituição de 1933; ditadura essa que se manteve até 25 de Abril de 1974 sob os auspícios de uma concepção fascista do mundo e da vida.

2.1. *Período da Instauração da Monarquia Constitucional (Da Revolução de 1820 ao Golpe de Estado de 1842)*

A transferência da Corte para o Brasil – Rio de Janeiro – em 27 de Novembro de 1807, na sequência da primeira invasão napoleónica, e a nomeação de um Conselho de Regência com escassa autoridade perante os estrangeiros (ingleses), que, liderados por Beresford, não deixavam respirar a opinião pública nem permitiam ao espírito nacional que se desenvolvesse e manifestasse os seus verdadeiros sentimentos, geraram uma situação de descontentamento e de desagrado. Situação essa que Almeida Garrett caracterizou do seguinte modo: *"Porque reduzido a colónia de suas colónias, governado por um despotismo delegado (o pior e mais insuportável de todos os despotismos), corrupto e impotente; Portugal – sem comércio porque lho tolhera e arruinara o gabinete do Rio; sem indústria, porque lha impeciam; sem agricultura, porque lha vedavam; sem administração, porque não é administração o peculato disfarçado e público, o roubo e a venalidade patente – descera ao mais abjecto, mais vilipendioso estado, a que já mais se viu baixar nação sem haver perdido a sua independência; conquanto pouca era a independência de um Estado na máxima parte governado por estrangeiros delegados de um chefe ausente"* (1830, 66).

De facto, a ausência de D. João VI, que continuou no Brasil depois de derrotados os exércitos de Napoleão, recusando-se a partilhar com os súbditos a reconstrução material e moral do Reino, a opressão exercida pelos exércitos estrangeiros libertadores que, sob as ordens de Beresford, espoliavam despoticamente Portugal, e o triunfo da revolução em Espanha, nos começos de 1820, impondo a Fernando VII o restabelecimento da Constituição de Cádis, foram factores determinantes para o triunfo da revolução liberal em Portugal.

Logo que chegou o ano de 1820, estala uma revolta em Espanha e, sem oposição e quase pacificamente, repõe em vigor a Constituição liberal aprovada em Cádis em 1812, convoca o Congresso e põe em funcionamento um governo representativo. A península Itálica e a Grécia seguiram-lhe o exemplo. E Portugal, abandonado por seu chefe e entregue à mercenária tirania de seus desprezíveis baxás, espoliado de avultadas quantias de dinheiro que, numa altura em que a nação se achava arruinada e empobrecida, eram enviadas anualmente para o Soberano e para os fidalgos que o acompanhavam, e inquietado por as autoridades britânicas preponderarem no governo, agarra-se aos ventos da liberdade que sopravam na parte meridional da Europa e, aproveitando a revolta que ia incubando no Porto, sob a orientação de Manuel Fernandes Tomás, desencadeia, em 24 de Agosto do mesmo ano, a revolução liberal com o principal objectivo de transformar os súbditos em cidadãos e de substituir os direitos majestáticos pela soberania nacional e o desterro do édito pela lei.

a) A Constituição de 1822

Da revolução de Agosto de 1820 saiu uma "Junta Provisional do Governo Supremo do Reino" que, em Dezembro desse mesmo ano, mandou proceder à eleição de deputados às Cortes Extraordinárias Constituintes convocadas para Lisboa, por sufrágio indirecto, masculino e censitário, conforme dispunha a Constituição Espanhola votada em Cádis em 1812, a qual estabelecia o seguinte processo: cada freguesia elegia um eleitor paroquial; os eleitores paroquiais de cada comarca elegiam, por sua vez, um certo número de eleitores de comarca; e estes, reunidos em cada província, elegiam os deputados que cabiam a cada uma delas. As Cortes assim formadas, iniciaram os seus trabalhos na última semana de Janeiro de 1821 e concluíram a elaboração do texto constitucional em 23 de Setembro de 1822, data em que foi assinada a Constituição, que entrou imediatamente em vigor, pois o seu futuro texto já havia sido jurado, pelo Príncipe D. Pedro em nome de D. João VI, em 26 de Fevereiro de 1821.

A Constituição de 1822 teve dois períodos de vigência: o primeiro, vai de 23 de Setembro de 1822 a 3 de Junho de 1823, data em que as Cortes foram dissolvidas pelo Rei; o segundo começa com a chamada revolução de Setembro que, por decreto de 10 de Setembro de 1936, repôs transitoriamente em vigor a Constituição de 1822 até que se elaborasse uma nova Constituição, a qual só veio aparecer em 4 de Abril de 1838.

Baseada na Constituição Espanhola de 1812, a Constituição de 1822 reflecte o pensamento liberal da época e consagra o princípio de que "a soberania reside essencialmente na nação", o princípio da "separação e equilíbrio de poderes", e o princípio da liberdade, da igualdade formal e do direito à segurança e à propriedade. Compreendendo 240 artigos repartidos por seis títulos, a Constituição define, como forma de Estado, uma União Real sob a designação de *Reino Unido de Portugal, Brasil e Algarves*, consubstancia um sistema de governo parlamentar de assembleia e estabelece um regime liberal democrata, que a evolução da conjuntura não deu tempo a que fossem postos em prática, e atribui grande relevância aos direitos e deveres individuais, dedicando-lhe o Título I, que, na óptica de alguns autores, constitui uma autêntica declaração dos direitos e deveres dos Portugueses.

O Título I da Constituição de 1822 enumera, como direitos fundamentais, a liberdade, a segurança pessoal e a propriedade, sem fazer outra menção à igualdade senão a de que "a lei é igual para todos". Define curiosamente a liberdade nos seguintes termos: "não serem obrigados a fazer

o que a lei não manda nem deixar de fazer o que a lei não proíbe" (art. 2.º);
e a liberdade de expressão é explicitada no art. 7.º do seguinte modo:
"A livre comunicação dos pensamentos é um dos mais preciosos direitos
do homem. Todo o português pode conseguintemente, sem dependência da
censura prévia, manifestar as suas opiniões em qualquer matéria (...)".
Quanto à segurança das pessoas, dispõe o seguinte: "Ninguém deve ser
preso sem culpa formada" (art. 4.º); "Fica abolida a tortura, a confiscação
de bens, a infâmia, os açoites, o baraço e o pregão, a marca de ferro
quente, e todas as mais penas cruéis e infames" (art. 11.º). Considera o direito à propriedade como "um direito sagrado e inviolável (art. 6.º). Por
sua vez, os deveres são estabelecidos no art. 19.º, que reza o seguinte:
"Todo o português deve ser justo. Os seus principais deveres são: venerar
a religião; amar a pátria; defendê-la pelas armas quando for chamado pela
lei; obedecer à Constituição e às leis; respeitar as autoridades públicas; e
contribuir para as despesas do Estado".

Embora contemplasse de modo geral os direitos de liberdade proclamados pelo liberalismo internacional, a Constituição de 1822 negava a liberdade religiosa, pois, o art. 2.º estabelecia que "a religião da Nação portuguesa
é católica, apostólica, romana", e condicionava a liberdade de imprensa, uma
vez que o art. 8.º ressalvava a censura eclesiástica em matéria de dogma
moral que os bispos continuariam a exercer com o auxilio do governo.

A Constituição de 1822, consagrando sem sofismas a doutrina da soberania nacional e o princípio das liberdades individuais, e, como se tem
dito, cercando o trono de instituições republicanas, é profundamente inovadora e integra-se no movimento constitucional europeu, iniciado com a
Revolução Francesa.

b) A Carta Constitucional de 1826

O movimento liberal europeu preocupava as grandes potências europeias, que se reuniram no Congresso de Viena, em 1815, com o objectivo
de restaurar as dinastias reinantes na Europa antes da Revolução Francesa
de 1789. Ali se decidiu que seria legítimo a cada monarca reaver os territórios que houvesse perdido depois de estalar o surto revolucionário.

Para defesa e apoio ao sistema definido no Congresso de Viena – sistema de Metternich – foi assinado, em 26 de Setembro de 1815, o Tratado
da Santa Aliança pelos imperadores da Áustria e da Rússia e pelo rei da
Prússia, invocando a sua fraternidade e a protecção da comunidade cristã.

A Santa Aliança definiu uma fronteira ideológica baseada na fraternidade dos soberanos que diziam considera-se como compatriotas e que se prestariam, em todos os momentos e lugares, assistência e ajuda. Para assegurar o dirigismo absoluto foi estabelecido um sistema de alianças, a que se chamou "*Concerto Europeu*".

Os objectivos do Concerto Europeu foram conseguidos através de uma série de congressos que se realizaram entre 1818 e 1822, em Aix-la-Chapelle, Troppau, Laibach e Verona.

No Congresso de Verona, realizado em Novembro de 1822, os membros da Santa Aliança confiaram ao delegado francês os seus planos de intervenção em Espanha. Para executar esses planos, o duque de Angoulême foi nomeado comandante-chefe, tendo sob suas ordens numerosos antigos generais de Napoleão. E, em Abril de 1823, um exército francês, comandado pelo próprio duque de Angoulême, entrou em Espanha e chegou a Madrid sem dificuldade, restaurando a plenitude da autoridade de Fernando VII, o qual dissolveu as Cortes e revogou a Constituição.

Animados por estes acontecimentos, os adversários da Constituição portuguesa promoveram, em fins de Maio desse ano, a revolta que ficou conhecida por Vilafrancada, sob a chefia do Infante D. Miguel e inspiração da rainha Carlota Joaquina, que conduziu à revogação da Constituição de 1822 e à restauração do regime absoluto, embora com a promessa formal de se preparar uma nova Constituição mais de acordo com as tradições nacionais. Pouco depois, em 19 de Junho de 1823, foi nomeada uma "Junta *Preparatória*", presidida pelo então conde de Palmela, para elaborar o projecto de uma "Carta Constitucional". A Junta redigiu efectivamente o seu projecto, mas não foi possível pô-lo em vigor devido aos progressos do absolutismo em Espanha e à reacção da Santa Aliança.

Entretanto morre o Rei e põe-se, imprevistamente, o problema da sucessão de D. João VI. D. Miguel encontrava-se no exílio em Viena de Áustria, centro da reacção antiliberal na Europa; e D. Pedro, o herdeiro natural do trono, vivia no Brasil, onde se proclamara Imperador em 1822. Porém, poucos dias antes de morrer, D. João VI nomeou um governo provisório (Conselho de Regência), em 6 de Março de 1826, para reger durante a sua impossibilidade e por sua morte se imediatamente se seguisse. E o Conselho de Regência, presidido pela Infanta D. Isabel Maria, reconheceu D. Pedro como legítimo herdeiro da Coroa. A sua mãe e o seu irmão reconheceram-no e juraram-lhe obediência como sendo o seu legítimo soberano; e os soberanos das outras nações da Europa reconheceram também o novo monarca.

Mas em Portugal pôs-se logo a questão da legitimidade de D. Pedro, sendo numerosas as pessoas e uma grande parte do Exército que entendiam pertencer a Coroa de direito, a seu irmão D. Miguel. E no Brasil a opinião dos conselheiros inclinou-se no sentido da inconveniência da união pessoal dos dois reinos. Por isso, o Imperador procurou uma solução política hábil, e, para dar satisfação aos anseios liberais, deliberou outorgar, no pleno exercício da suas prerrogativas régias, uma Constituição à Monarquia Portuguesa (29 de Abril de 1826), e mandou proceder à eleição de deputados (30 de Abril); seguidamente (2 de Maio) abdicou dos seus direitos ao trono português em sua filha D. Maria da Glória, sob a condição de ela casar, com o tio D. Miguel e de ser posta em vigor a Carta Constitucional.

Assim, a intervenção das potências da Santa Aliança nos assuntos internos em Espanha, em Abril de 1823; a revolta, em fins de Maio de 1823, em Vila Franca, dos adversários da Constituição de 1822; e a impossibilidade de D. Pedro suceder a D. João VI, após a morte deste em 10 de Março de 1826, em virtude de ser considerado estrangeiro em Portugal, por ter aceite e assumido a coroa imperial do Brasil, embora D. João VI o considerasse "Príncipe Real de Portugal e dos Algarves"; criaram condições favoráveis à elaboração e entrada em vigor da Carta Constitucional.

Com efeito, tendo por principal fonte a Constituição que, em 25 de Março de 1824, D. Pedro outorgara ao Brasil, a Carta Constitucional da Monarquia Portuguesa foi elaborada no espaço de tempo que medeia a chegada ao Rio de Janeiro da notícia de aclamação de D. Pedro (24 de Abril de 1826) e a data da deliberação da sua outorga (29 de Abril de 1826), tendo entrado em vigor em 2 de Junho de 1826, data em que chegou a Lisboa trazida do Brasil pelo embaixador britânico Lord Stuart.

Tanto a Constituição Brasileira de 1824 como a Carta Constitucional inspiraram-se nas ideias de Benjamim Constant, que as havia expressado a 1814 no seu "Esquisse de Constitution", e a quem se deve a concepção do poder *moderador* que devia ser acrescentado aos três poderes enumerados por Montesquieu: *legislativo, executivo e judicial*.

Por isso a Carta Constitucional, que compreendia 145 artigos repartidos por 8 títulos, reconhece os quatro poderes acima mencionados: o legislativo, o executivo, o judicial e o moderador. Atribui o poder legislativo às Cortes, compostas por duas câmaras – Câmara dos Deputados e Câmara dos Pares –; o poder executivo aos ministros do Estado, sob a chefia do Rei; o poder judicial aos juízes e jurados; e o poder moderador ao Rei como chefe supremo da Nação, para incessantemente velar pela manutenção da independência e pelo equilíbrio e harmonia dos demais poderes políticos.

A Carta Constitucional restitui ao Rei uma boa parte do poder que a Constituição lhe havia retirado. Além disso, introduziu o elemento aristocrático para modificar e moderar a força democrática e amparar e moderar o princípio monárquico.

Instituiu, assim, um *sistema de monarquia limitada,* embora a prática constitucional o começasse a desenhar no sentido do *sistema parlamentar*; e definiu um regime político *semi-democrático*, já porque os membros da Câmara dos Deputados eram eleitos por sufrágio censitário e a Câmara do Pares era de feição aristocrática, composta de membros vitalícios e hereditários, de nomeação régia, e sem número fixo, já porque o Rei dispunha do direito de *veto definitivo* sobre as leis votadas nas duas Câmaras, podendo pura e simplesmente recusar apor-lhe a sanção real, e do poder de designar os pares, de nomear e demitir livremente os ministros e de suspender os juízes, ouvido o Conselho de Estado que era formado por conselheiros vitalícios por si escolhidos e nomeados.

A Carta Constitucional vigorou durante 72 anos 6 meses e 20 dias, em três períodos distintos: – O primeiro entre 2 de Julho de 1826 e 3 de Maio de 1828, data em que D. Miguel convocou os três estados do reino, que o aclamaram rei e decretaram nula a Carta Constitucional.

– O segundo inicia-se a 15 de Agosto de 1834, data em que foi reposta em vigor, na sequência da vitória dos liberais e da saída do país de D. Miguel, e termina em 10 de Setembro de 1836, data em que triunfou a *"revolução setembrista"*, cujo governo (Passos Manuel, Sá da Bandeira e Padre Vieira de Castro) decretou em vigor a Constituição de 1822.

– O terceiro começa com o Golpe de Estado de Costa Cabral, que repôs novamente em vigor a Carta, a partir de 10 de Fevereiro de 1842, e só termina com a implantação da República, em 5 de Outubro de 1910.

No decorrer deste último período da sua vigência, a Carta Constitucional sofreu três revisões profundas, em 1851/52, em 1885 e em 1895/96, através de *Actos Adicionais.*

O *Acto Adicional* de 5 de Junho de 1852, que resultou do entendimento entre *Setembristas* e *Cartistas* contra o governo de Costa Cabral, preceitua, como alterações mais relevantes, a eleição directa dos deputados, o alargamento do sufrágio, embora permaneça censitário, e a abolição da pena de morte para os crimes políticos. O seu relator e defensor foi *Almeida Garrett.*

O *Acto Adicional* de 24 de Julho de 1885, cujo relator foi *Pinheiro Chagas,* preconiza a ideia de que os membros da Câmara dos Pares representam a Nação e não o Rei. E, por isso, suprimiu a hereditariedade do pariato e estabeleceu em 100 o número de Pares vitalícios, de nomeação régia, e em 50 o número de Pares eleitos, por 6 anos, em sufrágio indirecto de entre determinadas categorias, reduziu a duração de cada legislatura de 4 para 3 anos, restringiu o poder moderador do Rei e consagrou o direito de petição e de reunião.

O *Acto Adicional* de 3 de Abril de 1896, de autoria de *João Franco*, apresenta características regressivas em relação aos Actos Adicionais anteriores, pois as alterações mais importantes traduziram-se em revogar as inovações do Acto de 1885, suprimindo os Pares electivos e reforçando o poder moderador do Rei, que passou a dispor de competência para dissolver a Câmara dos Deputados e convocar os colégios eleitorais sem restrições.

Em matéria de direitos humanos, a Carta Constitucional reserva o último artigo (art. 145.º) à consagração dos direitos individuais, sem fazer qualquer referência aos deveres. Neste artigo, ao longo de 34 parágrafos, são enumerados os direitos de liberdade, de segurança individual e de propriedade, e alguns direitos sociais, como a garantia de socorros públicos (29.º), a instrução primária gratuita (30.º) e a garantia da existência de colégios e universidades para o ensino das ciências, belas-artes e letras (32.º).

c) A Constituição de 1838

A revolução de Julho de 1830 em França originou uma corrente de opinião favorável a um liberalismo mais puro definido pelo reconhecimento da soberania popular, estando o povo representado em assembleia nacional com poderes constituintes.

Esta corrente de opinião teve efeitos políticos em Portugal, de tal modo que o governo do duque de Palmela, durante a segunda vigência da Carta Constitucional, foi sistematicamente obstruído pela oposição chefiada por Manuel da Silva Passos, acabando por obter da rainha a dissolução da Câmara dos Deputados em Julho de 1836. E, em Setembro, a revolução derrubou o governo e a oposição tomou o poder, aboliu a Carta e, por Decreto de 10 de Setembro de 1836, declarou em vigor a Constituição de 1822, e convocou as Cortes Gerais com poderes para introduzirem no texto constitucional as modificações que entendessem convenientes.

Os Cartistas reagiram fortemente à reposição em vigor da Constituição, defendendo que a Carta valia sobretudo por ter simbolizado durante a guerra civil os ideais de liberdade, e lembrando que não era possível fazer apenas uma mera revisão da Constituição de 1822, mas que devia atender-

-se também a muitos preceitos da Carta. E daí que o Decreto de 6 de Novembro de 1836 tenha dado nova redacção aos poderes dos deputados para introduzirem "na Constituição de 1822 e na Carta Constitucional de 1826 as alterações que julgarem necessárias, a fim de estabelecerem uma Lei Fundamental que assegure a liberdade legal da Nação, as prerrogativas do Trono constitucional e que esteja em harmonia com as monarquias constitucionais da Europa".

Tendo por base esta orientação, as Cortes Gerais Constituintes iniciaram os seus trabalhos em Janeiro de 1837 e concluíram o novo texto constitucional em 20 de Março de 1838. E em 4 de Abril a Constituição foi jurada por D. Maria II, vigorando até 10 de Fevereiro de 1842.

Baseada na Constituição de 1822, na Carta Constitucional de 1826, na Constituição Belga de 1831 e na Constituição Espanhola de 1837, a Constituição de 1838 apresenta uma estrutura-orgânica que fica a meio termo entre a da Constituição de 1822 e a da Carta Constitucional.

Compreendendo 139 artigos, mais um transitório, repartidos por 11 títulos, a Constituição de 1838 respeita o princípio clássico da separação tripartida dos poderes: legislativo, executivo e judicial.

O *poder legislativo* competia às Cortes, formadas pela Câmara dos Senadores e pela Câmara do Deputados, as duas eleitas por sufrágio directo e restrito, censitário. No entanto, só podia ser eleito senador quem pertencesse às categorias de notabilidades enumeradas no art. 77.°,* enquanto para poder candidatar-se a deputado era preciso dispor-se de uma renda anual de 400$000 reis (art. 74.°). As leis deviam ser aprovadas pelas duas Câmaras.

O *poder executivo* pertencia ao Rei e era exercido pelos ministros que livremente nomeava e demitia, sendo os actos do Rei referendados pelos ministros ficando por eles responsáveis.

O *poder judicial* era atribuído aos juízes e jurados.

Ao Rei, como Chefe de Estado, atribuia-lhe a Constituição o direito de sanção das leis com veto absoluto e a competência de dissolver a Câmara dos Deputados quando assim o exigisse a salvação do Estado (art. 81.°).

A Constituição de 1838 instituiu uma *monarquia constitucional limitada de feição aristocrática*, embora definisse um *regime de democra-*

---

* "Só podiam pertencer à Câmara de Senadores proprietários e burgueses ricos, arcebispos e bispos, conselheiros do Supremo Tribunal de Justiça, alguns lentes da Universidade e das Escolas Politécnicas, oficiais do Exército e da Marinha de elevada patente, e embaixadores e ministros plenipotenciários" (Oliveira Marques, 1977, 66).

cia representativa, tendo em conta o carácter electivo dos membros das duas câmaras parlamentares, mas as Cortes não passavam de «um parlamento em cujo pessoal figuraria o escol da burocracia, da riqueza e das forças armadas» (Caetano, 1971, 54).

No que concerne aos direitos do homem, a Constituição dedica-lhes o Título III, enumerando os direitos e garantias já consagrados na Constituição de 1822 e na Carta Constitucional de 1826.

2.2. Período de Consolidação e Estabilidade da Monarquia Constitucional (1842 a 1910)

O período da consolidação e da estabilidade da Monarquia Constitucional corresponde à terceira vigência da Carta Constitucional, que se inicia com o Golpe de Estado de Costa Cabral, em 10 de Fevereiro de 1842, e termina com a revolução de 5 de Outubro de 1910, a qual derrubou a monarquia e proclamou a Primeira República Portuguesa.

Este longo período da terceira vigência da Carta divide-se, por sua vez, em três fases distintas: a primeira (até 1851) caracteriza-se pela luta bipartidária, pois o grupo partidário na oposição procurava desalojar revolucionariamente o que se encontrava no poder, cujo resultado se traduziu numa série de lutas intestinas, revoltas e Golpes de Estado; a segunda (1851-1891) é a fase do rotativismo dos partidos – *rotativismo monárquico* – que consistiu em partilhar o poder por dois partidos em sucessão alternada, conforme os acordos dos dirigentes e o favor do titular da Coroa; a terceira (1891-1910) é marcada pela desagregação partidária, devido à forte agitação popular instigada pelo Partido Republicano em virtude do descontentamento suscitado pelo "Ultimatum inglês" (1890), e caracteriza-se pela cisão dos grandes partidos, pela formação de uma pluralidade de grupos parlamentares e pelo apelo à formação de governos extrapartidários em ocasiões de crise.

Na fase que decorre entre 1842 e 1851, a luta pelo poder trava-se essencialmente entre Cartistas (Partido Conservador) e Setembristas (Partido Democrata). A ala moderada dos Cartistas fundiu-se com alguns democratas, dando origem, após a Convenção de Gramido de 30 de Junho de 1837, ao Partido Regenerador, cuja chefia era exercida por Fontes Pereira de Melo até à sua morte, em 1887. Por sua vez, os Setembristas passaram a constituir, depois de 1842, o Partido Progressista, que reivindicava a eleição directa de todos os membros da Corte, combatia a existência de uma Câmara aristocrática e pugnava pela descentralização administrativa.

A fase do "rotativismo monárquico" (alternância bipartidária) inicia-se com a revolta militar que levou o duque de Saldanha ao poder em 1851. Durante quase 40 anos, conservadores e democratas revezam-se no poder, sob as designações de Regeneradores e Históricos, primeiro, e de Regeneradores e Progressistas, depois, repartindo entre si a governação do país.

No seio dos conservadores, e com apoio de outras forças políticas, gerou-se um movimento de regeneração nacional que deu origem ao *Partido Regenerador*. Este partido, mantendo-se fiel à Carta Constitucional e leal à Coroa, e sendo defensor do liberalismo moderado, foi de todos os partidos o que esteve mais tempo no poder, embora nunca dispusesse de um programa escrito até Janeiro de 1910, alguns meses antes da sua autodissolução.

No campo dos democratas, a evolução dos acontecimentos fez mudar a sua designação de Setembristas para *Progressistas* (1842) e posteriormente para *Progressistas – Históricos* ou apenas *Históricos* (1851), depois de uma parte do progressismo se unir aos regeneradores. No interior dos Históricos ocorreu entretanto uma dissidência, dando origem ao *Partido Reformista* de Sá da Bandeira (1862), que pugnava pela reforma da Carta. Mas passados alguns anos, Reformistas e Históricos fundiram-se no novo *Partido Progressista* (1876), um autêntico partido com programa e estrutura bem definida.

Alternância no Poder de Conservadores e Democratas na fase do Rotativismo Partidário (1851-1891)

ANOS	CHEFES DE GOVERNO	PARTIDOS
1851-1856	Saldanha	Regenerador
1856-1859	Loulé	Histórico
1859-1860	………	Regenerador
1860-1865	Sá da Bandeira	Histórico
1865-1868	J. A. Aguiar	Coligação Reg.+Hist.
1868-…	Ávila	Reformista
1869-1870	………	Histórico
1870-1877	………	Regenerador
1877-1878	Ávila	Progressista
1878.1879	………	Regenerador
1879-1880	Braamcamp	Progressista
1880-1886	………	Regenerador
1886-1890	………	Progressista
1891-1892	………	Regenerador
1892-….	Dias Ferreira	Extrapartido
1893-1897	Hintze-Franco	Regenerador
1897-1900	………	Progressista

A fase da desagregação partidária (1891-1910) foi originada pelas exigências do "Ultimatum inglês" que provocaram uma forte reacção dos Republicanos, instigando à revolta da opinião pública que muito contribuiu para acentuar as querelas pessoais no interior dos partidos monárquicos e para desacreditar o regime. Aliás, a pressão dos Republicanos tornou impossível a continuação do sistema rotativo e provocou uma acentuada instabilidade governamental. E daí que aparecessem dissidências e, por conseguinte, novos partidos. Primeiro foi a cisão provocada por João Franco, no Partido Regenerador (1901), que originou o *Partido Regenerador – Liberal*. Depois foi o Partido Progressista a cindir-se (1905), criando-se o *Partido Progressista – Dissidente* sob a chefia de José Alpoim. Estas, cisões foram o prenúncio da morte da Monarquia Constitucional, para a qual contribuiu a ditadura de João Franco instaurada em 1906.

O sistema partidário da Monarquia Constitucional apresenta algumas características que derivam do modo como estava estruturado o Aparelho do Poder e das competências da cada um dos órgãos superiores do Estado. Com efeito, o Rei tinha a faculdade de dissolver o Parlamento sempre que o governo o julgasse conveniente; e, em vez de escolher o chefe de governo com base nos resultados eleitorais, dissolvia a Câmara dos Deputados para que o governo dispusesse de uma maioria parlamentar na Câmara a seguir eleita. Era, por conseguinte, o governo que decidia sobre as eleições, que as preparava e que normalmente as ganhava, graças a uma rede de autoridade locais (caciques) de que dispunha. Pelo facto de o poder emanar da Coroa, bastava aos partidos políticos disporem de clientelas arregimentadas pelos caciques locais sempre ciosos por ocuparem cargos públicos. Por isso, durante quase todo o século XIX, os partidos políticos não passavam de "grupos de elites" mais ou menos ramificados, dispondo de clientelas variáveis conforme as circunstâncias e as oportunidades de momento. E só nos finais do século é que esses grupos se começaram a implantar localmente de forma organizada, se estruturaram e passaram a dispor de uma rede de órgãos diferentes dos antigos comités eleitorais. Tornaram-se, portanto, verdadeiros partidos políticos, resultantes da evolução do sistema político–partidário, desde a instauração do regime liberal – democrático. Os partidos Regenerador e Regenerador – Liberal foram os herdeiros do Grupo Conservador sempre fiel à Carta Constitucional, enquanto os partidos Progressista, Progressista – Dissidente, Republicano e Socialista resultaram da ramificação das ideias prosseguidas pelo Grupo dos Democratas.

Por outro lado, o sistema eleitoral da Monarquia Constitucional estava organizado de forma a preservar no poder as classes aristocrática e burguesa e a manter um parlamento burguês, dadas as exigências que as leis eleitorais – 15 leis em 90 anos – estabeleciam para se obter a capacidade eleitoral activa (100$000 reis de renda) e capacidade eleitoral passiva (400$000 reis de renda). De resto, *"as eleições* eram a maior parte das vezes plebiscitos nacionais, pois através delas perguntava-se ao eleitorado se aprovava, ou não, a equipa governativa que exercia o poder. E o povo eleitor, que no início do século XX não atingia os 600.000 cidadãos, em virtude da capacidade eleitoral assentar numa base censitária, à qual se acrescentou em 1878 a base capacitária (saber ler e escrever), não decidia autonomamente o sentido do seu voto, pois votava em quem o mandavam e, muitas vezes, em quem pagava mais pelos seus votos"* (Fernandes, 1991, 65).

Em virtude das exigências censitárias e capacitárias estabelecidas para se adquirir o direito eleitoral activo, o corpo eleitoral foi sempre muito restrito, variando em função das alterações introduzidas por cada lei eleitoral. Assim, *"em 1864 estavam recenseados cerca de 350.000 eleitores, número que veio aumentando até à década de 1890. As consequências da lei eleitoral de 1878** viram-se na quase duplicação do número de eleitores num período de cinco anos (455.000 em 1875, 845.000 em 1880). Em 1890 contavam-se 951.000 votantes. As restrições conservadoras das leis eleitorais de 1895 e 1901 fizeram baixar a quase metade o corpo votante (598.000 em 1901). O aumento demográfico e a intensidade da propaganda republicana contribuíram, depois, par elevar um pouco aquele número, que era de quase 700.000 eleitores à data da proclamação da República"* (Marques, 1977, 73/74). Na realidade, se tivermos em conta que cerca de 30 por cento da população teria menos de 25 anos, o número de eleitores representava apenas 13, 1% da população de maior idade eleitoral em 1864, 15, 6% em 1875, e 17, 0% em 1900. E, se consideramos que era igual o número de homens e de mulheres com mais de 25 anos, a per-

---

* Desde 1834 até à implantação da Republica (1910) realizaram-se 43 eleições legislativas, durando cada legislatura cerca de 20 meses, em média, muito menos do que a duração dos governos.

** A lei eleitoral de 8 de Maio de 1878, da responsabilidade de Fontes Pereira de Melo, alargou consideravelmente o corpo eleitoral, em virtude de conceder o direito de voto a todos aqueles que soubessem ler e escrever ou que, sendo analfabetos, possuíssem um mínimo de 100$000 reis de rendimento ou fossem simplesmente chefes de família, e de baixar a idade eleitoral activa de 25 par 21 anos.

centagem de eleitores em relação aos homens era de 26, 1% em 1864, de 31, 3% em 1875, e de 34, 1% em 1900.

Estas restrições à participação directa e indirecta na gestão dos assuntos públicos, ou seja, estas limitações ao exercício dos direitos políticos evidenciam claramente que não bastava que as Constituições e a Carta Constitucional enunciassem um conjunto de direitos individuais (pessoais, civis e políticos), sob a égide das ideias liberais de liberdade e igualdade, para que eles fossem por todos efectivamente exercitados e respeitados.

A ideia de que "todos os homens nascem livres e iguais" e de que "todos são iguais perante a lei", tão cara ao individualismo liberal, não foi legalmente consagrada pela Monarquia Constitucional Portuguesa. De facto, se atentarmos nas leis eleitorais publicadas entre 1820 e 1910, verificamos que são leis discriminatórias e que não respeitam os princípios da igualdade e da liberdade. Discriminatórias porque atribuem direitos políticos apenas a uma parcela dos indivíduos maiores de 25 ou 21 anos de idade e só aos homens (discriminação censitária e sexual). Logo, negação do princípio de igualdade. E também negação do princípio da liberdade, na medida em que à grande maioria do povo em idade eleitoral activa não lhe era concedido o direito (a liberdade) de escolher os seus representantes no órgão legislativo da Nação.

Por outro lado, e não obstante as Leis Fundamentais consagrarem a liberdade de expressão e de imprensa, foram estabelecidas reservas e restrições ao exercício dessas liberdades. Com efeito, a Constituição de 1822 declarava que a livre comunicação dos pensamentos era "um dos mais preciosos direitos do homem" e que todo o português podia, "sem dependência de censura prévia, manifestar as suas opiniões em qualquer matéria, contanto que haja de responder pelo abuso desta liberdade nos casos e pela forma que a lei determinar" (art. 7.°); mas no seu art. 8.° ressalvava da liberdade de imprensa a censura eclesiástica em matéria de dogma e moral que os bispos continuariam a exercer com o auxílio do governo.

A restauração do absolutismo terminou com este primeiro período de relativa liberdade de imprensa, pois "o Decreto de 1823 criou, para Lisboa, uma comissão de cinco membros, com o objectivo de censurar os periódicos, anúncios, proclamações e todos os folhetos que tiverem até três folhas de papel de impressão, e, para as demais terras onde existissem tipografias, comissões de três membros com a mesma finalidade; e o Decreto de 6 de Março de 1824 restaurou o sistema do Antigo Regime, embora a extinção da Inquisição reduzisse a duas as censuras obrigatórias"(Marques, 2002, 141). E, apesar da Carta Constitucional restaurar, em teoria, a liberdade de imprensa, a legislação que se lhe seguiu manteve, na prática, uma efectiva censura. Entretanto, a lei de 22 de Dezembro de 1834 estabeleceu novamente a liberdade de imprensa. Todavia, essa lei foi muitas vezes contornada e mesmo desrespeitada, ora através de processos movidos por abuso de liberdade de imprensa, ora recorrendo à interdição de alguns ou mesmo de todos os periódicos durante algum tempo, ao abrigo de leis de suspensão de garantias, ora utilizando meios mais drásticos, como assaltos a tipografias, livrarias e editoras, confiscação do papel e destruição de máquinas e de caracteres.

No longo período de vigência da Monarquia Constitucional, "os três momentos mais gravosos para a imprensa liberal corresponderam a períodos de revoluções e de guerra civil: em Agosto e Setembro de 1840 foram suspensos todos os periódicos particulares de carácter noticioso e político; de Fevereiro a Maio de 1844 aconteceu outro tanto; por fim, durante a Patuleia, os jornais estiveram oficialmente suspensos de Outubro de 1846 a Julho de 1847" (Marques, 2002, 143).

2.3. *Período de Vigência da I República (1910-1926): A Constituição de 1911*

O descontentamento popular face ao "Ultimatum inglês", instigado e aproveitado pelos Republicanos, os desentendimentos nos partidos monárquicos e as consequentes agitações e perturbações do sistema monárquico–constitucional criaram condições favoráveis à afirmação do republicanismo e à implantação da República.

Embora uma certa concepção republicana do mundo e da vida possa remontar a 1820, "foi só nos meados do século XIX que o Republicanismo surgiu como doutrina claramente expressa e com repercussão popular" (Marques, 1975, 65). No entanto, como força política, o Republicanismo foi sempre marginalizado pelos dois grandes partidos do rotativismo monárquico até 1893, data em que se aliou aos Progressistas contra os Regeneradores Hintze Ribeiro e João Franco.

A acção republicana fez-se sentir, pela primeira vez, na revolta de 31 de Janeiro de 1891, como forma de protesto contra a inércia do Governo face ao "Ultimatum" da Inglaterra, que humilhara os Portugueses. A partir dessa altura, o Republicanismo incrementou a sua propaganda política e soube aproveitar-se das contradições surgidas no seio dos grandes partidos monárquicos, que tiveram por corolário a proliferação de grupos parlamentares e a ditadura de João Franco, a convite do Rei D. Carlos, em Maio de 1906.

Enquanto o enfraquecimento do parlamentarismo e a incapacidade monárquica se ia acentuando, os republicanos redobravam os seus ataques contra a Monarquia, a Igreja e os Jesuítas, os partidos monárquicos, a corrupção política e os grupos oligárquicos. Contudo em, 21 de Janeiro de 1908, fracassou a tentativa revolucionária republicana; mas, em 5 de Outubro de 1910, os republicanos conseguiram derrubar a Monarquia e proclamaram a Primeira Republica Portuguesa. Nesse mesmo dia foi nomeado um Governo provisório que concentraria todos os poderes até à elaboração da nova Constituição Política.

Presidido por Teófilo Braga, o Governo provisório publicou numerosos decretos com força da lei, através dos quais introduziu um conjunto de reformas consideradas necessárias para realizar a mudança da forma de Estado e cimentar as ideias subjacentes ao programa republicano, que consistiam essencialmente: na defesa do sufrágio universal e da eleição directa das assembleias legislativas; na instauração de um sistema de governo parlamentar de assembleia e no incremento da descentralização administrativa; no combate à influência do Clero na vida pública e na separação da Igreja e do Estado; na liberdade de consciência e prática religiosa, reconhecendo a igualdade de todos os cultos; e no desenvolvimento do cooperativismo.

Um dos decretos publicados pelo Governo de Teófilo Braga foi o Decreto de 5 de Abril de 1911, que regulamentava as eleições para a Assembleia Nacional Constituinte. E, em Maio desse ano, por sufrágio secreto, facultativo, directo e de lista completa, foi eleita a Assembleia Constituinte, cuja composição integrava 229 deputados republicanos, 3 independentes e 2 socialistas.

A Assembleia Nacional Constituinte iniciou os seus trabalhos em 19 de Junho de 1911, e, após longa discussão durante 55 reuniões, aprovou a nova Constituição, em 18 de Agosto do mesmo ano, começando a vigorar três dias depois, data da sua publicação (21 de Agosto de 1911).

A Constituição de 1911, que vigorou formalmente até 11 de Abril de 1933, embora de facto a sua vigência tenha cessado em 9 de Junho de 1926, e foi suspensa por dois curtos períodos correspondentes às ditaduras de Pimenta de Castro (1915) e de Sidónio Pais (1917-18), consagrava, logo no seu art. 1.º, a *forma de Estado republicana* – uma República Constitucional; e, no art. 5.º estabelecia o princípio da soberania nacional, e o princípio da divisão clássica dos poderes, ao dispor que "*a soberania reside essencialmente em a nação*", que é exercida pelos órgãos que detêm os três poderes clássicos: o poder legislativo que é da competência do Congresso da República; o poder executivo que é atribuído ao Presidente da República e ao Ministério; e o poder judicial que é prerrogativa dos Tribunais.

Compreendendo apenas 87 artigos repartidos por 7 Títulos, a Constituição de 1911 é o texto mais curto de todos os textos constitucionais portugueses. No entanto, apresenta características inovadoras que merecem ser sublinhadas.

Em primeiro lugar, a Constituição instituiu uma forma de Estado republicana, como já referimos atrás.

Em segundo lugar, restaurou a supremacia parlamentar, definindo um *sistema de governo de assembleia*, dado que atribuía ao Congresso, composto pela Câmara dos Deputados[*] e pelo Senado,[**] competências legislativas, financeiras, de fiscalização política e electivas, fazendo dele o órgão central do poder do Estado, com poderes para eleger o Presidente da República (art. 26.°) e destituí-lo por deliberação aprovada por dois terços dos seus membros reunidos em sessão conjunta (art. 46.°) e para designar um presidente do Ministério responsável pela política geral do Governo, sendo este e os demais ministros obrigados a comparecerem nas sessões do Congresso, perante o qual respondiam pela sua acção política.

Em terceiro lugar, consagrou a igualdade social, abolindo os privilégios de nascimento, os foros de nobreza e os títulos nobiliárquicos; e consignou o laicismo, estabelecendo a igualdade e liberdade de todos os cultos, colocando a religião católica em pé de igualdade com quaisquer outras.

Em quarto lugar, consagrou o princípio da livre associação e o direito de constituir organizações políticas, o que facilitava a liberdade de criação de partidos. Por isso, e porque as leis eleitorais garantiam às minorias uma significativa percentagem de lugares (22% – 27%), nos quase dezasséis anos de vigência da Primeira República, apareceram e desapareceram numerosos partidos políticos. De resto, a análise dos resultados das eleições legislativas, entre 1910 e 1926 mostram-nos que, tanto na Câmara dos De-

---

[*] A Câmara dos Deputados era composta de representantes eleitos, por sufrágio directo e restrito (censitário e capacitário), em número que variou entre 142 e 166, devendo ter 25 ou mais anos de idade.

[**] O Senado era formado por representantes dos distritos e das províncias ultramarinas, maiores de 35 anos, também eleitos por sufrágio directo e restrito, num total que variou entre 63 e 73 membros.

putados como no Senado, estiveram sempre representados diversos partidos; mas também nos indica que o Partido Democrático (Republicano) obteve a maioria absoluta dos lugares em quatro dos oito actos eleitorais em que participou, e que somente nas eleições de 1921 conquistou menos de 40% do lugares da Câmara dos Deputados. Assim, o sistema de partidos da Primeira República pode classificar-se de *sistema multipartidário de partido dominante*. Aliás, o Prof. Oliveira Marques refere-se do seguinte modo ao sistema de partidos da Primeira República: "A estrutura básica do sistema partidário republicano desde 1910 incluía um grande e bem organizado partido de centro–esquerda – o Partido Democrático, oficialmente arreigado à designação tradicional de Partido Republicano Português (PRP) – múltiplos grupos marginais que nasceram, cresceram, declinaram e se sumiram consoante as circunstâncias e as personalidades que os dirigiam" (1975, 71).

Não obstante o Partido Democrático ter desfrutado da maioria absoluta dos lugares nas duas Câmaras parlamentares, durante mais de metade do período de vigência da República, e de uma significativa maioria relativa, no restante período do tempo, não conseguiu impedir a quase permanente instabilidade política e governativa: em dezasséis anos realizaram-se nove eleições legislativas, constituíram-se quarenta e cinco governos, oito dos quais caíram em sequência de rebeliões armadas ou de crimes políticos, e os oito Presidentes da República não conseguiram terminar os seus mandatos.

Sendo todos os órgãos da Direcção do Estado – Presidente da República, Parlamento e Governo – legitimados, directa ou indirectamente, pela expressão da vontade popular (embora o corpo eleitoral fosse bastante restrito face ao conjunto da população de maior idade eleitoral), o regime político que vigorou na Primeira República pode qualificar-se como um *regime de democracia representativa*.

Vigorando um regime democrático, à excepção de dois pequenos períodos de ditadura (1915 e 1918), aos quais já fizemos referência, era natural que os princípios da dignidade, da liberdade e da igualdade estivessem plasmados no texto constitucional e orientassem a produção legislativa. E, na verdade, a Constituição de 1911 contemplava estes princípios no seu Título II, ao tratar dos direitos e garantias individuais. No art. 3.º enumeravam-se os direitos e garantias do indivíduo, " combinando fórmulas oitocentistas (como as várias liberdades, a segurança individual e o direito de propriedade) com princípios mais tipicamente republicanos, quais o da *igualdade social* – definida como a rejeição de todos os privilégios derivados do nascimento, dos títulos de nobreza e das próprias ordens honoríficas – e o do *laicismo* – expresso pela igualdade e liberdade para todas as religiões, secularização dos cemitérios públicos, neutralidade religiosa em matéria de ensino nas escolas públicas, proibição de todas as ordens religiosas de se estabelecerem em Portugal e registo civil obrigatório e exclusivo" (Marques, 1975, 80). Além disso, o n.º 37 do art. 3.º consagrava o *direito de resistência* a quaisquer ordens que infringissem as garantias individuais.

Todavia, a prática legislativa, no que concerne aos direitos políticos, olvidou os princípios acima referenciados. Com efeito, preocupado em preparar, através da educação, um corpo consciente de cidadãos e em evitar o caciquismo tradicional, o Republicanismo rejeitou o sufrágio universal imediato. E, embora tenha terminado com a base censitária, a lei eleitoral de 1911 manteve várias das restrições da Monarquia Constitucional, ao conceder o direito eleitoral activo apenas aos indivíduos maiores de 21 anos que soubessem ler e escrever e fossem chefes de família havia mais de um ano; e o resultado destas disposições fez subir o número de eleitores de 700.000 para cerca de 850.000, o que era muito pouco se tivermos em conta que a população portuguesa se cifrava, nessa data, em 5.547.708. Aliás, o corpo eleitoral não perfazia mais do que 20, 5% da população de maior idade eleitoral (mais de 21 anos). Note-se que a lei eleitoral atribuía o direito de voto aos indivíduos que soubessem ler e escrever e fossem chefes de família havia mais de um ano; e, tendo em conta esta disposição, a médica Carolina Beatriz Ângelo, viúva e mãe, apareceu a votar nas eleições para a Assembleia Constituinte, em Maio de 1911, invocando a qualidade de chefe de família. O resultado deste acontecimento traduziu-se na alteração da lei eleitoral, reconhecendo o direito de voto apenas a homens. Além disso, o código eleitoral de 1913 retirou o direito de voto aos chefes de família analfabetos e aos militares no activo, restaurando, assim, o sufrágio capacitário e fazendo com que o corpo eleitoral se reduzisse para 400.000 eleitores numa população que se aproximava dos 5.600.000 habitantes; e a lei eleitoral de 1915 atribuiu o direito de voto aos indivíduos que soubessem ler e escrever, incluindo os militares, fazendo aumentar o corpo eleitoral par 471.000 eleitores. O efeito destas duas disposições eleitorais foi reduzir o corpo eleitoral relativamente a 1911, passando a perfazer cerca de 10, 0% da população de maioridade eleitoral, em 1913, e 11, 2%, em 1915. Entretanto, a lei eleitoral de 1918 estabeleceu o direito eleitoral activo para todos os indivíduos do sexo masculino maiores de 21 anos, e o número de eleitores inscritos subiu para 900.000. Porém, a lei eleitoral de 1919 restabeleceu as restrições anteriores e, por isso, nas eleições de 8 de Novembro de 1925, apenas se encontravam recenseados 574.260 eleitores, os quais não perfaziam mais do que 14, 0% da população com mais de 21 anos de idade.

Estes factores evidenciam claramente que os direitos políticos – os direitos de cidadania – não eram consignados a todos os Portugueses que haviam atingido a idade legalmente estabelecida para poderem participar na escolha dos seus representantes. As leis eleitorais da Primeira República, ao estabelecerem restrições ao direito eleitoral activo, com base no sexo e na instrução, consagravam uma distinção entre cidadãos activos (eleitores) e cidadãos não activos (a grande maioria de população adulta), e negavam, assim, os princípios da dignidade, da liberdade e da igualdade.

3. Do Golpe de Estado de 28 de Maio à implantação da III República (1926-1974): A Constituição de 1933

A instabilidade político-governativa e a incapacidade dos governantes para incrementar políticas reformistas capazes de retirar o país do atraso económico e social em que se encontrava* contribuíram para precipitar os acontecimentos que levaram à queda do regime instituído pela revolução republicana.

A necessidade e urgência de se proceder a uma reforma profunda dos hábitos políticos já haviam sido reconhecidos por muitos dirigentes políticos, mesmo pelos partidários da República. E o Exército e a Marinha mostravam-se cada vez mais impacientes.

---

* A situação de Portugal nos finais da Primeira República foi caracterizada do seguinte modo por Albert-Alain Bourdon: "À beira do abismo, Portugal não era mais do que um país perturbado pelas insurreições, pelas greves, pelos assassinatos. A incapacidade de governos instáveis e de um parlamento dividido para elaborar reformas e para as aplicar agravava o atraso cultural e técnico. O analfabetismo era geral, as estruturas sociais estavam estagnadas. Num Estado essencialmente rural e agrícola, a subprodução mantinha uma fome latente e um nível de vida muito baixo, face aos quais a emigração para o Brasil e para a Venezuela não constituía senão um remédio provisório. A massa camponesa permanecia totalmente à margem da vida política, e o feudalismo dos grandes proprietários de terras constituía um obstáculo tanto para a integração do povo na vida nacional como para a valorização intensiva do património económico da nação. Perante uma tal situação, eram numerosos os que, sob a influência do sucesso do "fascismo" na Itália e do "riverismo" em Espanha, proclamavam a necessidade de instaurar uma ditadura" (1973, 177).

Por outro lado, as cisões produzidas em todos os partidos políticos mais importantes, nos últimos anos da Primeira República, e a criação de tantos partidos quantas as facções dissidentes, juntamente com a incapacidade governativa, desacreditaram os partidos políticos junto do eleitorado, levando os agricultores, industriais e comerciantes a organizarem-se no campo político e a apresentarem candidatos seus nas eleições de 1925, sob a designação "União dos Interesses Económicos", e estimularam muitos cidadãos a candidatarem-se como independentes nessas eleições.

A esta ordem de razões juntava-se o sucesso de Mussolini e da ideologia fascista em Itália (1922) e da ditadura de Primo de Rivera (1923) em Espanha.

Estes diversos factores levaram as Forças Armadas (Exército e Marinha) a desencadear um Golpe de Estado, em 28 de Maio de 1926, na sequência do qual destituíram o Presidente da República e o Chefe de Governo, dando início à instauração de uma ditadura militar.

O Governo Militar, instituído pelos vencedores da sublevação de 28 de Maio, dissolveu o Congresso da República por Decreto de 9 de Junho de 1926, e concentrou em si todos os poderes exercidos anteriormente pelo Parlamento e pelo Ministério (Governo), pondo termo à vigência, de facto, da Constituição de 1911. Passou a legislar mediante decretos com força de lei; e o seu presidente exerceu as funções de Presidente da República até 25 de Março de 1928, data em que o novo Chefe de Estado foi eleito, por sufrágio universal e directo. Esta eleição correspondeu à ratificação plebiscitária da revolução iniciada com o Golpe de Estado de 28 de Maio.

Todavia, no Movimento que derrubou a Primeira República, coexistiam duas tendências com perspectivas diferentes: os adeptos de uma encaravam a ditadura como uma forma transitória de resolver os problemas nacionais, tendo em vista permitir o restabelecimento da democracia e da actividade partidária; enquanto os outros preconizavam a instauração de um novo regime político, que veio a definir-se como autoritário e corporativo, apartidário, antiparlamentar e antidemocrático. Foi esta segunda tendência que prevaleceu; e nela se fundam a Constituição de 1933 e o *regime de ditadura legal* que deu corpo ao denominado Estado Novo – a Segunda República Portuguesa.

Eleito Presidente da República em Março de 1928, o General António Óscar de Fragoso Carmona nomeou, em 18 de Abril desse ano, José Vicente de Freitas presidente do Ministério, para o qual entrou, como ministro das Finanças, o Dr. Oliveira Salazar, que viria a apresentar o projecto da Constituição de 1933.

Em 5 de Julho de 1932, o ministro das Finanças assumiu a Presidência do Ministério, e, em Fevereiro do ano seguinte, foi publicado o Decreto n.º 22229, pelo o qual o Projecto de Constituição da República Portuguesa foi submetido a referendo nacional,* em 19 de Março de 1933. A Constituição então aprovada entrou em vigor em 11 de Abril desse ano e prolongou a sua vigência por mais de quarenta anos, precisamente até 25 de Abril de 1974, data em que novamente as Forças Armadas derrubam o Governo, assumem o poder e apresentam o Programa do Movimento das Forças Armadas à Nação Portuguesa. Segundo alguns historiadores, como o Prof. Oliveira Marques, " o novo texto constitucional reflectia um compromisso nítido entre os princípios demo-liberais e as tendências do tipo integralista-fascista-autoritário, expressas em muitos decretos governamentais promulgados a partir de 1926, e entre república e monarquia" (1977, 304). Por outro lado, a Constituição de 1933 caracterizava-se essencialmente por definir um regime corporativista, por conceder ao governo extensos poderes legislativos e por instituir um órgão técnico (Câmara Corporativa) com funções consultivas de relevante importância para a tomada de decisões políticas.

Baseada na experiência da ditadura militar, de onde retirou a tendência presidencialista e a faculdade legislativa do Governo, e nos programas dos Governos da ditadura com o compromisso de instituírem um regime corporativista; e tendo por fontes a Carta Constitucional, a Constituição de 1911 e ainda a Constituição de Weimar, a Constituição da Segunda República Portuguesa (de 1933) definiu, como órgãos supremos do Estado, o Chefe do Estado, a Assembleia Nacional e o Governo, e estruturou os poderes e competências de cada um destes órgãos por forma a sediar o poder no Presidente da República. Com efeito, a Constituição atribuía ao Presidente da República vastos poderes relativamente aos outros órgãos da Direcção do Estado: podia nomear e demitir livremente o Presidente do Conselho (art. 81.º e 1.º do art. 107.º); conceder e retirar a sua confiança ao Governo, perante si exclusivamente responsável;** dissolver a Assembleia Nacional quando assim o exigissem os interesses superiores da Nação, convocá-la extraordinariamente, dirigir-lhe mensagens, conceder-

---

* O referendo traduziu-se nos seguintes resultados: 1292864 votos a favor, 6910 votos contra e 666 votos nulos, contando as abstenções como votos concordantes.

** De acordo com o disposto no Art. 112.º da Constituição de 1933, o Governo era da exclusiva confiança do Presidente da República e a sua manutenção em funções não dependia do destino que tivessem as suas propostas de lei ou de quaisquer votações na Assembleia Nacional.

lhe poderes constituintes, abrir solenemente a primeira sessão de cada legislatura (art. 81), e usar o veto suspensivo relativamente aos projectos da lei aprovados por este órgão legislativo (art. 98.°). Além disso, os actos do Presidente da República, salvo a nomeação e demissão do Presidente do Conselho, as mensagens dirigidas à Assembleia Nacional e a renúncia ao cargo, deviam ser referendados pelo Governo (Presidente do Conselho e Ministro ou Ministros competentes) (art. 82 e n.° 1.° do art. 109.°).

Parece, portanto, que o texto constitucional de 1933, ao prescrever a eleição do Chefe de Estado por sufrágio directo dos cidadãos eleitores (art. 72.°), apontava para um sistema de governo presidencialista, ou, pelo menos, semipresidencialista.

Acontece, porém, que a competência do Chefe de Estado para dissolver o Parlamento, e a sua incompetência legal para dirigir a governação do país (existindo um Governo com competência própria), aliada à impossibilidade de agir sem a colaboração do Presidente do Conselho de Ministros, que referendava quase todos os seus actos, impedem que o sistema de governo do "Estado Novo" possa ser qualificado de presidencialista ou mesmo de semipresidencialista.

Por outro lado, os reduzidos poderes, mesmo legislativos, atribuídos à Assembleia Nacional, perante a qual o Governo não era politicamente responsável, não permitem que o sistema possa ser qualificado de parlamentar, sendo, pelo contrário, nitidamente antiparlamentar.

De facto, a prática política do Presidente do Conselho de Ministros, que chamou a si a governação efectiva do país e reduziu o Presidente da República a uma magistratura representativa e eventualmente arbitral, fez deslocar a sede efectiva do exercício do poder para o Chefe de Governo, instituindo, assim, um *sistema de governo de chanceler*. O Presidente do Conselho tornou-se efectivamente o responsável pela política geral do país; e, embora constitucionalmente tivesse que dar conta da política do Governo ao Presidente da República (art. 108.°) e merecer a confiança deste, a evolução do regime corporativista fez dele a principal figura do Aparelho do Estado, concentrando nas suas mãos um excessivo poder, a tal ponto que a eleição do Chefe de Estado dependia mais do Presidente do Conselho de Ministros do que o próprio Governo dependia do Presidente da República.

O sistema de governo de chanceler teve a particularidade de impedir que tivesse aplicação plena o disposto no n.° 14 do art. 8.°* e no art.

---

* O n.° 14 do Art. 8.° estabelece que constituem direitos, liberdades e garantias individuais dos cidadãos portugueses ... "a liberdade de reunião e associação".

24.º* da Constituição de 1933, que pressupõe a admissibilidade de criação de partidos políticos. De facto, contrariando a interpretação exaustiva das cláusulas constitucionais acima referidas e concretizando a sua concepção de liberdade individual e de organização partidária, que se traduzia na substituição do partido pela associação, o Presidente do Conselho proibiu (1935) todos os partidos políticos e associações secretas, aceitando apenas uma "união de todos os Portugueses", caracteristicamente crismada de "União Nacional" e apresentada como não sendo um partido e opondo-se mesmo aos partidos.

Embora concebida como uma associação de características antipartidárias, a *União Nacional* tornou-se, desde a sua criação, no partido do Governo. Era um partido extremamente monolítico que não contemporizava com os seus adversários nem tolerava aqueles que não perfilhassem as ideias do integralismo ou do fascismo.

Muitos monárquicos e católicos filiados na União dos Interesses Económicos nos finais da Primeira República e mesmo alguns liberais reviram-se no partido do Governo e sustentaram e apoiaram a política do "Estado Novo". Todavia, a *União Nacional*, monolítica e inflexível, nunca conseguiu integrar as correntes de pensamento do centro-esquerda e da esquerda, que se constituíram em oposição clara ao regime ditatorial.

Apesar de quase sempre neutralizada e actuando a maior parte das vezes na clandestinidade à volta do clandestino Partido Comunista e, depois de 1945, do Movimento de Unidade Democrática (MUD), a oposição causou alguns sobressaltos ao regime Salazarista, designadamente na época das eleições presidenciais de 1949 e 1958**. Aliás, o receio de que um candidato democrata atraísse o consenso da maioria do eleitorado, não obstante a sistemática fraude eleitoral, levou os autores da revisão constitucional de 1959 a decidirem que o Presidente da República passaria a ser eleito por um "colégio eleitoral" composto pelas duas assembleias legislativas (Assembleia Nacional e Câmara Corporativa), por representantes dos municípios e por delegados dos conselhos legislativos do ultramar. A eleição do Presidente da República passava, doravante, a fazer-se no seio da família da União Nacional, sem o povo saber o suficiente de quem era escolhido nem conhecer a maioria dos que o escolhiam.

---

* O Art. 24.º prescreve que "os funcionários públicos estão ao serviço da colectividade e não de qualquer partido ou organização de interesses particulares...".

** Em 1949, o MUD apresentou o General Norton de Matos às eleições presidenciais, e, em 1958, a oposição apresentou o General Humberto Delgado.

Durante quase toda a vigência da Segunda República apenas foi permitida a existência legal de um único partido – a *União Nacional* –, mais tarde (1971) denominada *Acção Nacional Popular* (ANP). E, apesar de ter sido permitido à Comissão Democrática Eleitoral (CDE) e à Comissão Eleitoral da Unidade Democrática (CEUD) concorrerem às eleições legislativas de 1969, isso não veio alterar as características do sistema partidário – um *sistema monopartidista* –, pois o partido do Governo continuou a deter todos os lugares do Parlamento.

Embora desde a sua entrada em vigor, em 11 de Abril de 1933, a Lei Fundamental da Segunda República Portuguesa fosse entendida, na prática, como uma Constituição semântica, as necessidades do aperfeiçoamento da dinâmica do regime político por ela legitimado implicaram algumas alterações e quatro revisões do texto original.

Nos termos do seu art. 176.º, a Constituição podia ser revista de dez em dez anos, podendo essa revisão ordinária ser antecipada de cinco anos desde que dois terços dos deputados assim o deliberassem; e, de acordo com o disposto no n.º 4 do art. 81.º, o Chefe do Estado podia tomar a iniciativa de revisões extraordinárias. Assim, e tendo em consideração que o Governo entendeu que a primeira Assembleia Nacional a eleger nos termos da nova Constituição deveria ter poderes constituintes, a Constituição de 1933 sofreu pequenas alterações na primeira legislatura da Assembleia Nacional (1935 – 1938) e foi revista em 1945, 1951, 1959 e 1971.

A primeira revisão constitucional, feita pela Lei n.º 2009, de 17 de Setembro de 1945 traduziu-se praticamente no aumento do número de membros da Assembleia Nacional, passando de 90 para 120.

A segunda revisão foi feita em 1951 pela Lei n.º 2048, de 11 de Junho desse ano, e através dela foram integradas no texto constitucional as disposições que formavam o Acto Colonial e suprimidas algumas disposições finais e transitórias que se tornaram supérfluas.

A terceira revisão iniciou-se em Fevereiro de 1959, em consequência das eleições presidenciais do ano anterior, e terminou com a aprovação da Lei n.º 2100, de 29 de Agosto de 1959, mediante a qual foi aumentado para 130 o número de membros da Assembleia Nacional e alteradas as disposições relativas à eleição do Presidente da República, que deixou de ser feita por sufrágio universal e passou a competir a um colégio eleitoral restrito, a cuja composição já fizemos referência nas páginas anteriores.

A quarta revisão constitucional ocorreu em 1971 mediante a aprovação da Lei n.º 3/71, de 16 de Agosto, e as modificações introduzidas traduziram-se essencialmente: no aumento do número de deputados para

150; na consagração constitucional de regiões autónomas; na declaração expressa da não existência de discriminação racial e na supressão de algumas restrições à igualdade dos sexos; na redução do texto constitucional de 181 para 143 artigos.

As revisões da Constituição não alteraram em quase nada as disposições constitucionais relativas aos direitos, liberdades e garantias individuais constantes do seu art. 8.º, nem se desviaram da orientação ideológica consubstanciada no texto original de 1933, no Acto Colonial, no Estatuto do Trabalho Nacional e no Programa da União Nacional. E daí que os direitos do homem e as liberdades fundamentais, mesmo os que foram plasmados no referido art. 8.º da Lei Fundamental, tenham esbarrado em diversas barreiras legais que o regime lhes erigiu em cumprimento da própria Constituição e não hajam encontrado condições favoráveis ao seu respeito efectivo, protecção e salvaguarda. Se não vejamos:

a) O n.º 4 do art. 8.º dispõe que "*a liberdade de expressão sob qualquer forma*" é um direito dos cidadãos portugueses; mas o § 2.º do mesmo art. 8.º determina que " *leis especiais regularão o exercício da liberdade de expressão do pensamento (...) devendo impedir preventiva ou repressivamente a perversão da opinião pública na sua função de força social e salvaguardar a força moral dos cidadãos*". E sabe-se como as *leis especiais* decretadas instituíram e preservaram a censura à imprensa e aos outros meios de comunicação, tais como o teatro, o cinema, a rádio e a televisão, de tal forma que, "em todas as casas, nenhuma palavra ou imagem podia ser publicada, pronunciada ou difundida sem prévia aprovação dos censores" (Marques, 1977, 299). E também se tem conhecimento de quantos não foram os escritores e editores portugueses que viram os seus livros proibidos e confiscados e as suas editoras e tipografias assaltadas e destruídas pelos executores das determinações do Governo destinadas a evitar "a perversão da opinião pública e a salvaguardar a força moral dos cidadãos", como rezavam as disposições constitucionais, só porque ousaram expressar livremente o seu pensamento. Aliás, muitos escritores, por uma razão ou por outra, foram detidos sob a acusação de delitos políticos ou de atentados aos costumes. Pois basta atentarmos no seguinte texto de José Amaro Dionísio para percebermos os efeitos das tais *leis especiais* previstas no § 2.º do art. 8.º da Constituição de 1933.

"*No primeiro caso a lista vai de Maria Lamas e Rodrigues Lapa a Urbano Tavares Rodrigues – preso três vezes – de Alves*

Redol, Alexandre Cabral, Orlando Costa, Alexandre O` Neil, Alberto Ferreira e António Borges Coelho a Virgílio Martinho, António José Forte e Alfredo Margarido ou os mais novos Carlos Coutinho, Carlos Loures, Amadeu Lopes Sabino, Fátima Maldonado, Hélia Correia, e Raul Malaquias Marques. Augusto Abelaire, Manuel da Fonseca e Alexandre Pinheiro Torres estiveram igualmente detidos às ordens da PIDE (Polícia Internacional de Defesa do Estado) em 1965, na sequência da atribuição do prémio da Sociedade Portuguesa de Escritores ao romance "Luuanda", do angolano Luandino Vieira. Abelaire, Fonseca e Torres integravam o júri que decidiu o prémio a Luandino, preso no Tarrafal, e a SPE foi assaltada e extinta. Julgados em plenário foram ainda, por causa do livro "Poesia Erótica e Satírica", Natália Correia, Ary dos Santos, Mário Cesariny, Ernesto Melo e Castro, Luiz Pacheco e o editor Fernando Ribeiro de Melo. Condenados com multas e prisão remível. Os dois últimos voltaram ao plenário para outro julgamento, o da tradução e publicação da "Filosofia de Alcova" de Sade, que juntou no mesmo processo Herberto Helder e o pintor João Rodrigues. Condenados também com multas e prisão remível. Maria Teresa Horta, Maria Isabel Barreno e Maria Velho da Costa desceram por sua vez à barra do Tribunal por causa das "Novas Cartas Portuguesas" (in "Escritores na Prisão, Grande Reportagem, Julho de 1993).

b) O n.° 14 do art. 8.° estabelece que "a *liberdade de reunião e associação*" é um direito dos cidadãos portugueses; mas o § 2.° do mesmo art. 8.° dispõe que "*leis especiais regularão o exercício da liberdade de reunião e de associação*". E sabe-se como as *leis especiais* decretadas preservaram (?) essa liberdade, dando continuidade ao pensamento de Salazar expresso nos seus discursos de 1930 e de 1934, nos quais rejeitou os conceitos de liberdade individual e de organização partidária, reafirmando que o movimento de Maio "tendia a proscrever definitivamente o liberalismo, o individualismo e as lutas partidárias e sociais. E, em conformidade com esses discursos, em 1935 proibiu todos os partidos políticos e associações secretas, aceitando apenas a "União Nacional"; e mais tarde foram proibidas todas as reuniões em lugares públicos, com receio de que reuniões de mais de dois ou três indivíduos se destinassem a conspirar contra o regime político em vigor, e também só foi permitido que os trabalhadores se associassem respeitando o Estatuto Nacional do Trabalho e obedecessem às determinações do Instituto Nacional de Trabalho e Previdência.

c) O art. 5.º estipula que "o Estado Português é uma República unitária e corporativa, baseada na *igualdade dos cidadãos perante a lei*, no livre acesso de todas as classes aos benefícios da civilização e na *interferência de todos os elementos estruturais da Nação na vida administrativa e na feitura das leis*". Mas o § único do mesmo art. 5.º acrescenta que "a igualdade perante a lei envolve (...) a negação de qualquer privilégio de nascimento, nobreza, título nobiliárquico, sexo ou condição social, *salvas, quanto à mulher, as diferenças resultantes da sua natureza e do bem da família...*". E sabe-se como as diferenças resultantes da natureza da mulher e das exigências do bem da família foram plasmadas em várias leis decretadas pelo regime ditatorial– corporativista. E também se tem consciência de que o articulado da própria Constituição prescreve a preservação dessas diferenças, pois o art. 19.º dispõe que *"pertence privativamente às famílias o direito de eleger as juntas de freguesia;* mas o seu § único acrescenta que *"este direito é exercido pelo respectivo chefe"*. Aliás, estas disposições constitucionais permitiram manter em vigor o disposto no Decreto com força de lei n.º 19 694, de 5 de Maio de 1931, que reconhecia o direito do voto ás mulheres diplomadas com cursos superiores ou secundários, enquanto, para os homens, exigia que soubessem ler e escrever, até à entrada em vigor da lei eleitoral n.º 2015, de 28 de Maio de 1946, que, embora mais permissiva, continua a manter requisitos diferentes para os homens e para as mulheres fazerem parte do corpo eleitoral que elegia a Assembleia Nacional. De resto, só em Dezembro de 1968, a Lei n.º 2137 proclamou a igualdade dos direitos políticos do homem e da mulher seja qual for o seu estado civil; mas, no que concerne às eleições locais, permaneceram as desigualdades, continuando a ser apenas os chefes de família os eleitores das Juntas de Freguesia, até que o Decreto – Lei n.º 621/A/74, de 15 de Novembro, aboliu todas as restrições baseadas no sexo quanto à capacidade eleitoral activa e passiva dos cidadãos portugueses.

Estas observações mostram claramente que a Constituição de 1933 era um documento mais preocupado com a imagem do que com a realidade do sistema político português. Era, por conseguinte, uma Constituição semântica, à qual o Prof. Adriano Moreira se referiu nos seguintes termos: "o ponto mais conhecido é que, consignando um regime instaurado militarmente e definindo como figura principal o Chefe de Estado, ninguém duvidava de que o poder estava no Presidente do Conselho, que decidia o provimento do Presidente da República e dialogava directamente, até à conspiração de 1961, com as forças armadas. Daí por diante as coisas passavam-se diferentemente, mas o poder nunca esteve onde a Constituição o dizia (...). Tudo isto é o processo político de uma Constituição semântica, isto é, uma colecção de palavras destinadas a compor uma imagem, mas com escassa ligação à realidade" (1977, 87).

O desrespeito do regime ditatorial–corporativista do chamado "Estado Novo" pelos princípios da igualdade e da liberdade está bem patente no sistema eleitoral vigente durante a Segunda República Portuguesa. De facto, até 1945, somente a União Nacional propunha candidatos à Assembleia Nacional e à Presidência da República; e, depois dessa data, todos os lugares sujeitos a sufrágio foram ocupados pelos candidatos do partido do Governo. Além disso, as dimensões do corpo eleitoral foram pouco ampliadas ao longo de quarenta anos, passando de 1300 000 eleitores, em 1933, para cerca de 1500 000, em 1973, enquanto a população do país aumentou de 6 360 347, em 1930, para 8 123 310 habitantes, em 1970. Significa isto que a percentagem de indivíduos com direito a voto relativamente à população de maioridade eleitoral baixou de 29, 2%, em 1933, para 26, 4%, em 1973.

O regime de ditadura legal que vigorou sob os auspícios da Constituição de 1933 compreendia muitos elementos comuns aos regimes fascistas, como a *Legião Portuguesa*, a *Mocidade Portuguesa*, a *Polícia de Vigilância e de Defesa do Estado* (PVDE), denominada Polícia Internacional e de Defesa do Estado (PIDE) a partir de 1945; e assentava nos princípios inerentes à concepção fascista do mundo e da vida, tais como o *princípio da irracionalidade e da emotividade* que apela aos elementos irracionais, sentimentais e incontroláveis do homem em todas as relações humanas; o *princípio do elitismo* segundo o qual as elites das sociedades politicamente organizadas tem o direito e o dever de governarem as massas inorganizadas; o *princípio da desigualdade humana*, que considera que os homens são superiores às mulheres, os soldados superiores aos civis e os membros do partido (da União Nacional) superiores aos que não estão nele filiados; e o *princípio do binómio amigo-inimigo*, segundo o qual, nas relações políticas, não existem opositores, nem adversários, mas sim inimigos, que são todos aqueles que não comungam dos ideais prosseguidos pelo regime ditatorial-fascista.

Por conseguinte, o período correspondente à vigência da Segunda República não foi favorável à consagração, protecção e salvaguarda dos direitos do homem. E, por isso, foram numerosos os intelectuais portugueses que se viram forçados a viver no exílio; e foram também numerosos aqueles que enchiam as prisões por cometerem o crime de não comungarem da mesma concepção do mundo e da vida professada pelos detentores do poder e dirigentes do regime.

4. Da Instauração da III República aos nossos dias (1974-2004): A Constituição de 1976

O regime ditatorial corporativista, instituído pela Constituição de 1933, consolidado e preservado pela "Ordem Salazarista", que se fundamentava na economia de auto-subsistência, foi-se fechando dentro de si mesmo, isolando-se quase completamente da convivência internacional.

A derrota do fascismo italiano e do nacional-socialismo alemão na II Guerra Mundial contribuiu para o isolamento do salazarismo, que, na Europa, apenas ficou a contar com o apoio ideológico do franquismo. E, em África, o processo de descolonização, iniciado pela Grã-Bretanha e continuado pela França, estimulou a organização de movimentos de libertação em Angola, Guiné e Moçambique, enquanto nas conferências afro-asiáticas e pan-africanas se condenava energicamente o colonialismo português.

Estes acontecimentos, juntamente com a pressão do grande capital urbano sobre o Governo no sentido de este facilitar e proteger os investimentos nacionais e estrangeiros, colocaram o regime perante problemas novos, que implicavam uma profunda alteração na ordem tradicional salazarista. Mas a sua rigidez não lhe permitiu adaptar-se às novas circunstâncias. E, durante toda a década de 1960, a poderosa estrutura do salazarismo foi ruindo progressivamente, ao mesmo tempo que aumentava o descontentamento, particularmente no seio da Forças Armadas, e se intensificavam os ataques da oposição, provenientes sobretudo do estrangeiro onde uma boa parte dela se havia exilado.

Entretanto, no seio das Forças Armadas, foi-se organizando um movimento (MFA) destinado a exigir do Governo melhores salários e regalias sociais com vista a restaurar o seu prestígio, que se vinha degradando sobretudo em consequência das lutas de África. Porém, o Governo continuava surdo às reivindicações dos militares, enquanto o Movimento da Forças Aramadas (MFA) ia ganhando cada vez mais consistência e apoios. E a evolução dos acontecimentos nos primeiros meses de 1974 precipitou a intervenção dos militares nos assuntos políticos: derrubam o Governo em 25 de Abril desse ano e procedem imediatamente à alteração do regime político. Pretendem, por conseguinte, instaurar um regime democrático e pluralista, onde todas as correntes de opinião possam exprimir os seus pontos de vista e organizarem-se com vista a participar na vida política do país; e com esse objectivo apresentaram um programa à Nação Portuguesa (Programa do MFA) com a finalidade de democratizar o país, descolonizar as províncias ultramarinas e desenvolver económica e socialmente a Nação. De acordo com o Programa do MFA, o exercício do poder político era, de imediato, competência de uma Junta de Salvação Nacional, até à formação de um Governo Provisório Civil, substituindo o Presidente da República, o Governo e o Conselho de Estado, que eram destituídos, e a Assembleia Nacional, que era dissolvida; e ao Governo Provisório competia preparar as condições para eleger uma Assembleia Nacional Constituinte, no prazo de doze meses, por sufrágio universal, directo e secreto.

Entretanto, o Golpe de Estado de 25 de Abril de 1974 depressa se transformou em Revolução, devido à dinâmica revolucionária que os acontecimentos de 28 de Setembro de 1974 e de 11 de Março de 1975 imprimiram ao processo iniciado com o Golpe de Estado. E a evolução da conjuntura ultrapassou os princípios enunciados no Programa do MFA, que passou a ser constantemente desvirtuado. A descolonização não se fez à luz dos princípios nele inseridos e as convulsões políticas e militares não foram evitadas, ao contrário do que estava previsto. Assim, os Governos Provisórios sucederam-se em curtos espaços de tempo (foram constituídos seis Governos em pouco mais de dois anos) e as dificuldades em os formar aumentaram cada vez mais.

Após a convulsão de 11 de Março de 1975, a Junta de Salvação Nacional foi substituída pelo Conselho da Revolução, que passou a ser o órgão detentor do poder político-militar. E, enquanto no campo militar se travavam lutas de bastidores para ascender à mais elevada hierarquia política (Conselheiro da Revolução), os partidos políticos, já constituídos e legalizados, procuram atrair o eleitorado com o fim de captar votos nas eleições para a Assembleia Constituinte. Entretanto, aproxima-se a data das eleições, marcadas para 25 de Abril de 1975, e o MFA, que não desejava perder o comando da Revolução, propõe aos partidos políticos uma plataforma de acordo constitucional, à qual devia obedecer a elaboração da futura Constituição, qualquer que fosse o resultado eleitoral. A plataforma de acordo constitucional foi assinada pelos principais partidos políticos e tornada pública pelos órgãos de comunicação em 10 de Abril de 1975, ficando conhecida como o primeiro Pacto MFA–Partidos.

O primeiro Pacto MFA-Partidos estabelecia, como órgãos de soberania, o Presidente da República, o Conselho da Revolução, a Assembleia do MFA*, a Assembleia Legislativa, o Governo e os Tribunais, sendo o Presidente da República, por inerência, Presidente do Conselho da Revolução e Comandante Supremo das Forças Armadas, mas designado por um colégio eleitoral restrito, formado pela Assembleia do MFA e pela Assembleia Legislativa, que perfaziam no total 490 eleitores. Este Pacto MFA-- Partidos, a ser respeitado na elaboração do texto constitucional, instituiria um *"regime semi-democrático"* e um *"sistema directorial militar"*, dado que a Assembleia do MFA não resultava da manifestação da vontade popular através de eleições livres e directas, e o Conselho da Revolução ocupava uma posição dominante (posição de tutela sobre os outros órgãos legislativos e executivos) na estrutura dos órgãos do Aparelho político do Estado.

Eleita em 25 de Abril de 1975, por sufrágio universal, directo e secreto, como estava previsto, a Assembleia Constituinte iniciou os seus trabalhos em 2 de Junho desse ano, mas o seu funcionamento foi perturbado e interrompido por várias vezes durante o Verão de 1975. Algumas vezes foi tentado o boicote à elaboração da Constituição e à aprovação de diversos artigos por certas forças políticas, pelo simples facto do articulado do texto, que parcialmente ia sendo aprovado, não se coadunar com o figurino da Constituição que desejavam ver aprovada e promulgada. Aliás, assistiu-se mesmo ao sequestro dos deputados e dos membros do VI Governo Provisório em S. Bento, enquanto as manifestações de rua entoavam slogans alusivas à tomada do poder pela força.

Os apelos demagógicos à ditadura do proletariado, que então se faziam, suscitaram a adesão ideológica de uma facção do MFA, que acreditava estarem criadas as condições para tomar completamente o poder e estabelecer um regime totalitário e opressor. Porque – como sublinhou Leão Tolstoi – "quando um Governo é derrubado pela violência e a autoridade passa para outras mãos, essa nova autoridade não será de modo algum menos opressora do que a anterior. Pelo contrário, obrigada a defender-se dos seus inimigos exasperados pela derrota, será ainda mais cruel e despótica do que a sua predecessora, como sempre tem acontecido em períodos de revoluções" (1899, 183).

---

* A Assembleia do MFA seria constituída por 240 representantes das Forças Armadas, sendo 120 do Exército, 60 da Armada e 60 da Força Aérea, entre os quais se contavam obrigatoriamente os membros do Conselho da Revolução.

A tentativa ensaiada durante o Verão de 1975 com vista a conquistar o poder culminou com os acontecimentos de 25 de Novembro desse ano, os quais se traduziram na derrota militar dos radicais e na restauração do jogo democrático subjacente ao espírito do 25 de Abril e ao Programa do MFA.

Estas contingências tornaram necessária a revisão da plataforma da acordo constitucional MFA-Partidos, pois os militares democratas não concebiam que, numa democracia, o Presidente da República fosse escolhido por um colégio restrito. Por isso, no mês de Dezembro de 1975, o Conselho da Revolução apresentou aos partido políticos uma nova plataforma de acordo constitucional – 2.º Pacto MFA-Partidos – que, após dois meses de negociações, acabou por ser assinado pelos principais partidos políticos (PS, PPD/PSD, PCP, CDS e MDP/CDE), em 27 de Fevereiro de 1976.

O segundo Pacto MFA-Partidos distingue-se do primeiro em vários aspectos essenciais: retirou da estrutura do Aparelho do Poder do Estado a Assembleia do MFA, mantendo no entanto o Conselho da Revolução; prescreveu que o Presidente da República seria eleito por sufrágio universal, directo e secreto, ao qual atribuiu amplos poderes de controlo político do Executivo; consagrou a responsabilidade política do Governo perante o Presidente da República e a Assembleia Legislativa; atribuiu ao Conselho da Revolução poderes mais limitados, mas suficientemente amplos para desempenhar as funções de um Conselho de Estado (Conselheiro do Presidente da República), de um Tribunal Constitucional e de órgão político e legislativo em matéria militar.

O modelo estrutural do Aparelho do Poder do Estado definido pelo 2.º Pacto MFA-Partidos foi transposto pelos constituintes para o texto da Constituição, que foi aprovado em 2 de Abril e entrou em vigor em 25 de Abril de 1976. tal modelo era complexo e ambíguo. Complexo, porque postulava uma emaranhada teia de relações entre os diversos órgãos de soberania; ambíguo, porque não era passível de semelhança com nenhum dos modelos de sistema de governo existentes e conhecidos.

De facto, a Constituição de 1976 instituiu um sistema político de governo *suis generis*, que não se identifica com nenhum dos sistemas de tradição histórica (parlamentar, de convenção, presidencialista e semipresidencialista), pois do seu articulado decorre que a sede do poder residia no Conselho de Revolução, visto conferir-lhe uma supremacia política relativamente aos outros órgãos de soberania, fazendo dele a instituição política do Estado sem o consentimento da qual o poder não está disponível. Por isso se diz que a Constituição da República Portuguesa (CRP) de 1976 define (definia) um *sistema de governo híbrido*, que não é parlamentar nem presidencialista, e muito menos é um sistema de convenção ou assembleia, e também não se identifica com o sistema semipresidencialista que tem vigorado em França desde 1958. Pela simples razão de consagrar um órgão de soberania de índole militar – o Conselho da Revolução – a Lei Fundamental de 1976 definiu um modelo novo de sistema político de governo, um *sistema de governo híbrido*, portador de elementos típicos dos sistemas presidencialistas (eleição do Chefe de Estado por sufrágio universal, directo e secreto, e separação de poderes e de funções); dos sistemas parlamentares (responsabilidade política do Governo perante o Parlamento e faculdade de dissolução deste pelo Chefe de Estado) e dos sistemas directoriais militares (consagração de um órgão directorial militar – o Conselho da Revolução – com competências legislativas em matéria militar e de fiscalização política da actividade dos outros órgãos de soberania).

A CRP de 1976 previa o período de vigência sem poder ser alterada, entendido este como uma fase transitória do processo revolucionário iniciado com o Golpe de Estado de 25 de Abril de 1974; mas admitia a sua revisão decorrido o período da Primeira Legislatura.* E tal como estava previsto, em 12 de Agosto de 1982, foi aprovada pela Assembleia da República a Lei Constitucional n.° 1/82, que entrou em vigor após a sua promulgação em 24 de Setembro desse ano, e a qual consumou a primeira revisão de CRP de 1976.

A revisão constitucional de 1982 alterou a estrutura do Aparelho do Poder do Estado: reduziu para quatro os órgãos de soberania – Presidente da República, Assembleia da República, Governo e Tribunais – expurgando do texto constitucional o Conselho da Revolução e criando em sua substituição o Conselho de Estado, ao qual atribuiu apenas competência consultiva; instituiu o Tribunal Constitucional como garante do respeito pela constitucionalidade das leis e dos actos administrativos, em substituição da Comissão Constitucional que funcionava sob a dependência do Conselho da Revolução; alargou as competências da Assembleia da República, tanto em matéria legislativa, como em matéria electiva e de fiscalização política (redução de duas para uma moção de censura necessária

---

* O Art. 286.° da CRP prescrevia a primeira revisão constitucional nos seguintes termos: "1. Na II Legislatura, a Assembleia da República tem poderes de revisão constitucional, que se esgotam com a aprovação de lei de revisão. 2. As alterações da Constituição terão de ser aprovadas por maioria de dois terços dos Deputados presentes, desde que superior à maioria absoluta dos Deputados em efectividade de funções, e o Presidente da República não poderá recusar a promulgação da lei de revisão".

para derrubar o Governo); modificou o sistema de relações entre os órgãos da Direcção do Estado (Chefe do Estado, Parlamento e Governo).

Em suma, as alterações introduzidas pela primeira revisão constitucional modificaram legalmente o regime político e o sistema político de governo. O regime político tornou-se verdadeiramente democrático, uma vez que a formação de todos os órgãos da Direcção do Estado é determinada pelo resultado da manifestação da vontade popular através do sufrágio universal, directo e secreto; e o sistema de governo deixou de integrar o elemento directorial militar, passando a comportar apenas variáveis dos sistemas presidencialistas e dos sistemas parlamentares, pelo que pode ser qualificado como um *sistema político de governo misto de preponderância parlamentar.*

Até ao presente (2004), a CRP de 1976 sofreu mais cinco revisões constitucionais, respectivamente, em 8 de Julho de 1989 (Lei Constitucional n.° 1/ 89), em 25 de Novembro de 1992 (Lei Constitucional n.° 1/ 92), em 20 de Setembro de 1997 (Lei Constitucional n.° 1/ 97), e em 12 de Dezembro de 2001 (Lei Constitucional n.° 1/ 2001) e em 23 de Abril de 2004. Mas nenhuma delas alterou a estrutura do Aparelho do Poder do Estado, nem as regras que orientam as relações entre os órgãos de soberania, nem tão pouco os princípios e as normas que definem a forma republicana do Estado e o *regime político democrático e pluralista.* E também nenhuma das revisões constitucionais alterou os direitos e as liberdades fundamentais dos Portugueses consagrados originalmente no texto constitucional de 1976. Pelo contrário, algumas delas acrescentaram-lhe alguns direitos políticos que decorrem da evolução do processo de integração europeia, como sejam: o direito de protecção diplomática e consular das autoridades dos Estado membros da União Europeia nos países onde Portugal não tem representação diplomática; o direito eleitoral activo e passivo nas eleições autárquicas e para o Parlamento Europeu em qualquer país da União Europeia; e o direito de petição ao Parlamento Europeu e de recurso ao Provedor de Justiça da União Europeia.

A Constituição da República Portuguesa (CRP) estabelece no art. 2.° que "a República Portuguesa é um Estado de direito e democrático". O que significa que o Estado Português, enquanto organização político-jurídica da sociedade, está sujeito à lei e garante aos Portugueses liberdade e segurança no exercício dos direitos pessoais, civis, políticos, económicos, sociais e culturais nela consagrados.

Por isso, a CRP dedica a sua Parte I, ao longo de 68 artigos, à consagração dos direitos e deveres fundamentais dos cidadãos portugueses, atribuindo ao Estado Português uma dupla responsabilidade: salvaguardar o respeito pelos direitos de liberdade (liberdades pessoais, civis e políticas); e garantir a satisfação dos "direitos a", direitos económicos, sociais e culturais, evitando que qualquer instituição ou quaisquer membros da comunidade ponham em causa estes direitos.

Por conseguinte, a CRP consagra tanto os *"direitos de"* (direitos da 1.ª geração) – direitos pessoais, civis e políticos – como os *"direitos a"* (direitos de 2.ª geração) – direitos económicos, socais e culturais – e estabelece a obrigação e o dever de salvaguardar e respeitar estes direitos.

a) Direitos e Liberdades Pessoais, Civis e Políticos

A CRP contempla um conjunto de liberdades que se articulam em dois tipos de direitos: os direitos e liberdades de natureza pessoal; e os direitos e liberdades de participação política, constitutivos da ordem democrática consignada e subjacentes à dimensão do conceito de cidadania.

A designação de liberdades é sinónimo de direitos de liberdade – direitos pessoais e liberdades individuais – os quais compreendem:
- O direito à vida e à integridade física e moral (artigos 24.º e 25.º);
- O direito à identidade pessoal, à capacidade civil, à cidadania, ao bom nome e reputação, à imagem, à palavra e à reserva da intimidade na vida privada e familiar(artigo 26.º);
- O direito à liberdade e segurança (artigo 27.º);
- O direito de resistência (artigo 21.º);
- O direito à inviolabilidade do domicílio e da correspondência (artigo 34.º);
- O direito de constituir família, de contrair matrimónio e de manter e educar os filhos(artigo 36.º);
- O direito à protecção e sigilo de dados pessoais face à utilização da informática (artigo35.º);
- O direito de liberdade de expressão e de informação (artigo 37.º);
- O direito de liberdade de consciência, de religião e de culto (artigo 41.º);
- O direito de deslocação e de emigração (artigo 44.º);
- O direito de reunião e de manifestação (artigo 45.º);
- O direito de liberdade de associação (artigo 46.º);

- O direito de liberdade de escolha da profissão e acesso à função pública (artigo 47.°).

Os direitos fundamentais consagrados na CRP compreendem não só os direitos pessoais (naturais) e as liberdades individuais que lhes estão subjacentes como também os direitos associados ao *status activus* – ao estatuto de cidadão – isto é, os direitos políticos e os direitos económicos, sociais e culturais, como, de resto, já atrás havíamos sublinhado.

No seu art. 4.°, a CRP estipula que *"são cidadãos portugueses todos aqueles que como tal sejam considerados pela lei ou por convenção internacional"*. Portanto, é cidadão português o detentor da qualidade de cidadão nacional, aquele que usufrui do estatuto de cidadania. E a *cidadania* surge como um *status* caracteristicamente pessoal, que acompanha o seu titular – o cidadão – onde quer que ele se encontre. Por conseguinte, o direito à cidadania, previsto no art. 26.° da CRP, significa o direito à qualidade de cidadão português, sendo esta qualidade extensiva aos cidadãos oriundos da União Europeia (EU) e dos PALOP, desde que preenchidos os requisitos legais.

Cidadão é, pois, todo aquele que toma parte nos negócios públicos da cidade, da comunidade, do Estado, beneficiando de um estatuto e de um posicionamento face ao poder político, que lhes permitem participar, directa ou indirectamente, no seu exercício. Logo, o cidadão – o Homo Politicus – deve dispor de mecanismos e de procedimentos para participar, directa ou indirectamente, na tomada de decisões que compete ao poder político. E, por isso, a CRP confere ao cidadão português:
- O direito de se reunir e de se manifestar (artigo 45.°);
- O direito de constituir associações (artigo 46.°);
- O direito de participar na vida pública (artigo 48.°);
- O direito de sufrágio (artigo 49.°);
- O direito de constituir ou participar em associações e partidos políticos e de através deles concorrer democraticamente para a formação da vontade popular e a organização do poder político (artigo 51.°);
- Os direitos de petição* e de acção popular (artigo 52.° e Lei n.° 43/ 90, de 10 de Agosto).

---

* O direito de petição traduz-se na faculdade de apresentação de um pedido ou de uma proposta a um órgão de soberania ou a qualquer autoridade pública, no sentido de que tome, adopte ou proponha determinadas medidas.

b) Direitos Económicos, Sociais e Culturais

Como sublinhámos nas páginas anteriores, a CRP define no seu art. 2.º, o Estado Português como um Estado de direito e democrático. Porém, no art. 81.º, acrescenta-lhe um outro adjectivo, ao preceituar que "*incumbe prioritariamente ao Estado promover o aumento do bem–estar social e económico e da qualidade de vida do povo, em especial das classes mais desfavorecidas*"; adjectivo esse que qualifica o Estado Português como um Estado do bem-estar social. E daí que a CRP contemple um conjunto de direitos, cuja aplicação e observância exigem, não uma abstenção, mas sim uma intervenção do Estado. São os direitos económicos, sociais e culturais.

Assim, nos termos da Constituição, todos os Portugueses gozam dos seguintes direitos:

b) 1. *Direitos Económicos:*
- Direito ao trabalho (artigo 58.º);
- Direito à garantia de emprego (artigo 53.º);
- Direito a criar comissões de trabalhadores (artigo 54.º);
- Direito à liberdade sindical (artigo 55.º);
- Direito à greve (artigo 57.º);
- Direito à qualidade dos bens e serviços consumidos (artigo 60.º);
- Direito à iniciativa privada, cooperativa e auto-gestionária (artigo 61.º);
- Direito à propriedade privada (artigo 62.º).

b) 2. *Direitos Sociais:*
- Direito à segurança social (artigo 63.º);
- Direito à protecção da saúde (artigo 64.º);
- Direito a uma habitação condigna (artigo 65.º);
- Direito à qualidade de vida e ambiental (artigo 66.º);
- Direito à protecção da família (artigo 67.º, 68.º, 69.º e 70.º).

b) 3. *Direitos Culturais:*
- Direito à educação, à cultura e à ciência (artigo 73.º);
- Direito ao ensino com garantia de igualdade de oportunidades de acesso e êxito escolar (artigo 74.º);
- Direito `a cultura física e ao desporto (artigo 79.º);
- Direito à criação e fruição intelectual, artística e cultural (artigos 42.º e 78.º).

Além dos direitos e liberdades consagrados na Constituição da República Portuguesa, os cidadãos portugueses gozam também dos direitos e das liberdades plasmados nas cartas, convenções, declarações e pactos internacionais, subscritos pelos órgãos competentes do Estado Português. E isto graças ao regime democrático e pluralista instaurado a partir de 25 de Abril de 1974.

É certo que Portugal já é membro da Organização das Nações Unidas (ONU) desde 1955, e que a Declaração Universal dos Direitos do Homem foi aprovada em 10 de Dezembro de 1948 pela Assembleia Geral desta Organização; mas os Pactos Internacionais dos Direitos Civis e Políticos e dos Direitos Económicos e Sociais, da responsabilidade da ONU, só entraram em vigor em Março de 1976. E também só depois de vigorar o regime democrático no nosso país é que Portugal foi admitido nos clubes das democracias europeias protectores dos direitos do homem e das liberdades fundamentais, aderindo ao Conselho da Europa em 1976, e à Comunidade Europeia em 1986, e ratificando a Convenção Europeia de Salvaguarda dos Direitos do Homem e das Liberdades Fundamentais em 1978.

Em jeito de síntese, pode-se dizer que os ideais filosóficos e políticos, que se desenvolveram na Europa e determinaram as conjunturas favoráveis, ou desfavoráveis, à consagração e salvaguarda dos direitos e liberdades fundamentais do homem, se reflectiram naturalmente em Portugal. Por isso, todas as Constituições portuguesas, de 1822 a 1911, contêm disposições concernentes aos direitos individuais reveladoras da influência do pensamento liberal e baseadas na trilogia liberdade, segurança e propriedade, em que assentam os direitos apelidados de primeira geração: os *"direitos de"*; não obstante, a partir da Carta Constitucional, sejam enunciados timidamente alguns direitos sociais. Por isso também, de 1926 a 1974, dada a natureza concepcional do Estado fascista e autoritário, quer através dos Decretos-Leis, no período da ditadura militar, quer através do texto da Constituição de 1933 e da prática legislativa, governativa e administrativa, no período da ditadura legal, manifestou-se a tendência para restringir fortemente as liberdades e garantias individuais, embora alguns direitos sociais hajam sido constitucionalmente consagrados e enquadrados no âmbito do regime ditatorial–corporativista. E, só depois da instauração do regime democrático e pluralista, na sequência do Golpe de Estado de 25 de Abril de 1974, é que foi possível inserir no texto constitucional (Constituição de 1976) a consagração tanto dos direitos e liberdades individuais, como dos direitos económicos, sociais e culturais – os *"direitos a"*, e a garantia de protecção e salvaguarda destes direitos; e foi possível também que Portugal aderisse aos mecanismos internacionais de protecção e salvaguarda dos direitos do homem e liberdades fundamentais, proporcionando aos portugueses a possibilidade de se dirigirem às instâncias competentes quando os seus direitos são negligenciados, desrespeitados ou coarctados.

CONCLUSÃO

O estudo desenvolvido ao longo das páginas anteriores permitiu-nos chegar a diversas conclusões, que consubstanciam respostas às interrogações formuladas na sua introdução e no início dos respectivos capítulos, e que a seguir passamos a explicitar.

1. Os direitos humanos encontram os seus fundamentos tanto nas teorias do jusnaturalismo e do transnacionalismo como nas teorias da instituição, do Estado de direito e do Estado do bem-estar social, e baseiam-se nos princípios da dignidade, da liberdade, da igualdade, da solidariedade, da responsabilidade, da autoridade e da universalidade.

2. O reconhecimento, proclamação e institucionalização dos direitos do homem e das liberdades fundamentais não se concretizaram num curto espaço de tempo, nem todos os direitos foram reconhecidos e consignados simultaneamente. A luta pela dignidade, pela liberdade e pela igualdade dos seres humanos foi longa. E a ideia de que os direitos de alguns deviam ser os direitos de todos demorou muitos séculos a ser interiorizada e aceite pelas sociedades politicamente organizadas até se tornar um princípio universal. Com efeito, só nos finais do século XVIII, os direitos inerentes às liberdades fundamentais foram proclamados nas Declarações Americana (1776) e Francesa (1789) dos Direitos do Homem e plasmados nas primeiras Constituições liberais do final do mesmo século e do princípio do século XIX, sob a influência do liberalismo. E só mais tarde, em consequência das revoluções mecânica e eléctrica (I^a e II^a revoluções industriais) e sob a influência das ideias socialistas, foram reconhecidos os direitos económicos, sociais e culturais, cuja usufruição plena exige, não uma abstenção mas sim uma intervenção do Estado, não apenas o reconhecimento da igualdade formal mas também a criação de condições que garantam a igualdade substantiva: igualdade de oportunidades e igualdade na assunção das mesmas responsabilidades. Por isso, passou a falar-se em

direitos da primeira geração – os «direitos de», direitos das liberdades individuais, reclamados contra ou face ao Estado, e também o direito de propriedade, que originou os chamados direitos políticos – e em direitos da segunda geração – os «direitos a», direitos económicos, sociais e culturais, que assentam no princípio da intervenção do Estado. E, na sequência da revolução tecnológica e científica (III^a revolução industrial) e do desenvolvimento do processo de globalização nas últimas décadas do século XX, surgiram os direitos da terceira geração – direito à paz e segurança, direito ao desenvolvimento harmonioso das culturas, direito a um ambiente saudável e protegido – direitos difusos que exigem, ora uma abstenção, ora uma intervenção do Estado, conforme as circunstâncias, e cujos titulares destes direitos tanto podem ser os indivíduos, como os Estados e organizações internacionais, ou a própria comunidade internacional.

3. A consagração e proclamação dos direitos humanos não são suficientes para que os titulares destes vejam o seu objecto de incidência protegido e salvaguardado das arbitrariedades dos poderes políticos e dos desvios comportamentais dos indivíduos e dos grupos. E daí que, a partir de meados do século XX, tenham sido adoptados instrumentos, criadas instâncias e estabelecidos mecanismos de protecção e salvaguarda dos direitos do homem e das liberdades fundamentais.

Assim, no âmbito do sistema das Nações Unidas, foram aprovadas convenções e pactos internacionais relativos aos direitos civis e políticos, aos direitos económicos, sociais e culturais, aos direitos das crianças, das mulheres, dos refugiados, das minorias étnicas; foram instituídos diversos comités: Comité dos Direitos Civis e Políticos (1977), Comité dos Direitos Económicos, Sociais e Culturais (1987), Comité dos Direitos da Criança (1991), Comité para a Eliminação de todas as Formas de Discriminação da Mulher (1979) e Comité para a Eliminação da Discriminação Racial (1969); e foram criadas várias instâncias: o Alto Comissariado das Nações Unidas para os Refugiados (1949), o Alto Comissariado das Nações Unidas para os Direitos Humanos (1993), o Tribunal Penal para a Jugoslávia (1993), o Tribunal Penal para o Ruanda (1995), e o Tribunal Penal Internacional (1998).

A nível do Conselho da Europa, foi adoptada a Convenção Europeia de Salvaguarda dos Direitos do Homem e das Liberdades Fundamentais (1950) e instituídos, no âmbito desta, a Comissão Europeia e o Tribunal Europeu dos Direitos do Homem, tendo a Comissão sido extinta pelo Protocolo Adicional n.º 11, de 1 de Novembro de 1998, que alterou a Convenção e o processo de funcionamento do Tribunal. E, a nível da Organização dos Estados Americanos e da União Africana, foram adoptadas a Convenção Americana sobre os Direitos Humanos (1969) e a Carta Africana dos Direitos do Homem e dos Povos (1981), e criados o Tribunal Interamericano dos Direitos Humanos (1980) e o Tribunal Africano dos Direitos do Homem e dos Povos (1998).

4. A consignação, garantia, protecção e respeito dos direitos do homem e das liberdades fundamentais exigem uma posição ambivalente dos Estados que implica, simultaneamente, a sua abstenção e a sua intervenção, conforme se trata dos «direitos de» ou dos «direitos a». Porém, nem o mesmo Estado teve sempre, nem todos os Estados tiveram ao mesmo tempo, a mesma sensibilidade relativamente aos direitos humanos, pois a posição dos Estados face à problemática dos direitos do homem tem variado em função da ideologia dominante em cada época da sua existência. Conforme a concepção do mundo e da vida orientadora da afirmação e exercício do poder, assim os Estados têm sido mais, ou menos, receptivos às teorias e aos princípios que fundamentam e alicerçam os direitos humanos. Quer dizer que as ideologias orientadoras do exercício do poder nas sociedades politicamente organizadas se reflectiram na consagração, ou na negação, dos direitos fundamentais do homem. De facto, desde o civilismo clássico até ao demotecnocracismo do nosso tempo, todos os sistemas de ideias, que influenciaram, de uma forma ou de outra, a afirmação do poder, e determinaram os regimes políticos vigentes em cada época e em cada espaço geográfico, contribuíram, positiva ou negativamente, para o reconhecimento e consignação dos direitos humanos. Assim, as ideologias que consubstanciam regimes monistas e aristocráticos, como o teocracismo, o absolutismo e o fascismo foram (e são) pouco ou nada permeáveis aos princípios da liberdade, da igualdade, da solidariedade e da dignidade do ser humano, princípios estes, sem o reconhecimento dos quais, os direitos do homem ou são inexistentes ou não passam de formalidades semânticas. Ao contrário, as ideologias propiciadoras de regimes democráticos e pluralistas, como o civilismo clássico, o liberalismo, o socialismo (ou social-democracia), a democracia cristã e a demotecnocracia, consubstanciam os princípios fundamentais em que se alicerçam o reconhecimento, consagração, institucionalização, protecção e salvaguarda dos direitos humanos. Por isso, só com a instauração de regimes políticos democráticos, sob a inspiração de sistemas de ideias liberais, socialistas e democratas-cristãs, foi possível proclamar formalmente os direitos do

homem e as liberdades fundamentais, e criar instâncias e estabelecer mecanismos destinados a garantir a sua protecção e salvaguarda.

5. O Tratado de Maastricht, de 7 de Fevereiro de 1992, proclama que um dos objectivos da União Europeia consiste em reforçar a defesa dos direitos e dos interesses dos nacionais dos Estados-membros, mediante a instituição de uma cidadania da União. Esta proclamação feita no parágrafo três do art.° B do Tratado prevê que o estabelecimento da cidadania europeia (da União Europeia) reforça e defende os direitos e os interesses dos cidadãos nacionais dos Estados-membros da União, e pressupõe que a cidadania da União apenas estará ao alcance dos nacionais dos países que integram a União Europeia. E daí que o art.° 8.° do respectivo Tratado especifique que «é cidadão da União qualquer pessoa que tenha a nacionalidade de um Estado-membro», estabelecendo, assim, uma intrínseca inter-relação cidadania nacional/cidadania europeia, assente, simultaneamente, no «princípio da inclusão» – todos os cidadãos nacionais dos Estados comunitários são cidadãos europeus (da EU) – e no «princípio da exclusão» – nenhum cidadão nacional de outros Estados não membros da EU pode beneficiar do estatuto de cidadania europeia. Esta inter-relação foi reafirmada pelo Tratado de Amesterdão, de 2 de Outubro de 1997, que acrescentou ao n.° 1 do art.° 8.° do Tratado da União Europeia o seguinte parágrafo: «a cidadania da União é complementar da cidadania nacional e não a substitui», reforçando a ideia de que a cidadania da União é uma «cidadania de atribuição», porquanto os Estados-membros conservam a prerrogativa soberana de definirem unilateralmente as regras de aquisição da nacionalidade, não sendo, pois, a cidadania europeia mais do que um acréscimo à cidadania nacional.

O Tratado da União Europeia dedica os art.°s 8.°-A a 8.°-D ao objecto dos direitos que consubstanciam a cidadania europeia, designadamente: o direito à liberdade de circular e permanecer nos territórios dos Estados-membros da EU; o direito de eleger e de ser eleito nas eleições autárquicas e para o Parlamento Europeu no Estado-membro de residência; o direito à protecção diplomática e consular por parte das autoridades dos Estados-membros, num terceiro país, onde o Estado-membro de que se é nacional não tenha representação diplomática ou consular; e o direito de petição ao Parlamento Europeu e de recurso ao Provedor de Justiça Europeu, tendo o Tratado de Amesterdão incluído o Conselho e a Comissão nos destinatários das petições e o Tribunal de Justiça e o Tribunal de Contas nos destinatários dos recursos. O Tratado de Maastricht comunitarizou e constitucionalizou, assim, direitos de cidadania há muito outorgados pelas Leis Fundamentais dos Estados aos seus nacionais, tornando estes direitos comuns aos cidadãos dos Estados-membros da EU, verificadas as condições e estabelecidos os mecanismos previstos no Tratado.

Os direitos subjacentes ao estatuto de cidadania europeia (da EU) enquadram-se no conjunto dos direitos do homem e das liberdades fundamentais, integrando-se uns no grupo dos direitos da primeira geração, e pertencendo o direito à protecção diplomática e consular aos direitos da segunda geração, pois exige uma intervenção das autoridades públicas para que possa ser efectivamente usufruído.

6. O reconhecimento e proclamação dos direitos humanos em Portugal acompanharam aproximadamente a evolução registada nos outros países europeus.

Desde a fundação do Reino até à Revolução liberal de 1820, os direitos humanos reflectiram os efeitos do teocracismo, primeiro, e do absolutismo, depois, e a influência da monarquia aristocrática e absolutista; e foram condicionados pelas práticas inquisitoriais, depois de ser estabelecida a Inquisição em 1536, e pela estratificação social, organizada em «estamentos» e fortemente hierarquizada. Neste longo período da nossa história, as concepções do mundo e da vida que orientaram o exercício do poder, as desigualdades económicas e as diferenças de estatuto social não permitiram que se afirmassem os princípios da dignidade, da liberdade, da igualdade e da solidariedade, impedindo o reconhecimento dos direitos do homem e obstruindo o exercício das liberdades fundamentais, mediante a instituição da censura à liberdade de opinião, de expressão e de imprensa, e através do desenvolvimento das perseguições aos hereges, aos relapsos e aos homens de espírito livre.

Da Revolução liberal até ao final da I ª República (1926), a concepção liberal do mundo e da vida orientou, de modo geral, o exercício do poder político. E daí que, tanto a Constituição de 1822, como a Carta Constitucional de 1826 e a Constituição de 1838 proclamassem os direitos de liberdade, de segurança individual e de propriedade, mas quase não fizessem referência aos direitos económicos e sociais, e que a Constituição de 1911 mantivesse a enumeração destes direitos, acrescentando-lhe o direito de resistência a quaisquer ordens que infringissem as garantias individuais, o laicismo traduzido na igualdade e liberdade para todas as religiões e na neutralidade religiosa em matéria de ensino nas escolas públicas, e o princípio da igualdade social que rejeita todos os privilégios decorrentes do nascimento, dos títulos nobiliárquicos e das ordens honoríficas.

Do Golpe de Estado de 28 de Maio de 1926 à implantação da IIIª República (1974), os direitos do homem sofreram uma regressão, em virtude de ter sido instituída uma ditadura de facto (ditadura militar) e de esta ter evoluído para uma ditadura legal, com a aprovação e entrada em vigor da Constituição de 1933. E, embora a Constituição enumerasse, no seu art.º 8.º, os direitos, liberdades e garantias individuais dos Portugueses, as leis especiais adoptadas nos termos da própria Constituição e a prática política do regime, traduzidas na instauração da censura, na proibição do exercício da liberdade de reunião e associação e na perseguição aos que manifestavam opiniões divergentes e contestavam o regime e o funcionamento do sistema, não permitiram que os princípios da liberdade, da igualdade e da dignidade fossem efectivamente respeitados e os direitos humanos plenamente usufruídos.

Da instauração da IIIª República até aos nossos dias (2004), os direitos humanos adquiriram, em Portugal, total reconhecimento e mais protecção, graças ao regime democrático instituído na sequência do Golpe de Estado de 25 de Abril de 1974. Com efeito, a Constituição de 1976 dedica 68 artigos, que integram a sua primeira parte, à proclamação dos direitos e deveres fundamentais dos cidadãos portugueses, enumerando os direitos pessoais, civis e políticos e os direitos económicos, sociais e culturais; e contempla a criação de um Provedor de Justiça, com vista a receber queixas relativas ao desrespeito dos direitos constitucionalmente consagrados, examiná-las e agir em conformidade, a fim de que os direitos sejam protegidos e salvaguardados. Por outro lado, a instauração do regime democrático permitiu a Portugal inserir-se no «clube das democracias europeias» – o Conselho da Europa – e ratificar a Convenção Europeia de Salvaguarda dos Direitos do Homem e das Liberdades Fundamentais, submetendo-se à jurisdição do Tribunal Europeu dos Direitos do Homem, instância jurídica competente para garantir o respeito pelos direitos consagrados na respectiva Convenção, bem como aderir à Comunidade Europeia e participar nas Conferências sobre Segurança e Cooperação na Europa, que deram lugar, em Outubro de 1990, à Organização de Segurança e Cooperação na Europa (OSCE), da qual é membro integrante. Além disso, Portugal ratificou a Convenção Internacional sobre os Direitos da Criança, a Convenção sobre todas as Formas de Discriminação da Mulher, a Convenção sobre a Condição dos Refugiados, a Convenção Internacional sobre a Prevenção do Crime de Genocídio, a Convenção Internacional sobre todas as Formas de Discriminação Racial e o Estatuto do Tribunal Penal Internacional, fazendo parte do grupo de países que defende intansigentemente o pleno respeito pelos princípios que garantem a efectiva aplicação dos direitos do homem e das liberdades fundamentais.

7. Nas últimas décadas do século XX, alargou-se significativamente a democratização do mundo, estabeleceram-se numerosos instrumentos declarativos dos direitos humanos (cartas, convenções, pactos, protocolos), criaram-se diversas instâncias destinadas à sua protecção e salvaguarda (tribunais, comités e altos-comissariados) e adoptaram-se mecanismos processuais com a mesma finalidade. E, no entanto, continua-se a perguntar:

Serão todos os homens livres e iguais perante a lei?

Terão todos a mesma possibilidade de usufruir dos direitos e das liberdades plasmados nos textos legais?

Haverá algum ser humano na superfície da Terra que possa arrogar-se de ser plenamente livre? Ou não será a liberdade de cada um, de qualquer um, relativizada pela liberdade dos outros e pelos condicionalismos sociais?

Entenderão todos os povos e culturas do mesmo modo os direitos proclamados nas Declarações, Convenções, Pactos e Protocolos internacionais?

Estarão efectivamente criadas as condições para que o século XXI venha a ser o século dos cidadãos?

Enquanto na maior parte dos 193 Estados existentes no globo terrestre forem desrespeitadas as liberdades públicas*, enquanto em cerca de metade dos países subsistir a pena de morte, enquanto milhões de raparigas e mulheres forem compradas e vendidas para ficarem à disposição de homens como escravas e prostitutas, enquanto a fome matar cerca de 40.000 pessoas por dia e enquanto milhões de crianças forem exploradas e impedidas de frequentarem a escola, dificilmente o século XXI será o século dos cidadãos.

---

* De acordo com um estudo realizado pela «Freedom House», uma organização não-governamental para a avaliação das liberdades políticas, civis e religiosas no mundo, em 2003, existiam 89 países onde as liberdades públicas eram total ou quase totalmente respeitadas, 56 países onde subsistiam restrições às liberdades públicas e 48 países onde os direitos fundamentais eram desrespeitados.

BIBLIOGRAFIA

1. Livros

AGOSTINHO, Santo – «*Cidade de Deus*», 426.
ALTHUSSER, Louis – «*Ideologias e Aparelhos Ideológicos do Estado*», 3.ª Ed. Lisboa, 1980.
AQUINO, S. Tomás de – «*Do Governo Real*», 1266.
ARON, Raymond – «*Démocratie et Totalitarisme*», Paris, 1961.
BABEUF, François – «*Manifesto dos Iguais*», 1828.
BAKOUNINE, Michael – «*Federalismo, Socialismo e Antiteologismo*». 1870;
– «*Deus e o Estado*», 1871.
BERNSTEIN, Edouard – «*Socialismo Evolucionista*», 1896;
– «*Os Pressupostos do Socialismo e as Tarefas da Social-Democracia*», Lisboa, Pub. D. Quixote. 1976.
BLANC, Louis – «*Organização do Trabalho*», 1839.
BODIN, Jean – «*Six Livres de la République*», 1576.
BOURDON, Albert-Alain – «*História de Portugal*», Coimbra, Liv. Almedina, 1973.
BRANDÃO, José – «*Os Livros e a Censura em Portugal*»
BUCHEZ, Philipe – «*Tratado de Política e de Ciência Social*».
BURNS, Edward McNall – «*História da Civilização Ocidental*», Vol. II, Porto Alegre, Ed. Globo, 1968.
CAETANO, Marcello – «*História Breve das Constituições Portuguesas*», Lisboa; Editorial Verbo, 1971;
– «*Ciência Política e Direito Constitucional*», 6.ª ed., Coimbra, Liv. Almedina, 1983;
CAMPOS, João Mota – «*Direito Comunitário*», 2.ª ed., Lisboa, Fundação Calouste Gulbenkian, 1997.
CARDOSO, Agostinho – «*Portugal no Mundo de Ontem, de Hoje e de Amanhã*», Funchal, 1967.
CHAMBERLAIN, Houston Stewart – «As *Raízes do Século XIX*», 1899.
CÍCERO, (Marco Túlio) – «*De Legibus*», 51, e «*De República*», 54.
DIONÍSIO, José Amaro – «*Escritores na Prisão*», in: «*Grande Reportagem*», Julho de 1993.
DUVERGER, Maurice – «*A Europa dos Cidadãos*», Porto, Edições ASA, 1994.
EBENSTEIN, William – «*4 Ismos em Foco: Comunismo, Fascismo, Capitalismo, Socialismo*», 3.ª ed., Porto, Brasília Editora, 1977.
ENGELS, Friedrich – «*Origem da Família, da Propriedade Privada e do Estado*», 1884.
ENGELS, Friedrich e MARX, Karl – «*A Sagrada Família*», 1845;

- «*A Ideologia Alemã*», 1846;
- «*O Manifesto do Partido Comunista*», 1848.

FERNANDES, António J. – «*Os Sistemas Político-Constitucionais Português e Espanhol (Análise Comparativa)*», Lisboa, Europa Editora, 1991.

FERREIRA, António – «*Castro*», 1587, e «*Poemas Lusitanos*», 1598.

FLEURY, Antoine – «Os Direitos do Homem na Europa», in: «*Educação para os Direitos Humanos*», Lisboa, M. da Educação, 2002.

GALTUNG, Johan – «*Direitos Humanos: Uma Nova Perspectiva*», Lisboa, Instituto Piaget, 1998.

GARCIA, José Manuel – «*História de Portugal*», 2.ª ed. Lisboa, Editorial Presença, 1984.

GARRETT, Almeida – «*Portugal na Balança da Europa*»(1830), Lisboa, Livros Horizonte, 1972.

GOBINEAU, Joseph Arthur – «*Ensaio sobre a Desigualdade das Raças Humanas*», 1885

GAUTRON, Jean Claude – «*Droit Européen*», 6.ª ed., Paris, Ed. Dalloz, 1994.

GROCIO, Hugo – «*Do Direito da Guerra e da Paz*», Paris, 1625.

HAARCHER, Guy – «*A Filosofia dos Direitos do Homem*», Lisboa, Instituto Piaget, 1997.

HAZARD, Paul – «*Crise da Consciência Europeia*», Lisboa, Edições Cosmos, 1971.

HREBLAY, Vendelin – «*La Livre Circulation des Personnes*», Paris, PUF, 1994.

JAURÉS, Jean – «*História do Socialismo*», Paris, 1911.

LAPOUGE, Georges Vacher de – «*O Ariano: Seu Papel Social*», 1899.

LOCK, John – «Dois *Ensaios sobre o Governo*», 1689.

LYON-CAEN, Antoine et Gérard – «*Droit Social et International Européen*», Paris, Ed. Dalloz, 1991.

MAQUIAVEL, Nicolau – «*O Príncipe*» (1516), Lisboa, Pub. Europa-América, 1967.

MARQUES, A. H. Oliveira – «Três Fases na História da Censura em Portugal», in: «*Humanismo Latino na Cultura Portuguesa*» (135-156), Fundazione Cassamarca, Treviso, Itália, 2003;
- "A Primeira República Portuguesa – Alguns Aspectos Estruturais", Lisboa, Livros Horizonte, 1975.
- «*História de Portugal*», II Vol., 4.ª ed., Lisboa, Palas Ed.1997

MARTINS, Alberto – «*Novos Direitos do Cidadão*», Lisboa, Pub. Dom Quixote, 1994.

MARX, Karl – «*Crítica da Economia Política*», 1859, e «O Capital», 1863.

MEGALÓPOLIS, Políbio de – «*História Universal Durante a República Romana*».

MILL, John Stuart – «*Ensaio sobre a Liberdade*» (1859), Lisboa, Ed. Arcádia, 1961.

MIRANDOLA, Pico della – «*Discurso sobre a Desigualdade do Homem*», 1486.

MONTESQUIEU, Charles de – «*De l'Esprit des Lois*», (1748), Paris, Éditions Garnier Frères, 1961.

MOREIRA, Adriano – «*O Novíssimo Príncipe*», Braga, Editorial Intervenção, 1977.

MOSCA, Caetano – «*Elementi di Scienza Política*», 1896.

PARETO, Vilfredo – «*Tratado de Sociologia Geral*», 1916-

PIERNAS, Jimenez – «La Proteccion Diplomática y Consular del Ciudadano de la Union Europea», in: «*Revista de Instituciones Europeas*», 20 (Jan.-Abril, 1993).

PLATÃO (427-357 a. C.) – «*República*» e «*Leis*».

PEREIRA, António M. – «*Direitos do Homem*», Lisboa, Pub. Dom Quixote, 1979.

PRÉLOT, Marcel – «*As Doutrinas Políticas*», 4 volumes, Lisboa, Editorial Presença, 1973.

PROUDHON, Joseph – «*Qu'est Que C'est la Propriété*», 1840;
- «*L'Idée Génerale de la Révolution du Siècle XIX*», 1851.

RICHELIEU, Cardeal de – «*Máximas sobre o Estado*», 1688.
ROUSSEAU, Jean-Jacques – «*O Contrato Social*» (1761), Lisboa, Pub. Europa América, 1989.
SAINT-SIMON, Henri de – «*O Sistema Industrial*», 1821.
SÉNECA, Lucius A. (60 a. C. – 40 d. C.) – «*Controversiae*».
SERRÃO, Joel e Outros – «*Dicionário de História de Portugal*», Porto, Liv. Figueirinhas, 1990.
SUDRE, Frédéric – «*Droit International Européen des Droits de l'Homme*», Paris, PUF, 1989.
TOCQUEVILLE, Alexis de – «*A Democracia na América*», 1840.
TOLSTOI, Leão – «*The Kingdom of God is Within You*», 1899.
TOUCHARD, Jean – «*História das Ideias Políticas*», 4 volumes, Lisboa, Pub. Europa-América, 1993.
VIEIRA, Pe. António – «*Sermões*», «*Cartas*» e «*História do Futuro*», 1718.
VITÓRIA, Francisco de – «*De Potestate Civili*» e «*De Índis et de Júri Belli*», 1539.
VOLTAIRE – «*Tratado sobre a Tolerância*», 1763;
– «*Dicionário Filosófico*», 1764.
WEBB, Sidney –«*Socialismo na Inglaterra*», e «*Ensaios Fabianos*», 1889.
WEBER, Max – «*Le Savant et la Politique*», Paris, 1959;
– «*Wirstschaft und Gesellchaft*», 1922 (2.ª ed. Castelhana, 1.ª reimpressão, «*Economia e Sociedad*», Madrid, 1969.

2. Documentos

Carta dos Direitos Fundamentais da União Europeia.
Carta Social Europeia.
Carta Constitucional Portuguesa de 1826.
Constituição Portuguesa de 1822.
Constituição Portuguesa de 1838.
Constituição Portuguesa de 1911.
Constituição Portuguesa de 1933.
Constituição Portuguesa de 1976.
Convenção Europeia de Salvaguarda dos Direitos do Homem e das Liberdades Fundamentais.
Declaração dos Direitos do Homem e do Cidadão.
Declaração Universal dos Direitos do Homem.
Pacto Internacional sobre os Direitos Económicos, Sociais e Culturais.
Pacto Internacional sobre os Direitos Civis e Políticos.

3. Tratados

Tratado de Roma (CEE).
Tratado de Maastricht (Tratado da União Europeia)
Tratado de Amesterdão.
Tratado de Nice.

ANEXOS

ANEXO I

DECLARAÇÃO DOS DIREITOS DO HOMEM E DO CIDADÃO

(26 de Agosto de 1789)

Os representantes do povo francês, constituídos em Assembleia Nacional, considerando que a ignorância, o esquecimento ou o desprezo dos direitos do homem são as causas únicas das infelicidades públicas e da corrupção dos governos, resolveram expor, numa Declaração solene os direitos naturais, inalienáveis e sagrados do Homem, para que esta Declaração, sempre presente em todos os membros do corpo social, lhes lembre constantemente os seus direitos e seus deveres, para que os actos do Poder legislativo e do Poder executivo, possam ser permanentemente comparados com o objectivo de todas instituições políticas e sejam mais respeitados, para que as reclamações dos Cidadãos, baseadas desde então em princípios simples e incontestáveis, envolvam sempre o respeito pela Constituição e a felicidade de todos.

Consequentemente, a Assembleia Nacional reconhece e declara, em presença e sob os auspícios do Ser Supremo, os seguintes direitos do Homem e do Cidadão:

ARTIGO 1.º

Os homens nascem livres e permanecem livres e iguais em direitos. As distinções sociais não podem basear-se senão sobre a utilidade comum.

ARTIGO 2.º

O objectivo de qualquer associação política é a manutenção dos direitos naturais e imprescritíveis do homem. Esses direitos são, a liberdade, a propriedade, a segurança e a resistência à opressão.

ARTIGO 3.º

O princípio de toda soberania reside essencialmente na nação. Nenhum grupo ou indivíduo pode exercer autoridade que não emane expressamente deles.

ARTIGO 4.º
A liberdade consiste em poder fazer tudo o que não seja nocivo a outrem. Assim, o exercício dos direitos naturais de cada homem não tem outros limites que não sejam aqueles que asseguram aos outros membros da sociedade o gozo desses mesmos direitos. Estes limites só podem ser determinados pela lei.

ARTIGO 5.º
A lei só tem o direito de proibir os actos nocivos à sociedade. Nada do que não for proibido pela lei pode ser impedido, e ninguém pode ser obrigado a fazer aquilo que ela não ordena.

ARTIGO 6.º
A lei é a expressão da vontade geral. Todos os cidadãos têm o direito de participar, pessoalmente ou através dos seus representantes, na sua formação, ela deve ser a mesma para todos, quer seja protectora quer seja punitiva. Todos os cidadãos são iguais a seus olhos, e como tal têm igual acesso a todas as honras, lugares e cargos públicos consentâneos com a sua capacidade, e sem outras distinções que não sejam as que decorrem das suas virtudes e dos seus talentos.

ARTIGO 7.º
Ninguém pode ser acusado, preso ou detido a não ser nos casos determinados pela lei e segundo as normas por ela prescritas. Aqueles que solicitem, despachem, executem ou mandem executar ordens arbitrárias devem ser punidos, mas qualquer cidadão citado ou detido de acordo com a lei deve obedecer imediatamente; a resistência fará dele culpado.

ARTIGO 8.º
A lei não deve estabelecer senão as penas estrita e evidentemente necessárias e ninguém pode ser castigado senão em virtude de uma lei estabelecida e promulgada antes do delito e legalmente aplicada.

ARTIGO 9.º
Como todo o homem se presume inocente até que tenha sido declarado culpado, se for considerado indispensável prendê-lo, todo rigor que não seja necessário para se apoderarem da sua pessoa deve ser severamente reprimido pela lei.

ARTIGO 10.º
Ninguém deve ser molestado pelas suas opiniões, desde que a sua manifestação não perturbe a ordem pública estabelecida pela lei.

ARTIGO 11.º
A livre comunicação dos pensamentos e das opiniões é um dos direitos mais

preciosos do homem; todo cidadão pode falar, escrever, imprimir livremente, salvo se abusar dessa liberdade nos casos determinados pela lei.

ARTIGO 12.º
A garantia dos direitos do homem e do cidadão torna necessária a existência de uma força pública; esta força é, pois, instituída para o benefício de todos, e não para o uso particular daqueles a quem está confiada.

ARTIGO 13.º
Para manter a força pública e para as despesas administrativas é indispensável uma contribuição comum. Ela deve ser igualmente repartida entre todos os cidadãos, consoante as suas possibilidades.

ARTIGO 14.º
Todos os cidadãos têm o direito de constatar, por si próprios ou através dos seus representantes, a necessidade da contribuição pública, de consenti-la livremente, de acompanhar a sua utilização e de determinar a sua quantia, a sua repartição, a sua cobrança e a sua duração.

ARTIGO 15.º
A sociedade tem o direito de pedir contas a todos os agentes públicos da sua administração.

ARTIGO 16.º
Uma sociedade na qual a garantia dos direitos não seja assegurada e a separação dos poderes não seja determinada, não tem existência legal.

ARTIGO 17.º
Sendo a propriedade um direito inviolável e sagrado, ninguém pode ser privado dela, a menos que a necessidade pública, legalmente constatada, assim o exija, e em troca de uma indemnização justa e previamente estabelecida.

ANEXO II

DECLARAÇÃO UNIVERSAL DOS DIREITOS DO HOMEM

PREÂMBULO

Considerando que o reconhecimento da dignidade inerente a todos os membros da família humana e dos seus direitos iguais e inalienáveis constitui o fundamento da liberdade, da justiça e da paz no mundo;

Considerando que o desconhecimento e o desprezo dos direitos do Homen conduziram a actos de barbárie que revoltam a consciência da Humanidade e que o advento de um mundo em que os seres humanos sejam livres de falar e de crer, libertos do terror e da miséria, foi proclamado como a mais alta inspiração do Homem;

Considerando que é essencial a proteção dos direitos do Homem através de um regime de direito, para que o Homem não seja compelido, em supremo recurso, à revolta contra a tirania e a opressão;

Considerando que é essencial encorajar o desenvolvimento de relações amistosas entre as nações;

Considerando que, na Carta, os povos das Nações Unidas proclamam, de novo, a sua fé nos direitos fundamentais do Homem, na dignidade e no valor da pessoa humana, na igualdade de direitos dos homens e das mulheres e se declaram resolvidos a favorecer o progresso social e a instaurar melhores condições de vida dentro de uma liberdade mais ampla;

Considerando que os Estados membros se comprometeram a promover, em cooperação com a Organização das Nações Unidas, o respeito universal e efectivo dos direitos do Homem e das liberdades fundamentais;

Considerando que uma concepção comum destes direitos e liberdades é da mais alta importância para dar plena satisfação a tal compromisso:

A Assembléia Geral
Proclama a presente Declaração Universal dos Direitos Homem como ideal comum a atingir por todos os povos e todas as nações, a fim de que todos os indivíduos e todos os orgãos da sociedade, tendo-a constantemente no espírito, se

esforcem, pelo ensino e pela educação, por desenvolver o respeito desses direitos e liberdades e por promover, por medidas progressivas de ordem nacional e internacional, o seu reconhecimento e a sua aplicação universais e efectivos tanto entre as populações dos próprios Estados membros como entre as dos territórios colocados sob a sua jurisdição.

ARTIGO 1.º
Todos os seres humanos nascem livres e iguais em dignidade e em direitos. Dotados de razão e de consciência, devem agir uns para com os outros em espírito de fraternidade.

ARTIGO 2.º
Todos os seres humanos podem invocar os direitos e as liberdades proclamados na presente Declaração, sem distinção alguma, nomeadamente de raça, de cor, de sexo, de língua, de religião, de opinião política ou outra, de origem nacional ou social, de fortuna, de nascimento ou de qualquer outra situação. Além disso, não será feita nenhuma distinção fundada no estatuto político, jurídico ou internacional do país ou do território da naturalidade da pessoa, seja esse país ou território independente, sob tutela, autónomo ou sujeito a alguma limitação de soberania.

ARTIGO 3.º
Todo indivíduo tem direito à vida, à liberdade e à segurança pessoal.

ARTIGO 4.º
Ninguém será mantido em escravatura ou em servidão; a escravatura e o trato dos escravos, sob todas as formas, são proibidos.

ARTIGO 5.º
Ninguém será submetido a tortura nem a penas ou tratamentos cruéis, desumanos ou degradantes.

ARTIGO 6.º
Todos os indivíduos têm direito ao reconhecimento, em todos os lugares, da sua personalidade jurídica.

ARTIGO 7.º
Todos são iguais perante a lei e, sem distinção, têm direito a igual protecção da lei. Todos têm direito a protecção igual contra qualquer discriminação que viole a presente Declaração e contra qualquer incitamento a tal discriminação.

ARTIGO 8.º
Toda a pessoa tem direito a recurso efectivo para as jurisdições nacionais

competentes contra os actos que violem os direitos fundamentais reconhecidos pela Constituição ou pela lei.

ARTIGO 9.º
Ninguém pode ser arbitrariamente preso, detido ou exilado.

ARTIGO 10.º
Toda a pessoa tem direito, em plena igualdade, a que a sua causa seja equitativa e publicamente julgada por um tribunal independente e imparcial que decida dos seus direitos e obrigações ou das razões de qualquer acusação em matéria penal que contra ela seja deduzida.

ARTIGO 11.º
1. Toda a pessoa acusada de um acto delituoso presume-se inocente até que a sua culpabilidade fique legalmente provada no decurso de um processo público em que todas as garantias necessárias de defesa lhe sejam asseguradas.

2. Ninguém será condenado por acções ou omissões que, no momento da sua prática, não constituíam acto delituoso à face do direito interno ou internacional. Do mesmo modo, não será infligida pena mais grave do que a que era aplicável no momento em que o acto delituoso foi cometido.

ARTIGO 12.º
Ninguém sofrerá intromissões arbitrárias na sua vida privada, na sua família, no seu domicílio ou na sua correspondência, nem ataques à sua honra e reputação. Contra tais intromissões ou ataques toda a pessoa tem direito a protecção da lei.

ARTIGO 13.º
1. Toda a pessoa tem o direito de livremente circular e escolher a sua residência no interior de um Estado.

2. Toda a pessoa tem o direito de abandonar o país em que se encontra, incluindo o seu, e o direito de regressar ao seu país.

ARTIGO 14.º
1. Toda a pessoa sujeita a perseguição tem o direito de procurar e de beneficiar de asilo em outros países.

2. Este direito não pode, porém, ser invocado no caso de processo realmente existente por crime de direito comum ou por actividades contrárias aos fins e aos princípios das Nações Unidas.

ARTIGO 15.º
1. Todo o indivíduo tem direito a ter uma nacionalidade.

2. Ninguém pode ser arbitrariamente privado da sua nacionalidade nem do direito de mudar de nacionalidade.

ARTIGO 16.º

1. A partir da idade núbil, o homem e a mulher têm o direito de casar e de constituir família, sem restrição alguma de raça, nacionalidade ou religião. Durante o casamento e na altura da sua dissolução, ambos têm direitos iguais.

2. O casamento não pode ser celebrado sem o livre e pleno consentimento dos futuros esposos.

3. A família é o elemento natural e fundamental da sociedade e tem direito à protecção desta e do Estado.

ARTIGO 17.º

1. Toda a pessoa, individual ou colectiva, tem direito à propriedade.
2. Ninguém pode ser arbitrariamente privado da sua propriedade.

ARTIGO 18.º

Toda a pessoa tem direito à liberdade de pensamento, de consciência e de religião; este direito implica a liberdade de mudar de religião ou de convicção, assim como a liberdade de manifestar a religião ou convicção, sozinho ou em comum, tanto em público como em privado, pelo ensino, pela prática, pelo culto e pelos ritos.

ARTIGO 19.º

Todo o indivíduo tem direito à liberdade de opinião e de expressão, o que implica o direito de não ser inquietado pelas suas opiniões e o de procurar, receber e difundir, sem consideração de fronteiras, informações e ideias por qualquer meio de expressão.

ARTIGO 20.º

1. Toda a pessoa tem direito à liberdade de reunião e de associação pacíficas.
2. Ninguém pode ser obrigado a fazer parte de uma associação.

ARTIGO 21.º

1. Toda a pessoa tem o direito de tomar parte na direcção dos negócios, públicos do seu país, quer directamente, quer por intermédio de representantes livremente escolhidos.

2. Toda a pessoa tem direito de acesso, em condições de igualdade, às funções públicas do seu país.

3. A vontade do povo é o fundamento da autoridade dos poderes públicos: e deve exprimir-se através de eleições honestas a realizar periodicamente por sufrágio universal e igual, com voto secreto ou segundo processo equivalente que salvaguarde a liberdade de voto.

ARTIGO 22.º

Toda a pessoa, como membro da sociedade, tem direito à segurança social; e pode legitimamente exigir a satisfação dos direitos económicos, sociais e culturais indispensáveis, graças ao esforço nacional e à cooperação internacional, de harmonia com a organização e os recursos de cada país.

ARTIGO 23.º

1. Toda a pessoa tem direito ao trabalho, à livre escolha do trabalho, a condições equitativas e satisfatórias de trabalho e à protecção contra o desemprego.
2. Todos têm direito, sem discriminação alguma, a salário igual por trabalho igual.
3. Quem trabalha tem direito a uma remuneração equitativa e satisfatória, que lhe permita e à sua família uma existência conforme com a dignidade humana, e completada, se possível, por todos os outros meios de protecção social.
4. Toda a pessoa tem o direito de fundar com outras pessoas sindicatos e de se filiar em sindicatos para defesa dos seus interesses.

ARTIGO 24.º

Toda a pessoa tem direito ao repouso e aos lazeres, especialmente, a uma limitação razoável da duração do trabalho e as férias periódicas pagas.

ARTIGO 25.º

1. Toda a pessoa tem direito a um nível de vida suficiente para lhe assegurar e à sua família a saúde e o bem-estar, principalmente quanto à alimentação, ao vestuário, ao alojamento, à assistência médica e ainda quanto aos serviços sociais necessários, e tem direito à segurança no desemprego, na doença, na invalidez, na viuvez, na velhice ou noutros casos de perda de meios de subsistência por circunstâncias independentes da sua vontade.
2. A maternidade e a infância têm direito a ajuda e a assistência especiais. Todas as crianças, nascidas dentro ou fora do matrimónio, gozam da mesma protecção social.

ARTIGO 26.º

1. Toda a pessoa tem direito à educação. A educação deve ser gratuita, pelo menos a correspondente ao ensino elementar fundamental. O ensino elementar é obrigatório. O ensino técnico e profissional deve ser generalizado; o acesso aos estudos superiores deve estar aberto a todos em plena igualdade, em função do seu mérito.
2. A educação deve visar a plena expansão da personalidade humana e ao reforço dos direitos do Homem e das liberdades fundamentais e deve favorecer a compreensão, a tolerância e a amizade entre todas as nações e todos os grupos raciais ou religiosos, bem como o desenvolvimento das actividades das Nações Unidas para a manutenção da paz.

3. Aos pais pertence a prioridade do direito de escolher o género de educação a dar aos filhos.

ARTIGO 27.º

1. Toda a pessoa tem o direito de tomar parte livremente na vida cultural da comunidade, de fruir as artes e de participar no progresso científico e nos benefícios que deste resultam.

2. Todos têm direito à protecção dos interesses morais e materiais ligados a qualquer produção científica, literária ou artística da sua autoria.

ARTIGO 28.º

Toda a pessoa tem direito a que reine, no plano social e no plano internacional, uma ordem capaz de tornar plenamente efectivos os direitos e as liberdades enunciadas na presente Declaração.

ARTIGO 29.º

1. O indivíduo tem deveres para com a comunidade, fora da qual não é possível o livre e pleno desenvolvimento da sua personalidade.

2. No exercício deste direito e no gozo destas liberdades ninguém está sujeito senão às limitações estabelecidas pela lei com vista exclusivamente a promover o reconhecimento e o respeito dos direitos e liberdades dos outros e a fim de satisfazer as justas exigências da moral, da ordem pública e do bem-estar numa sociedade democrática.

3. Em caso algum estes direitos e liberdades poderão ser exercidos contrariamente aos fins e aos princípios das Nações Unidas.

ARTIGO 30.º

Nenhuma disposição da presente Declaração pode ser interpretada de maneira a envolver para qualquer Estado, agrupamento ou indivíduo o direito de se entregar a alguma actividade ou de praticar algum acto destinado a destruir os direitos e liberdades aqui enunciados.

ANEXO III

PACTO INTERNACIONAL SOBRE OS DIREITOS ECONÓMICOS, SOCIAIS E CULTURAIS

PREÂMBULO

Os Estados Partes no presente Pacto:
Considerando que, em conformidade com os princípios enunciados na Carta das Nações Unidas, o reconhecimento da dignidade inerente a todos os membros da família humana e dos seus direitos iguais e inalienáveis constitui o fundamento da liberdade, da justiça e da paz no Mundo;
Reconhecendo que estes direitos decorrem da dignidade inerente à pessoa humana;
Reconhecendo que, em conformidade com a Declaração Universal dos Direitos do Homem, o ideal do ser humano livre, liberto do medo e da miséria, não pode ser realizado a menos que sejam criadas condições que permitam a cada um desfrutar dos seus direitos económicos, sociais e culturais, bem como dos seus direitos civis e políticos;
Considerando que a Carta das Nações Unidas impõe aos Estados a obrigação de promover o respeito universal e efectivo dos direitos e liberdades do homem;
Tomando em consideração o facto de que o indivíduo tem deveres para com outrem e para com a colectividade à qual pertence e é chamado a esforçar-se pela promoção e respeito dos direitos reconhecidos no presente Pacto:
Acordam nos seguintes artigos:

PRIMEIRA PARTE

ARTIGO 1.º

1. Todos os povos têm o direito a dispor deles mesmos. Em virtude deste direito, eles determinam livremente o seu estatuto político e asseguram livremente o seu desenvolvimento económico, social e cultural.

2. Para atingir os seus fins, todos os povos podem dispor livremente das suas riquezas e dos seus recursos naturais, sem prejuízo das obrigações que decorrem da cooperação económica internacional, fundada sobre o princípio do interesse mútuo e do direito internacional. Em nenhum caso poderá um povo ser privado dos seus meios de subsistência.

3. Os Estados Partes no presente Pacto, incluindo aqueles que têm responsabilidade pela administração dos territórios não autónomos e territórios sob tutela, devem promover a realização do direito dos povos a disporem deles mesmos e respeitar esse direito, em conformidade com as disposições da Carta das Nações Unidas.

SEGUNDA PARTE

ARTIGO 2.º

1. Cada um dos Estados Partes no presente Pacto compromete-se a agir, quer com o seu próprio esforço, quer com a assistência e cooperação internacionais, especialmente nos planos económico e técnico, no máximo dos seus recursos disponíveis, de modo a assegurar progressivamente o pleno exercício dos direitos reconhecidos no presente Pacto por todos os meios apropriados, incluindo em particular por meio de medidas legislativas.

2. Os Estados Partes no presente Pacto comprometem-se a garantir que os direitos nele enunciados serão exercidos sem discriminação alguma baseada em motivos de raça, cor, sexo, língua, religião, opinião política ou qualquer outra opinião, origem nacional ou social, fortuna, nascimento, qualquer outra situação.

3. Os países em vias de desenvolvimento, tendo em devida conta os direitos do homem e a respectiva economia nacional, podem determinar em que medida garantirão os direitos económicos no presente Pacto a não nacionais.

ARTIGO 3.º

Os Estados Partes no presente Pacto comprometem-se a assegurar o direito igual que têm o homem e a mulher ao gozo de todos os direitos económicos, sociais e culturais enumerados no presente Pacto.

ARTIGO 4.º

Os Estados Partes no presente Pacto reconhecem que, no gozo dos direitos assegurados pelo Estado, em conformidade com o presente Pacto, o Estado só pode submeter esses direitos às limitações estabelecidas pela lei, unicamente na medida compatível com a natureza desses direitos e exclusivamente com o fim de promover o bem-estar geral numa sociedade democrática.

ARTIGO 5.º
1. Nenhuma disposição do presente Pacto pode ser interpretada como implicando para um Estado, uma colectividade ou um indivíduo qualquer direito de se dedicar a uma actividade ou de realizar um acto visando a destruição dos direitos ou liberdades reconhecidos no presente Pacto ou a limitações mais amplas do que as previstas no dito Pacto.
2. Não pode ser admitida nenhuma restrição ou derrogação aos direitos fundamentais do homem reconhecidos ou em vigor, em qualquer país, em virtude de leis, convenções, regulamentos ou costumes, sob o pretexto de que o presente Pacto não os reconhece ou reconhece-os em menor grau.

TERCEIRA PARTE

ARTIGO 6.º
1. Os Estados Partes no presente Pacto reconhecem o direito ao trabalho, que compreende o direito que têm todas as pessoas de assegurar a possibilidade de ganhar a sua vida por meio de um trabalho livremente escolhido ou aceite, e tomarão medidas apropriadas para salvaguardar esse direito.
2. As medidas que cada um dos Estados Partes no presente Pacto tomará com vista a assegurar o pleno exercício deste direito devem incluir programas de orientação técnica e profissional, a elaboração de políticas e de técnicas capazes de garantir um desenvolvimento económico, social e cultural constante e um pleno emprego produtivo em condições que garantam o gozo das liberdades políticas e económicas fundamentais de cada indivíduo.

ARTIGO 7.º
Os Estados Partes no presente Pacto reconhecem o direito de todas as pessoas de gozar de condições de trabalho justas e favoráveis, que assegurem em especial:
a) Uma remuneração que proporcione. no mínimo, a todos os trabalhadores;
   i) Um salário equitativo e uma remuneração igual para um trabalho de valor igual, sem nenhuma distinção, devendo, em particular, às mulheres ser garantidas condições de trabalho não inferiores àquelas de que beneficiam os homens, com remuneração igual para trabalho igual;
   ii) Uma existência decente para eles próprios e para as suas famílias, em conformidade com as disposições do presente Pacto;
b) Condições de trabalho seguras e higiénicas;
c) Iguais oportunidades para todos de promoção no seu trabalho à categoria superior apropriada, sujeito a nenhuma outra consideração além da antiguidade de serviço e da aptidão individual;

d) Repouso, lazer e limitação razoável das horas de trabalho e férias periódicas pagas, bem como remuneração nos dias de feriados públicos.

ARTIGO 8.º

1. Os Estados Partes no presente Pacto comprometem-se a assegurar:

a) O direito de todas as pessoas de formarem sindicatos e de se filiarem no sindicato da sua escolha, sujeito somente ao regulamento da organização interessada, com vista a favorecer e proteger os seus interesses económicos e sociais. O exercício deste direito não pode ser objecto de restrições, a não ser daquelas previstas na lei e que sejam necessárias numa sociedade democrática, no interesse da segurança nacional ou da ordem pública, ou para proteger os direitos e as liberdades de outrem;

b) O direito dos sindicatos de formar federações ou confederações nacionais e o direito destas de formarem ou de se filiarem às organizações sindicais internacionais;

c) O direito dos sindicatos de exercer livremente a sua actividade, sem outras limitações além das previstas na lei, e que sejam necessárias numa sociedade democrática, no interesse da segurança social ou da ordem pública ou para proteger os direitos e as liberdades de outrem;

d) O direito de greve, sempre que exercido em conformidade com as leis de cada país.

2. O presente artigo não impede que o exercício desses direitos seja submetido a restrições legais pelos membros das forças armadas, da polícia ou pelas autoridades da administração pública.

3. Nenhuma disposição do presente artigo autoriza os Estados Partes na Convenção de 1948 da Organização Internacional do Trabalho, relativa à liberdade sindical e à protecção do direito sindical, a adoptar medidas legislativas, que prejudiquem – ou a aplicar a lei de modo a prejudicar – as garantias previstas na dita Convenção.

ARTIGO 9.º

Os Estados Partes no presente Pacto reconhecem o direito de todas as pessoas à segurança social, incluindo os seguros sociais.

ARTIGO 10.º

Os Estados Partes no presente Pacto reconhecem que:

1. Uma protecção e uma assistência mais amplas possíveis serão proporcionadas à família, que é o núcleo elementar natural e fundamental da sociedade, particularmente com vista à sua formação e no tempo durante o qual ela tem a responsabilidade de criar e educar os filhos. O casamento deve ser livremente consentido pelos futuros esposos.

2. Uma protecção especial deve ser dada às mães durante um período de tempo razoável antes e depois do nascimento das crianças. Durante este mesmo

período as mães trabalhadoras devem beneficiar de licença paga ou de licença acompanhada de serviços de segurança social adequados.

3. Medidas especiais de protecção e de assistência devem ser tomadas em benefício de todas as crianças e adolescentes, sem discriminação alguma derivada de razões de paternidade ou outras. Crianças e adolescentes devem ser protegidos contra a exploração económica e social. O seu emprego em trabalhos de natureza a comprometer a sua moralidade ou a sua saúde, capazes de pôr em perigo a sua vida, ou de prejudicar o seu desenvolvimento normal deve ser sujeito à sanção da lei. Os Estados devem também fixar os limites de idade abaixo dos quais o emprego de mão-de-obra infantil será interdito e sujeito às sanções da lei.

ARTIGO 11.º

1. Os Estados Partes no presente Pacto reconhecem o direito de todas as pessoas a um nível de vida suficiente para si e para as suas famílias, incluindo alimentação, vestuário e alojamento suficientes, bem como a um melhoramento constante das suas condições de existência. Os Estados Partes tomarão medidas apropriadas destinadas a assegurar a realização deste direito reconhecendo para este efeito a importância essencial de uma cooperação internacional livremente consentida.

2. Os Estados Partes do presente Pacto, reconhecendo o direito fundamental de todas as pessoas de estarem ao abrigo da fome, adoptarão individualmente e por meio da cooperação internacional as medidas necessárias, incluindo programas concretos:

a) Para melhorar os métodos de produção, de conservação e de distribuição dos produtos alimentares pela plena utilização dos conhecimentos técnicos e científicos, pela difusão de princípios de educação nutricional e pelo desenvolvimento ou a reforma dos regimes agrários, de maneira a assegurar da melhor forma a valorização e a utilização dos recursos naturais;

b) Para assegurar uma repartição equitativa dos recursos alimentares mundiais em relação às necessidades, tendo em conta os problemas que se põem tanto aos países importadores como aos países exportadores de produtos alimentares.

ARTIGO 12.º

1. Os Estados Partes no presente Pacto reconhecem o direito de todas as pessoas de gozar do melhor estado de saúde física e mental possível de atingir.

2. As medidas que os Estados Partes no presente Pacto tomarem com vista a assegurar o pleno exercício deste direito deverão compreender as medidas necessárias para assegurar:

a) A diminuição da mortinatalidade e da mortalidade infantil, bem como o são desenvolvimento da criança;

b) O melhoramento de todos os aspectos de higiene do meio ambiente e da higiene industrial;

c) A profilaxia, tratamento e controle das doenças epidémicas, endémicas, profissionais e outras;

d) A criação de condições próprias para assegurar a todas as pessoas serviços médicos e ajuda médica em caso de doença.

ARTIGO 13.º

1. Os Estados Partes no presente Pacto reconhecem o direito de toda a pessoa à educação. Concordam que a educação deve visar o pleno desenvolvimento da personalidade humana e o sentido da sua dignidade e reforçar o respeito pelos direitos do homem e das liberdades fundamentais. Concordam também que a educação deve habilitar toda a pessoa a desempenhar um papel útil numa sociedade livre, promover compreensão, tolerância e amizade entre todas as nações e grupos, raciais, étnicos e religiosos, e favorecer as actividades das Nações Unidas para a conservação da paz.

2. Os Estados Partes no presente Pacto reconhecem que, a fim de assegurar o pleno exercício deste direito:

a) O ensino primário deve ser obrigatório e acessível gratuitamente a todos;

b) O ensino secundário, nas suas diferentes formas, incluindo o ensino secundário técnico e profissional, deve ser generalizado e tornado acessível a todos por todos os meios apropriados e nomeadamente pela instauração progressiva da educação gratuita;

c) O ensino superior deve ser tornado acessível a todos em plena igualdade, em função das capacidades de cada um, por todos os meios apropriados e nomeadamente pela instauração progressiva da educação gratuita;

d) A educação de base deve ser encorajada ou intensificada, em toda a medida do possível, para as pessoas que não receberam instrução primária ou que não a receberam até ao seu termo;

e) É necessário prosseguir activamente o desenvolvimento de uma rede escolar em todos os escalões, estabelecer um sistema adequado de bolsas e melhorar de modo contínuo as condições materiais do pessoal docente.

3. Os Estados Partes no presente Pacto comprometem-se a respeitar a liberdade dos pais ou, quando tal for o caso, dos tutores legais de escolher para seus filhos (ou pupilos)estabelecimentos de ensino diferentes dos dos poderes públicos, mas conformes às normas mínimas que podem ser prescritas ou aprovadas pelo Estado em matéria de educação, e de assegurar a educação religiosa e moral de seus filhos (ou pupilos)em conformidade com as suas próprias convicções.

4. Nenhuma disposição do presente artigo deve ser interpretada como limitando a liberdade dos indivíduos e das pessoas morais de criar e dirigir estabelecimentos de ensino, sempre sob reserva de que os princípios enunciados no parágrafo 1 do presente artigo sejam observados e de que a educação proporcionada nesses estabelecimentos seja conforme às normas mínimas prescritas pelo Estado.

ARTIGO 14.º

Todo o Estado Parte no presente Pacto que, no momento em que se torna parte, não pôde assegurar ainda no território metropolitano ou nos territórios sob a sua jurisdição ensino primário obrigatório e gratuito compromete-se a elaborar e adoptar, num prazo de dois anos, um plano detalhado das medidas necessárias para realizar progressivamente, num número razoável de anos, fixados por esse plano, a aplicação do princípio do ensino primário obrigatório e gratuito para todos.

ARTIGO 15.º

1. Os Estados Partes no presente Pacto reconhecem a todos o direito:
a) De participar na vida cultural;
b) De beneficiar do progresso científico e das suas aplicações;
c) De beneficiar da protecção dos interesses morais e materiais que decorrem de toda a produção científica, literária ou artística de que cada um é autor.

2. As medidas que os Estados Partes no presente Pacto tomarem com vista a assegurarem o pleno exercício deste direito deverão compreender as que são necessárias para assegurar a manutenção, o desenvolvimento e a difusão da ciência e da cultura.

3. Os Estados Partes no presente Pacto comprometem-se a respeitar a liberdade indispensável à investigação científica e às actividades criadoras.

4. Os Estados Partes no presente Pacto reconhecem os benefícios que devem resultar do encorajamento e do desenvolvimento dos contactos internacionais e da cooperação no domínio da ciência e da cultura.

QUARTA PARTE

ARTIGO 16.º

1. Os Estados Partes no presente Pacto comprometem-se a apresentar, em conformidade com as disposições da presente parte do Pacto, relatórios sobre as medidas que tiverem adoptado e sobre os progressos realizados com vista a assegurar o respeito dos direitos reconhecidos no Pacto.

2:
a) Todos os relatórios serão dirigidos ao Secretário-Geral das Nações Unidas, que transmitirá cópias deles ao Conselho Económico e Social, para apreciação, em conformidade com as disposições do presente Pacto;

b) O Secretário-Geral da Organização das Nações Unidas transmitirá igualmente às agências especializadas cópias dos relatórios, ou das partes pertinentes dos relatórios, enviados pelos Estados Partes no presente Pacto que são igualmente membros das referidas agências especializadas, na medida em que esses relatórios, ou partes de relatórios, tenham relação a questões relevantes da competência das mencionadas agências nos termos dos seus respectivos instrumentos constitucionais.

ARTIGO 17.º
1. Os Estados Partes no presente Pacto apresentarão os seus relatórios por etapas, segundo um programa a ser estabelecido pelo Conselho Económico e Social, no prazo de um ano a contar da data da entrada em vigor do presente Pacto, depois de ter consultado os Estados Partes e as agências especializadas interessadas.
2. Os relatórios podem indicar os factores e as dificuldades que impedem estes Estados de desempenhar plenamente as obrigações previstas no presente Pacto.
3. No caso em que informações relevantes tenham já sido transmitidas à Organização das Nações Unidas ou a uma agência especializada por um Estado Parte no Pacto, não será necessário reproduzir as ditas informações e bastará uma referência precisa a essas informações.

ARTIGO 18.º
Em virtude das responsabilidades que lhe são conferidas pela Carta das Nações Unidas no domínio dos direitos do homem e das liberdades fundamentais, o Conselho Económico e Social poderá concluir arranjos com as agências especializadas, com vista à apresentação por estas de relatórios relativos aos progressos realizados na observância das disposições do presente Pacto que entram no quadro das suas actividades. Estes relatórios poderão compreender dados sobre as decisões e recomendações adoptadas pelos órgãos competentes das agências especializadas sobre a referida questão da observância.

ARTIGO 19.º
O Conselho Económico e Social pode enviar à Comissão dos Direitos do Homem para fins de estudo e de recomendação de ordem geral ou para informação, se for caso disso, os relatórios respeitantes aos direitos do homem transmitidos pelos Estados, em conformidade com os artigos 16.º e 17.º e os relatórios respeitantes aos direitos do homem comunicados pelas agências especializadas em conformidade com o artigo 18.º

ARTIGO 20.º
Os Estados Partes no presente Pacto e as agências especializadas interessadas podem apresentar ao Conselho Económico e Social observações sobre todas as recomendações de ordem geral feitas em virtude do artigo 19.º, ou sobre todas as menções de uma recomendação de ordem geral figurando num relatório da Comissão dos Direitos do Homem ou em todos os documentos mencionados no dito relatório.

ARTIGO 21.º

O Conselho Económico e Social pode apresentar de tempos a tempos à Assembleia Geral relatórios contendo recomendações de carácter geral e um resumo das informações recebidas dos Estados Partes no presente Pacto e das agências especializadas sobre as medidas tomadas e os progressos realizados com vista a assegurar o respeito geral dos direitos reconhecidos no presente Pacto.

ARTIGO 22.º

O Conselho Económico e Social pode levar à atenção dos outros órgãos da Organização das Nações Unidas, dos seus órgãos subsidiários e das agências especializadas interessadas que se dedicam a fornecer assistência técnica quaisquer questões suscitadas pelos relatórios mencionados nesta parte do presente Pacto e que possa ajudar estes organismos a pronunciarem-se, cada um na sua própria esfera de competência, sobre a oportunidade de medidas internacionais capazes de contribuir para a execução efectiva e progressiva do presente Pacto.

ARTIGO 23.º

Os Estados Partes no presente Pacto concordam que as medidas de ordem internacional destinadas a assegurar a realização dos direitos reconhecidos no dito Pacto incluem métodos, tais como a conclusão de convenções, a adopção de recomendações, a prestação de assistência técnica e a organização, em ligação com os governos interessados, de reuniões regionais e de reuniões técnicas para fins de consulta e de estudos.

ARTIGO 24.º

Nenhuma disposição do presente Pacto deve ser interpretada como atentando contra as disposições da Carta das Nações Unidas e dos estatutos das agências especializadas que definem as respectivas responsabilidades dos diversos órgãos da Organização das Nações Unidas e das agências especializadas no que respeita às questões tratadas no presente Pacto.

ARTIGO 25.º

Nenhuma disposição do presente Pacto será interpretada como atentando contra o direito inerente a todos os povos de gozar e a usufruir plena e livremente das suas riquezas e recursos naturais.

QUINTA PARTE

ARTIGO 26.º

1. O presente Pacto está aberto à assinatura de todos os Estados Membros da Organização das Nações Unidas ou membros de qualquer das suas agências es-

pecializadas, de todos os Estados Partes no Estatuto do Tribunal Internacional de Justiça, bem como de todos os outros Estados convidados pela Assembleia Geral das Nações Unidas e tornarem-se partes no presente Pacto.

2. O presente Pacto está sujeito a ratificação. Os instrumentos de ratificação serão depositados junto do secretário-geral da Organização das Nações Unidas.

3. O presente Pacto será aberto à adesão de todos os Estados referidos no parágrafo 1 do presente artigo.

4. A adesão far-se-á pelo depósito de um instrumento de adesão junto do Secretário-Geral da Organização das Nações Unidas.

5. O Secretário-Geral da Organização das Nações Unidas informará todos os Estados que assinaram o presente Pacto ou que a ele aderirem acerca do depósito de cada instrumento de ratificação ou de adesão.

ARTIGO 27.º

1. O presente Pacto entrará em vigor três meses após a data do depósito junto do Secretário-Geral da Organização das Nações Unidas do trigésimo quinto instrumento de ratificação ou de adesão.

2. Para cada um dos Estados que ratificarem o presente Pacto ou a ele aderirem depois do depósito do trigésimo quinto instrumento de ratificação ou de adesão, o dito Pacto entrará em vigor três meses depois da data do depósito por esse Estado do seu instrumento de ratificação ou de adesão.

ARTIGO 28.º

As disposições do presente Pacto aplicam-se, sem quaisquer limitações ou excepções, a todas as unidades constitutivas dos Estados Federais.

ARTIGO 29.º

1. Todo o Estado Parte no presente Pacto pode propor uma emenda e depositar o respectivo texto junto do Secretário-Geral da Organização das Nações Unidas. O Secretário-Geral transmitirá então todos os projectos de emenda aos Estados Partes no presente Pacto, pedindo-lhes que indiquem se desejam que se convoque uma conferência de Estados Partes para examinar esses projectos e submetê-los à votação. Se um terço, pelo menos, dos Estados se declararem a favor desta convocação, o Secretário-Geral convocará a conferência sob os auspícios da Organização das Nações Unidas. Toda a emenda adoptada pela maioria dos Estados presentes e votantes na conferência será submetida para aprovação à Assembleia Geral das Nações Unidas.

2. As emendas entrarão em vigor quando aprovadas pela Assembleia Geral das Nações Unidas e aceites, em conformidade com as respectivas regras constitucionais, por uma maioria de dois terços dos Estados Partes no presente Pacto.

3. Quando as emendas entram em vigor, elas vinculam os Estados Partes que as aceitaram, ficando os outros Estados Partes ligados pelas disposições do presente Pacto e por todas as emendas anteriores que tiverem aceite.

ARTIGO 30.º

Independentemente das notificações previstas no parágrafo 5 do artigo 26.º, o Secretário-Geral da Organização das Nações Unidas informará todos os Estados visados no parágrafo 1 do dito artigo:

a) Acerca das assinaturas apostas ao presente Pacto e acerca dos instrumentos de ratificação e de adesão depositados em conformidade com o artigo 26.º;

b) Acerca da data em que o presente Pacto entrar em vigor em conformidade com o artigo 27.º e acerca da data em que entrarão em vigor as emendas previstas no artigo 29.º

ARTIGO 31.º

1. O presente Pacto, cujos textos em inglês, chinês, espanhol, francês e russo fazem igual fé, será depositado nos arquivos das Nações Unidas.

2. O Secretário-Geral da Organização das Nações Unidas transmitirá cópias certificadas do presente Pacto a todos os Estados visados no artigo 26.º

ANEXO IV

PACTO INTERNACIONAL SOBRE OS DIREITOS CIVIS E POLÍTICOS

PREÂMBULO

Os Estados Partes no presente Pacto:
Considerando que, em conformidade com os princípios enunciados na Carta das Nações Unidas, o reconhecimento da dignidade inerente a todos os membros da família humana e dos seus direitos iguais e inalienáveis constitui o fundamento da liberdade, da justiça e da paz no Mundo;
Reconhecendo que estes direitos decorrem da dignidade inerente à pessoa humana;
Reconhecendo que, em conformidade com a Declaração Universal dos Direitos do Homem, o ideal do ser humano livre, usufruindo das liberdades civis e políticas e liberto do medo e da miséria, não pode ser realizado a menos que sejam criadas condições que permitam a cada um gozar dos seus direitos civis e políticos, bem como dos seus direitos económicos, sociais e culturais;
Considerando que a Carta das Nações Unidas impõe aos Estados a obrigação de promover o respeito universal e efectivo dos direitos e das liberdades do homem;
Tomando em consideração o facto de que o indivíduo tem deveres em relação a outrem e em relação à colectividade a que pertence e tem a responsabilidade de se esforçar a promover e respeitar os direitos reconhecidos no presente Pacto:
Acordam o que segue:

PRIMEIRA PARTE

ARTIGO 1.º

1. Todos os povos têm o direito a dispor deles mesmos. Em virtude deste direito, eles determinam livremente o seu estatuto político e dedicam-se livremente ao seu desenvolvimento económico, social e cultural.

2. Para atingir os seus fins, todos os povos podem dispor livremente das suas riquezas e dos seus recursos naturais, sem prejuízo de quaisquer obrigações que decorrem da cooperação económica internacional, fundada sobre o princípio do interesse mútuo e do direito internacional. Em nenhum caso pode um povo ser privado dos seus meios de subsistência.

3. Os Estados Partes no presente Pacto, incluindo aqueles que têm a responsabilidade de administrar territórios não autónomos e territórios sob tutela, são chamados a promover a realização do direito dos povos a disporem de si mesmos e a respeitar esse direito, conforme às disposições da Carta das Nações Unidas.

SEGUNDA PARTE

ARTIGO 2.º

1. Cada Estado Parte no presente Pacto compromete-se a respeitar e a garantir a todos os indivíduos que se encontrem nos seus territórios e estejam sujeitos à sua jurisdição os direitos reconhecidos no presente Pacto, sem qualquer distinção, derivada, nomeadamente, de raça, de cor, de sexo, de língua, de religião, de opinião política, ou de qualquer outra opinião, de origem nacional ou social, de propriedade ou de nascimento, ou de outra situação.

2. Cada Estado Parte no presente Pacto compromete-se a adoptar, de acordo com os seus processos constitucionais e com as disposições do presente Pacto, as medidas que permitam a adopção de decisões de ordem legislativa ou outra capazes de dar efeito aos direitos reconhecidos no presente Pacto que ainda não estiverem em vigor.

3. Cada Estado Parte no presente Pacto compromete-se a:

a) Garantir que todas as pessoas cujos direitos e liberdades reconhecidos no presente Pacto forem violados disponham de recurso eficaz, mesmo no caso de a violação ter sido cometida por pessoas agindo no exercício das suas funções oficiais;

b) Garantir que a competente autoridade judiciária, administrativa ou legislativa, ou qualquer outra autoridade competente, segundo a legislação do Estado, estatua sobre os direitos da pessoa que forma o recurso, e desenvolva as possibilidades de recurso jurisdicional;

c) Garantir que as competentes autoridades façam cumprir os resultados de qualquer recurso que for reconhecido como justificado.

ARTIGO 3.º

Os Estados Partes no presente Pacto comprometem-se a assegurar o direito igual dos homens e das mulheres a usufruir de todos os direitos civis e políticos enunciados no presente Pacto.

ARTIGO 4.º

1. Em tempo de uma emergência pública que ameaça a existência da nação e cuja existência seja proclamada por um acto oficial, os Estados Partes no presente Pacto podem tomar, na estrita medida em que a situação o exigir, medidas que derroguem as obrigações previstas no presente Pacto, sob reserva de que essas medidas não sejam incompatíveis com outras obrigações que lhes impõe o direito internacional e que elas não envolvam uma discriminação fundada unicamente sobre a raça, a cor, o sexo, a língua, a religião ou a origem social.

2. A disposição precedente não autoriza nenhuma derrogação aos artigos 6.º, 7.º, 8.º, parágrafos 1 e 2, 11.º, 15.º, 16.º e 18.º

3. Os Estados Partes no presente Pacto que usam do direito de derrogação devem, por intermédio do secretário-geral da Organização das Nações Unidas, informar imediatamente os outros Estados Partes acerca das disposições derrogadas, bem como os motivos dessa derrogação. Uma nova comunicação será feita pela mesma via na data em que se pôs fim a essa derrogação.

ARTIGO 5.º

1. Nenhuma disposição do presente Pacto pode ser interpretada como implicando para um Estado, um grupo ou um indivíduo qualquer direito de se dedicar a uma actividade ou de realizar um acto visando a destruição dos direitos e das liberdades reconhecidas no presente Pacto ou as suas limitações mais amplas que as previstas no dito Pacto.

2. Não pode ser admitida nenhuma restrição ou derrogação aos direitos fundamentais do homem reconhecidos ou em vigor em todo o Estado Parte no presente Pacto em aplicação de leis, de convenções, de regulamentos ou de costumes, sob pretexto de que o presente Pacto não os reconhece ou reconhece-os em menor grau.

TERCEIRA PARTE

ARTIGO 6.º

1. O direito à vida é inerente à pessoa humana. Este direito deve ser protegido pela lei: ninguém pode ser arbitrariamente privado da vida.

2. Nos países em que a pena de morte não foi abolida, uma sentença de morte só pode ser pronunciada para os crimes mais graves, em conformidade com a legislação em vigor, no momento em que o crime foi cometido e que não deve estar em contradição com as disposições do presente Pacto nem com a Convenção para a Prevenção e a Repressão do Crime de Genocídio. Esta pena não pode ser aplicada senão em virtude de um juízo definitivo pronunciado por um tribunal competente.

3. Quando a privação da vida constitui o crime de genocídio fica entendido que nenhuma disposição do presente artigo autoriza um Estado Parte no presente Pacto a derrogar de alguma maneira qualquer obrigação assumida em virtude das disposições da Convenção para a Prevenção e a Repressão do Crime de Genocídio.

4. Qualquer indivíduo condenado à morte terá o direito de solicitar o perdão ou a comutação da pena. A amnistia, o perdão ou a comutação da pena de morte podem ser concedidos em todos os casos.

5. Uma sentença de morte não pode ser pronunciada em casos de crimes cometidos por pessoas de idade inferior a 18 anos e não pode ser executada sobre mulheres grávidas.

6. Nenhuma disposição do presente artigo pode ser invocada para retardar ou impedir a abolição da pena capital por um Estado Parte no presente Pacto.

ARTIGO 7.º

Ninguém será submetido à tortura nem a pena ou a tratamentos cruéis, inumanos ou degradantes. Em particular, é interdito submeter uma pessoa a uma experiência médica ou científica sem o seu livre consentimento.

ARTIGO 8.º

1. Ninguém será submetido à escravidão; a escravidão e o tráfico de escravos, sob todas as suas formas, são interditos.

2. Ninguém será mantido em servidão.

3:

a) Ninguém será constrangido a realizar trabalho forçado ou obrigatório;

b) A alínea a) do presente parágrafo não pode ser interpretada no sentido de proibir, em certos países onde crimes podem ser punidos de prisão acompanhada de trabalhos forçados, o cumprimento de uma pena de trabalhos forçados, infligida por um tribunal competente;

c) Não é considerado como trabalho forçado ou obrigatório no sentido do presente parágrafo:

 i) Todo o trabalho não referido na alínea b) normalmente exigido de um indivíduo que é detido em virtude de uma decisão judicial legítima ou que tendo sido objecto de uma tal decisão é libertado condicionalmente;

 ii) Todo o serviço de carácter militar e, nos países em que a objecção por motivos de consciência é admitida, todo o serviço nacional exigido pela lei dos objectores de consciência;

 iii) Todo o serviço exigido nos casos de força maior ou de sinistros que ameacem a vida ou o bem-estar da comunidade;

 iv) Todo o trabalho ou todo o serviço formando parte das obrigações cívicas normais.

ARTIGO 9.º

1. Todo o indivíduo tem direito à liberdade e à segurança da sua pessoa. Ninguém pode ser objecto de prisão ou detenção arbitrária. Ninguém pode ser privado da sua liberdade a não ser por motivo e em conformidade com processos previstos na lei.

2. Todo o indivíduo preso será informado, no momento da sua detenção, das razões dessa detenção e receberá notificação imediata de todas as acusações apresentadas contra ele.

3. Todo o indivíduo preso ou detido sob acusação de uma infracção penal será prontamente conduzido perante um juiz ou uma outra autoridade habilitada pela lei a exercer funções judiciárias e deverá ser julgado num prazo razoável ou libertado. A detenção prisional de pessoas aguardando julgamento não deve ser regra geral, mas a sua libertação pode ser subordinada a garantir que assegurem a presença do interessado no julgamento em qualquer outra fase do processo e, se for caso disso, para execução da sentença.

4. Todo o indivíduo que se encontrar privado de liberdade por prisão ou detenção terá o direito de intentar um recurso perante um tribunal, a fim de que este estatua sem demora sobre a legalidade da sua detenção e ordene a sua libertação se a detenção for ilegal.

5. Todo o indivíduo vítima de prisão ou de detenção ilegal terá direito a compensação.

ARTIGO 10.º

1. Todos os indivíduos privados da sua liberdade devem ser tratados com humanidade e com respeito da dignidade inerente à pessoa humana.

2:
a) Pessoas sob acusação serão, salvo circunstâncias excepcionais, separadas dos condenados e submetidas a um regime distinto, apropriado à sua condição de pessoas não condenadas;
b) Jovens sob detenção serão separados dos adultos e o seu caso será decidido o mais rapidamente possível.

3. O regime penitenciário comportará tratamento dos reclusos cujo fim essencial é a sua emenda e a sua recuperação social. Delinquentes jovens serão separados dos adultos e submetidos a um regime apropriado à sua idade e ao seu estatuto legal.

ARTIGO 11.º

Ninguém pode ser aprisionado pela única razão de que não está em situação de executar uma obrigação contratual.

ARTIGO 12.º

1. Todo o indivíduo legalmente no território de um Estado tem o direito de circular livremente e de aí escolher livremente a sua residência.

2. Todas as pessoas são livres de deixar qualquer país, incluindo o seu.

3. Os direitos mencionados acima não podem ser objecto de restrições, a não ser que estas estejam previstas na lei e sejam necessárias para proteger a segurança nacional, a ordem pública, a saúde ou a moralidade públicas ou os direitos e liberdades de outrem e sejam compatíveis com os outros direitos reconhecidos pelo presente Pacto.

4. Ninguém pode ser arbitrariamente privado do direito de entrar no seu próprio país.

ARTIGO 13.º

Um estrangeiro que se encontre legalmente no território de um Estado Parte no presente Pacto não pode ser expulso, a não ser em cumprimento de uma decisão tomada em conformidade com a lei e, a menos que razões imperiosas de segurança nacional a isso se oponham, deve ter a possibilidade de fazer valer as razões que militam contra a sua expulsão e de fazer examinar o seu caso pela autoridade competente ou por uma ou várias pessoas especialmente designadas pela dita autoridade, fazendo-se representar para esse fim.

ARTIGO 14.º

1. Todos são iguais perante os tribunais de justiça. Todas as pessoas têm direito a que a sua causa seja ouvida equitativa e publicamente por um tribunal competente, independente e imparcial, estabelecido pela lei, que decidirá quer do bem fundado de qualquer acusação em matéria penal dirigida contra elas, quer das contestações sobre os seus direitos e obrigações de carácter civil. As audições à porta fechada podem ser determinadas durante a totalidade ou uma parte do processo, seja no interesse dos bons costumes, da ordem pública ou da segurança nacional numa sociedade democrática, seja quando o interesse da vida privada das partes em causa o exija, seja ainda na medida em que o tribunal o considerar absolutamente necessário, quando, por motivo das circunstâncias particulares do caso, a publicidade prejudicasse os interesses da justiça; todavia qualquer sentença pronunciada em matéria penal ou civil será publicada, salvo se o interesse de menores exigir que se proceda de outra forma ou se o processo respeita a diferendos matrimoniais ou à tutela de crianças.

2. Qualquer pessoa acusada de infracção penal é de direito presumida inocente até que a sua culpabilidade tenha sido legalmente estabelecida.

3. Qualquer pessoa acusada de uma infracção penal terá direito, em plena igualdade, pelo menos às seguintes garantias:

a) A ser prontamente informada, numa língua que ela compreenda, de modo detalhado, acerca da natureza e dos motivos da acusação apresentada contra ela;

b) A dispor do tempo e das facilidades necessárias para a preparação da defesa e a comunicar com um advogado da sua escolha;

c) A ser julgada sem demora excessiva;

d) A estar presente no processo e a defender-se a si própria ou a ter a assistência de um defensor da sua escolha; se não tiver defensor, a ser informada do seu direito de ter um e, sempre que o interesse da justiça o exigir, a ser-lhe atribuído um defensor oficioso, a título gratuito no caso de não ter meios para o remunerar;

e) A interrogar ou fazer interrogar as testemunhas de acusação e a obter a comparência e o interrogatório das testemunhas de defesa nas mesmas condições das testemunhas de acusação;

f) A fazer-se assistir gratuitamente de um intérprete, se não compreender ou não falar a língua utilizada no tribunal;

g) A não ser forçada a testemunhar contra si própria ou a confessar-se culpada.

4. No processo aplicável às pessoas jovens a lei penal terá em conta a sua idade e o interesse que apresenta a sua reabilitação.

5. Qualquer pessoa declarada culpada de crime terá o direito de fazer examinar por uma jurisdição superior a declaração de culpabilidade e a sentença, em conformidade com a lei.

6. Quando uma condenação penal definitiva é ulteriormente anulada ou quando é concedido o indulto, porque um facto novo ou recentemente revelado prova concludentemente que se produziu um erro judiciário, a pessoa que cumpriu uma pena em virtude dessa condenação será indemnizada, em conformidade com a lei, a menos que se prove que a não revelação em tempo útil do facto desconhecido lhe é imputável no todo ou em parte.

7. Ninguém pode ser julgado ou punido novamente por motivo de uma infracção da qual já foi absolvido ou pela qual já foi condenado por sentença definitiva, em conformidade com a lei e o processo penal de cada país.

ARTIGO 15.º

1. Ninguém será condenado por actos ou omissões que não constituam um acto delituoso, segundo o direito nacional ou internacional, no momento em que forem cometidos. Do mesmo modo não será aplicada nenhuma pena mais forte do que aquela que era aplicável no momento em que a infracção foi cometida. Se posteriormente a esta infracção a lei prevê a aplicação de uma pena mais ligeira, o delinquente deve beneficiar da alteração.

2. Nada no presente artigo se opõe ao julgamento ou à condenação de qualquer indivíduo por motivo de actos ou omissões que no momento em que foram cometidos eram tidos por criminosos, segundo os princípios gerais de direito reconhecidos pela comunidade das nações.

ARTIGO 16.º

Toda e qualquer pessoa tem direito ao reconhecimento, em qualquer lugar, da sua personalidade jurídica.

ARTIGO 17.º
1. Ninguém será objecto de intervenções arbitrárias ou ilegais na sua vida privada, na sua família, no seu domicílio ou na sua correspondência, nem de atentados ilegais à sua honra e à sua reputação.
2. Toda e qualquer pessoa tem direito à protecção da lei contra tais intervenções ou tais atentados.

ARTIGO 18.º
1. Toda e qualquer pessoa tem direito à liberdade de pensamento, de consciência e de religião; este direito implica a liberdade de ter ou de adoptar uma religião ou uma convicção da sua escolha, bem como a liberdade de manifestar a sua religião ou a sua convicção, individualmente ou conjuntamente com outros, tanto em público como em privado, pelo culto, cumprimento dos ritos, as práticas e o ensino.
2. Ninguém será objecto de pressões que atentem à sua liberdade de ter ou de adoptar uma religião ou uma convicção da sua escolha.
3. A liberdade de manifestar a sua religião ou as suas convicções só pode ser objecto de restrições previstas na lei e que sejam necessárias à protecção de segurança, da ordem e da saúde públicas ou da moral e das liberdades e direitos fundamentais de outrem.
4. Os Estados Partes no presente Pacto comprometem-se a respeitar a liberdade dos pais e, em caso disso, dos tutores legais a fazerem assegurar a educação religiosa e moral dos seus filhos e pupilos, em conformidade com as suas próprias convicções.

ARTIGO 19.º
1. Ninguém pode ser inquietado pelas suas opiniões.
2. Toda e qualquer pessoa tem direito à liberdade de expressão; este direito compreende a liberdade de procurar, receber e expandir informações e ideias de toda a espécie, sem consideração de fronteiras, sob forma oral ou escrita, impressa ou artística, ou por qualquer outro meio à sua escolha.
3. O exercício das liberdades previstas no parágrafo 2 do presente artigo comporta deveres e responsabilidades especiais. Pode, em consequência, ser submetido a certas restrições, que devem, todavia, ser expressamente fixadas na lei e que são necessárias:
   a) Ao respeito dos direitos ou da reputação de outrem;
   b) À salvaguarda da segurança nacional, da ordem pública, da saúde e da moralidade públicas.

ARTIGO 20.º
1. Toda a propaganda em favor da guerra deve ser interditada pela lei.
2. Todo o apelo ao ódio nacional, racial e religioso que constitua uma incitação à discriminação, à hostilidade ou à violência deve ser interditado pela lei.

ARTIGO 21.º

O direito de reunião pacífica é reconhecido. O exercício deste direito só pode ser objecto de restrições impostas em conformidade com a lei e que são necessárias numa sociedade democrática, no interesse da segurança nacional, da segurança pública, da ordem pública ou para proteger a saúde e a moralidade públicas ou os direitos e as liberdades de outrem.

ARTIGO 22.º

1. Toda e qualquer pessoa tem o direito de se associar livremente com outras, incluindo o direito de constituir sindicatos e de a eles aderir para a protecção dos seus interesses.

2. O exercício deste direito só pode ser objecto de restrições previstas na lei e que são necessárias numa sociedade democrática, no interesse da segurança nacional, da segurança pública, da ordem pública e para proteger a saúde ou a moralidade públicas ou os direitos e as liberdades de outrem. O presente artigo não impede de submeter a restrições legais o exercício deste direito por parte de membros das forças armadas e da polícia.

3. Nenhuma disposição do presente artigo permite aos Estados Partes na Convenção de 1948 da Organização Internacional do Trabalho respeitante à liberdade sindical e à protecção do direito sindical tomar medidas legislativas que atentem – ou aplicar a lei de modo a atentar – contra as garantias previstas na dita Convenção.

ARTIGO 23.º

1. A família é o elemento natural e fundamental da sociedade e tem direito à protecção da sociedade e do Estado.

2. O direito de se casar e de fundar uma família é reconhecido ao homem e à mulher a partir da idade núbil.

3. Nenhum casamento pode ser concluído sem o livre e pleno consentimento dos futuros esposos.

4. Os Estados Partes no presente Pacto tomarão as medidas necessárias para assegurar a igualdade dos direitos e das responsabilidades dos esposos em relação ao casamento, durante a constância do matrimónio e aquando da sua dissolução. Em caso de dissolução, serão tomadas disposições a fim de assegurar aos filhos a protecção necessária.

ARTIGO 24.º

1. Qualquer criança, sem nenhuma discriminação de raça, cor, sexo, língua, religião, origem nacional ou social, propriedade ou nascimento, tem direito, da parte da sua família, da sociedade e do Estado, às medidas de protecção que exija a sua condição de menor.

2. Toda e qualquer criança deve ser registada imediatamente após o nascimento e ter um nome.

3. Toda e qualquer criança tem o direito de adquirir uma nacionalidade.

ARTIGO 25.º

Todo o cidadão tem o direito e a possibilidade, sem nenhuma das discriminações referidas no artigo 2.º e sem restrições excessivas: :

a) De tomar parte na direcção dos negócios públicos, directamente ou por intermédio de representantes livremente eleitos;

b) De votar e ser eleito, em eleições periódicas, honestas, por sufrágio universal e igual e por escrutínio secreto, assegurando a livre expressão da vontade dos eleitores;

c) De aceder, em condições gerais de igualdade, às funções públicas do seu país.

ARTIGO 26.º

Todas as pessoas são iguais perante a lei e têm direito, sem discriminação, a igual protecção da lei. A este respeito, a lei deve proibir todas as discriminações e garantir a todas as pessoas protecção igual e eficaz contra toda a espécie de discriminação, nomeadamente por motivos de raça, de cor, de sexo, de língua, de religião, de opinião política ou de qualquer outra opinião, de origem nacional ou social, de propriedade, de nascimento ou de qualquer outra situação.

ARTIGO 27.º

Nos Estados em que existam minorias étnicas, religiosas ou linguísticas, as pessoas pertencentes a essas minorias não devem ser privadas do direito de ter, em comum com os outros membros do seu grupo, a sua própria vida cultural, de professar e de praticar a sua própria religião ou de empregar a sua própria língua.

QUARTA PARTE

ARTIGO 28.º

1. É instituído um Comité dos Direitos do Homem (a seguir denominado Comité no presente Pacto). Este Comité é composto de dezoito membros e tem as funções definidas a seguir.

2. O Comité é composto de nacionais dos Estados Partes do presente Pacto, que devem ser personalidades de alta moralidade e possuidoras de reconhecida competência no domínio dos direitos do homem. Ter-se-á em conta o interesse, que se verifique, da participação nos trabalhos do Comité de algumas pessoas que tenham experiência jurídica.

3. Os membros do Comité são eleitos e exercem funções a título pessoal.

ARTIGO 29.º
1. Os membros do Comité serão eleitos, por escrutínio secreto, de uma lista de indivíduos com as habilitações previstas no artigo 28.º e nomeados para o fim pelos Estados Partes no presente Pacto.
2. Cada Estado Parte no presente Pacto pode nomear não mais de dois indivíduos, que serão seus nacionais.
3. Qualquer indivíduo será elegível à renomeação.

ARTIGO 30.º
1. A primeira eleição terá lugar, o mais tardar, seis meses depois da data da entrada em vigor do presente Pacto.
2. Quatro meses antes, pelo menos, da data de qualquer eleição para o Comité, que não seja uma eleição em vista a preencher uma vaga declarada em conformidade com o artigo 34.º, o secretário-geral da Organização das Nações Unidas convidará por escrito os Estados Partes no presente Pacto a designar, num prazo de três meses, os candidatos que eles propõem como membros do Comité.
3. O secretário-geral das Nações Unidas elaborará uma lista alfabética de todas as pessoas assim apresentadas, mencionando os Estados Partes que as nomearam, e comunicá-la-á aos Estados Partes no presente Pacto o mais tardar um mês antes da data de cada eleição.
4. Os membros do Comité serão eleitos no decurso de uma reunião dos Estados Partes no presente Pacto, convocada pelo secretário-geral das Nações Unidas na sede da Organização. Nesta reunião, em que o quórum é constituído por dois terços dos Estados Partes no presente Pacto, serão eleitos membros do Comité os candidatos que obtiverem o maior número de votos e a maioria absoluta dos votos dos representantes dos Estados Partes presentes e votantes.

ARTIGO 31.º
1. O Comité não pode incluir mais de um nacional de um mesmo Estado.
2. Nas eleições para o Comité ter-se-á em conta a repartição geográfica equitativa e a representação de diferentes tipos de civilização, bem como dos principais sistemas jurídicos.

ARTIGO 32.º
1. Os membros do Comité são eleitos por quatro anos. São reelegíveis no caso de serem novamente propostos. Todavia, o mandato de nove membros eleitos aquando da primeira votação terminará ao fim de dois anos; imediatamente depois da primeira eleição, os nomes destes nove membros serão tirados à sorte pelo presidente da reunião referida no parágrafo 4 do artigo 30.º
2. À data da expiração do mandato, as eleições terão lugar em conformidade com as disposições dos artigos precedentes da presente parte do Pacto.

ARTIGO 33.º

1. Se, na opinião unânime dos outros membros, um membro do Comité cessar de cumprir as suas funções por qualquer causa que não seja por motivo de uma ausência temporária, o presidente do Comité informará o secretário-geral das Nações Unidas, o qual declarará vago o lugar que ocupava o dito membro.

2. Em caso de morte ou de demissão de um membro do Comité, o presidente informará imediatamente o secretário-geral das Nações Unidas, que declarará o lugar vago a contar da data da morte ou daquela em que a demissão produzir efeito.

ARTIGO 34.º

1. Quando uma vaga for declarada em conformidade com o artigo 33.º e se o mandato do membro a substituir não expirar nos seis meses que seguem à data na qual a vaga foi declarada, o secretário-geral das Nações Unidas avisará os Estados Partes no presente Pacto de que podem designar candidatos num prazo de dois meses, em conformidade com as disposições do artigo 29.º, com vista a prover a vaga.

2. O secretário-geral das Nações Unidas elaborará uma lista alfabética das pessoas assim apresentadas e comunicá-la-á aos Estados Partes no presente Pacto. A eleição destinada a preencher a vaga terá então lugar, em conformidade com as relevantes disposições desta parte do presente Pacto.

3. Um membro do Comité eleito para um lugar declarado vago, em conformidade com o artigo 33.º, faz parte do Comité até à data normal de expiração do mandato do membro cujo lugar ficou vago no Comité, em conformidade com as disposições do referido artigo.

ARTIGO 35.º

Os membros do Comité recebem, com a aprovação da Assembleia Geral das Nações Unidas, emolumentos provenientes dos recursos financeiros das Nações Unidas em termos e condições fixados pela Assembleia Geral, tendo em vista a importância das funções do Comité.

ARTIGO 36.º

O secretário-geral das Nações Unidas porá à disposição do Comité o pessoal e os meios materiais necessários para o desempenho eficaz das funções que lhe são confiadas em virtude do presente Pacto.

ARTIGO 37.º

1. O secretário-geral das Nações Unidas convocará a primeira reunião do Comité, na sede da Organização.

2. Depois da sua primeira reunião o Comité reunir-se-á em todas as ocasiões previstas no seu regulamento interno.

3. As reuniões do Comité terão normalmente lugar na sede da Organização das Nações Unidas ou no Departamento das Nações Unidas em Genebra.

ARTIGO 38.º

Todos os membros do Comité devem, antes de entrar em funções, tomar, em sessão pública, o compromisso solene de cumprir as suas funções com imparcialidade e com consciência.

ARTIGO 39.º

1. O Comité elegerá o seu secretariado por um período de dois anos. Os membros do secretariado são reelegíveis.

2. O Comité elaborará o seu próprio regulamento interno; este deve, todavia, conter, entre outras, as seguintes disposições:
   a) O quórum é de doze membros;
   b) As decisões do Comité são tomadas por maioria dos membros presentes.

ARTIGO 40.º

1. Os Estados Partes no presente Pacto comprometem-se a apresentar relatórios sobre as medidas que houverem tomado e dêem efeito aos direitos nele consignados e sobre os progressos realizados no gozo destes direitos:
   a) Dentro de um ano a contar da data de entrada em vigor do presente Pacto, cada Estado Parte interessado;
   b) E ulteriormente, cada vez que o Comité o solicitar.

2. Todos os relatórios serão dirigidos ao secretário-geral das Nações Unidas, que os transmitirá ao Comité para apreciação. Os relatórios deverão indicar quaisquer factores e dificuldades que afectem a execução das disposições do presente Pacto.

3. O secretário-geral das Nações Unidas pode, após consulta ao Comité, enviar às agências especializadas interessadas cópia das partes do relatório que possam ter relação com o seu domínio de competência.

4. O Comité estudará os relatórios apresentados pelos Estados Partes no presente Pacto, e dirigirá aos Estados Partes os seus próprios relatórios, bem como todas as observações gerais que julgar apropriadas. O Comité pode igualmente transmitir ao Conselho Económico e Social essas suas observações acompanhadas de cópias dos relatórios que recebeu de Estados Partes no presente Pacto.

5. Os Estados Partes no presente Pacto podem apresentar ao Comité os comentários sobre todas as observações feitas em virtude do parágrafo 4 do presente artigo.

ARTIGO 41.º

1. Qualquer Estado Parte no presente Pacto pode, em virtude do presente artigo, declarar, a todo o momento, que reconhece a competência do Comité para receber e apreciar comunicações nas quais um Estado Parte pretende que um outro

Estado Parte não cumpre as suas obrigações resultantes do presente Pacto. As comunicações apresentadas em virtude do presente artigo não podem ser recebidas e examinadas, a menos que emanem de um Estado Parte que fez uma declaração reconhecendo, no que lhe diz respeito, a competência do Comité. O Comité não receberá nenhuma comunicação que interesse a um Estado Parte que não fez uma tal declaração. O processo abaixo indicado aplica-se em relação às comunicações recebidas em conformidade com o presente artigo:

a) Se um Estado Parte no presente Pacto julgar que um outro Estado igualmente Parte neste Pacto não aplica as respectivas disposições, pode chamar, por comunicação escrita, a atenção desse Estado sobre a questão. Num prazo de três meses a contar da recepção da comunicação o Estado destinatário apresentará ao Estado que lhe dirigiu a comunicação explicações ou quaisquer outras declarações escritas elucidando a questão, que deverão incluir, na medida do possível e do útil, indicações sobre as regras de processo e sobre os meios de recurso, quer os já utilizados, quer os que estão em instância, quer os que permanecem abertos;

b) Se, num prazo de seis meses a contar da data de recepção da comunicação original pelo Estado destinatário, a questão não foi regulada satisfatoriamente para os dois Estados interessados, tanto um como o outro terão o direito de a submeter ao Comité, por meio de uma notificação feita ao Comité bem como ao outro Estado interessado;

c) O Comité só tomará conhecimento de um assunto que lhe é submetido depois de se ter assegurado de que todos os recursos internos disponíveis foram utilizados e esgotados, em conformidade com os princípios de direito internacional geralmente reconhecidos. Esta regra não se aplica nos casos em que os processos de recurso excedem prazos razoáveis;

d) O Comité realizará as suas audiências à porta fechada quando examinar as comunicações previstas no presente artigo;

e) Sob reserva das disposições da alínea c), o Comité põe os seus bons ofícios à disposição dos Estados Partes interessados, a fim de chegar a uma solução amigável da questão, fundamentando-se no respeito dos direitos do homem e nas liberdades fundamentais, tais como os reconhece o presente Pacto;

f) Em todos os assuntos que lhe são submetidos o Comité pode pedir aos Estados Partes interessadas visados na alínea b)que lhe forneçam todas as informações pertinentes;

g) Os Estados Partes interessados visados na alínea b)têm o direito de se fazer representar, aquando do exame da questão pelo Comité, e de apresentar observações oralmente e ou por escrito;

h) O Comité deverá apresentar um relatório num prazo de doze meses a contar do dia em que recebeu a notificação referida na alínea b):

i) Se uma solução pôde ser encontrada em conformidade com as disposições da alínea e), o Comité limitar-se-á no seu relatório a uma breve exposição dos factos e da solução encontrada;

ii) Se uma solução não pôde ser encontrada em conformidade com as disposições da alínea e), o Comité limitar-se-á, no seu relatório, a uma breve exposição dos factos; o texto das observações escritas e o processo verbal das observações orais apresentadas pelos Estados Partes interessados são anexados ao relatório. Em todos os casos o relatório será comunicado aos Estados Partes interessados.

2. As disposições do presente artigo entrarão em vigor quando dez Estados Partes no presente Pacto fizerem a declaração prevista no parágrafo 1 do presente artigo. A dita declaração será deposta pelo Estado Parte junto do secretário-geral das Nações Unidas, que transmitirá cópia dela aos outros Estados Partes. Uma declaração pode ser retirada a todo o momento por meio de uma notificação dirigida ao secretário-geral. O retirar de uma comunicação não prejudica o exame de todas as questões que são objecto de uma comunicação já transmitida em virtude do presente artigo; nenhuma outra comunicação de um Estado Parte será aceite após o secretário-geral ter recebido notificação de ter sido retirada a declaração, a menos que o Estado Parte interessado faça uma nova declaração.

ARTIGO 42.º

1:

a) Se uma questão submetida ao Comité em conformidade com o artigo 41.º não foi regulada satisfatoriamente para os Estados Partes, o Comité pode, com o assentimento prévio dos Estados Partes interessados, designar uma comissão de conciliação ad hoc (a seguir denominada Comissão). A Comissão põe os seus bons ofícios à disposição dos Estados Partes interessados a fim de chegar a uma solução amigável da questão, baseada sobre o respeito do presente Pacto;

b) A Comissão será composta de cinco membros nomeados com o acordo dos Estados Partes interessados. Se os Estados Partes interessados não conseguirem chegar a um entendimento sobre toda ou parte da composição da Comissão no prazo de três meses, os membros da Comissão relativamente aos quais não chegaram a acordo serão eleitos por escrutínio secreto de entre os membros do Comité, por maioria de dois terços dos membros do Comité.

2. Os membros da Comissão exercerão as suas funções a título pessoal. Não devem ser naturais nem dos Estados Partes interessados nem de um Estado que não é parte no presente Pacto, nem de um Estado Parte que não fez a declaração prevista no artigo 41.º

3. A Comissão elegerá o seu presidente e adoptará o seu regulamento interno.

4. A Comissão realizará normalmente as suas sessões na sede da Organização das Nações Unidas ou no Departamento das Nações Unidas em Genebra. Todavia, pode reunir-se em qualquer outro lugar apropriado, o qual pode ser determinado pela Comissão em consulta com o secretário-geral das Nações Unidas e os Estados Partes interessados.

5. O secretariado previsto no artigo 36.º presta igualmente os seus serviços às comissões designadas em virtude do presente artigo.

6. As informações obtidas e esquadrinhadas pelo Comité serão postas à disposição da Comissão e a Comissão poderá pedir aos Estados Partes interessados que lhe forneçam quaisquer informações complementares pertinentes.

7. Depois de ter estudado a questão sob todos os seus aspectos, mas em todo o caso num prazo mínimo de doze meses após tê-la admitido, a Comissão submeterá um relatório ao presidente do Comité para transmissão aos Estados Partes interessados:

a) Se a Comissão não puder acabar o exame da questão dentro de doze meses, o seu relatório incluirá somente um breve apontamento indicando a que ponto chegou o exame da questão;

b) Se chegar a um entendimento amigável fundado sobre o respeito dos direitos do homem reconhecido no presente Pacto, a Comissão limitar-se-á a indicar brevemente no seu relatório os factos e o entendimento a que se chegou;

c) Se não se chegou a um entendimento no sentido da alínea b), a Comissão fará figurar no seu relatório as suas conclusões sobre todas as matérias de facto relativas à questão debatida entre os Estados Partes interessados, bem como a sua opinião sobre as possibilidades de uma solução amigável do caso. O relatório incluirá igualmente as observações escritas e um processo verbal das observações orais apresentadas pelos Estados Partes interessados;

d) Se o relatório da Comissão for submetido em conformidade com a alínea c), os Estados Partes interessados farão saber ao presidente do Comité, num prazo de três meses após a recepção do relatório, se aceitam ou não os termos do relatório da Comissão.

8. As disposições do presente artigo devem ser entendidas sem prejuízo das atribuições do Comité previstas no artigo 41.º

9. Todas as despesas dos membros da Comissão serão repartidas igualmente entre os Estados Partes interessados, na base de estimativas fornecidas pelo secretário-geral das Nações Unidas.

10. O secretário-geral das Nações Unidas está habilitado, se necessário, a prover às despesas dos membros da Comissão antes de o seu reembolso ter sido efectuado pelos Estados Partes interessados, em conformidade com o parágrafo 9 do presente artigo.

ARTIGO 43.º

Os membros do Comité e os membros das comissões de conciliação ad hoc que forem designados em conformidade com o artigo 42.º têm direito às facilidades, privilégios e imunidades reconhecidos aos peritos em missões da Organização das Nações Unidas, conforme enunciados nas pertinentes secções da Convenção sobre os Privilégios e Imunidades das Nações Unidas.

ARTIGO 44.º
As disposições relativas à execução do presente Pacto aplicam-se, sem prejuízo dos processos instituídos em matéria de direitos do homem, nos termos ou em virtude dos instrumentos constitutivos e das convenções da Organização das Nações Unidas e das agências especializadas e não impedem os Estados Partes de recorrer a outros processos para a solução de um diferendo, em conformidade com os acordos internacionais gerais ou especiais que os ligam.

ARTIGO 45.º
O Comité apresentará cada ano à Assembleia Geral das Nações Unidas, por intermédio do Conselho Económico e Social, um relatório sobre os seus trabalhos.

QUINTA PARTE

ARTIGO 46.º
Nenhuma disposição do presente Pacto pode ser interpretada em sentido limitativo das disposições da Carta das Nações Unidas e das constituições das agências especializadas que definem as respectivas responsabilidades dos diversos órgãos da Organização das Nações Unidas e das agências especializadas no que respeita às questões tratadas no presente Pacto.

ARTIGO 47.º
Nenhuma disposição do presente Pacto será interpretada em sentido limitativo do direito inerente a todos os povos de gozar e usar plenamente das suas riquezas e recursos naturais.

SEXTA PARTE

ARTIGO 48.º
1. O presente Pacto está aberto à assinatura de todos os Estados Membros da Organização das Nações Unidas ou membros de qualquer das suas agências especializadas, de todos os Estados Partes no Estatuto do Tribunal Internacional de Justiça, bem como de qualquer outro Estado convidado pela Assembleia Geral das Nações Unidas a tornar-se parte no presente Pacto.
2. O presente Pacto está sujeito a ratificação e os instrumentos de ratificação serão depositados junto do secretário-geral das Nações Unidas.
3. O presente Pacto será aberto à adesão de todos os Estados referidos no parágrafo 1 do presente artigo.
4. A adesão far-se-á pelo depósito de um instrumento de adesão junto do secretário-geral das Nações Unidas.

5. O secretário-geral das Nações Unidas informará todos os Estados que assinaram o presente Pacto ou que a ele aderiram acerca do depósito de cada instrumento de ratificação ou de adesão.

ARTIGO 49.º

1. O presente Pacto entrará em vigor três meses após a data do depósito junto do secretário-geral das Nações Unidas do trigésimo quinto instrumento de ratificação ou de adesão.
2. Para cada um dos Estados que ratificarem o presente Pacto ou a ele aderirem, após o depósito do trigésimo quinto instrumento de ratificação ou adesão, o dito Pacto entrará em vigor três meses depois da data do depósito por parte desse Estado do seu instrumento de ratificação ou adesão.

ARTIGO 50.º

As disposições do presente Pacto aplicam-se sem limitação ou excepção alguma a todas as unidades constitutivas dos Estados federais.

ARTIGO 51.º

1. Qualquer Estado Parte no presente Pacto pode propor uma emenda e depositar o respectivo texto junto do secretário-geral da Organização das Nações Unidas. O secretário-geral transmitirá então quaisquer projectos de emenda aos Estados Partes no presente Pacto, pedindo-lhes para indicar se desejam a convocação de uma conferência de Estados Partes para examinar estes projectos e submetê-los a votação. Se pelo menos um terço dos Estados se declararem a favor desta convenção, o secretário-geral convocará a conferência sob os auspícios da Organização das Nações Unidas. Qualquer emenda adoptada pela maioria dos Estados presentes e votantes na conferência será submetida, para aprovação, à Assembleia Geral das Nações Unidas.
2. As emendas entrarão em vigor quando forem aprovadas pela Assembleia Geral das Nações Unidas e aceites, em conformidade com as suas respectivas leis constitucionais, por uma maioria de dois terços dos Estados Partes no presente Pacto.
3. Quando as emendas entrarem em vigor, elas são obrigatórias para os Estados Partes que as aceitaram, ficando os outros Estados Partes ligados pelas disposições do presente Pacto e por todas as emendas anteriores que aceitaram.

ARTIGO 52.º

Independentemente das notificações previstas no parágrafo 5 do artigo 48.º, o secretário-geral das Nações Unidas informará todos os Estados referidos no parágrafo 1 do citado artigo:

a) Acerca de assinaturas apostas no presente Pacto, acerca de instrumentos de ratificação e de adesão depostos em conformidade com o artigo 48.º;

b) Da data em que o presente Pacto entrará em vigor, em conformidade com o artigo 49.º, e da data em que entrarão em vigor as emendas previstas no artigo 51.º

ARTIGO 53.º

1. O presente Pacto, cujos textos em inglês, chinês, espanhol, francês e russo fazem igualmente fé, será deposto nos arquivos da Organização das Nações Unidas.

2. O secretário-geral das Nações Unidas transmitirá uma cópia certificada do presente Pacto a todos os Estados visados no artigo 48.º

ANEXO V

PROTOCOLO FACULTATIVO REFERENTE AO PACTO INTERNACIONAL SOBRE OS DIREITOS CIVIS E POLÍTICOS

Os Estados Partes no presente Protocolo,
Considerando que, para melhor assegurar o cumprimento dos fins do Pacto Internacional sobre os Direitos Civis e Políticos (a seguir denominado «o Pacto») e a aplicação das suas disposições, conviria habilitar o Comité dos Direitos do Homem, constituído nos termos da quarta parte do Pacto (a seguir denominado «o Comité»), a receber e examinar, como se prevê no presente Protocolo, as comunicações provenientes de particulares que se considerem vítimas de uma violação dos direitos enunciados no Pacto,
Acordam no seguinte:

ARTIGO 1.º

Os Estados Partes no Pacto que se tornem partes no presente Protocolo reconhecem que o Comité tem competência para receber e examinar comunicações provenientes de **particulares** sujeitos à sua jurisdição que aleguem ser vítimas de uma violação, por esses Estados Partes, de qualquer dos direitos enunciados no Pacto. O Comité não recebe nenhuma comunicação respeitante a um Estado Parte no Pacto que não seja parte no presente Protocolo.

ARTIGO 2.º

Ressalvado o disposto no artigo 1.º, os particulares que se considerem vítimas da violação de qualquer dos direitos enunciados no Pacto e que tenham esgotado todos os recursos internos disponíveis podem apresentar uma comunicação escrita ao Comité para que este a examine.

ARTIGO 3.º

O Comité declarará irrecebíveis as comunicações apresentadas, em virtude do presente Protocolo, que sejam anónimas ou cuja apresentação considere constituir um abuso de direito ou considere incompatível com as disposições do Pacto.

ARTIGO 4.º

1. Ressalvado o disposto no artigo 3.º, o Comité levará as comunicações que lhe sejam apresentadas, em virtude do presente Protocolo, à atenção dos Estados Partes no dito Protocolo que tenham alegadamente violado qualquer disposição do Pacto.

2. Nos 6 meses imediatos, os ditos Estados submeterão por escrito ao Comité as explicações ou declarações que esclareçam a questão e indicarão, se tal for o caso, as medidas que tenham tomado para remediar a situação.

ARTIGO 5.º

1. O Comité examina as comunicações recebidas em virtude do presente Protocolo, tendo em conta todas as informações escritas que lhe são submetidas pelo particular e pelo Estado Parte interessado.

2. O Comité não examinará nenhuma comunicação de um particular sem se assegurar de que:

a) A mesma questão não está a ser examinada por outra instância internacional de inquérito ou de decisão;

b) O particular esgotou todos os recursos internos disponíveis. Esta regra não se aplica se os processos de recurso excederem prazos razoáveis.

3. O Comité realiza as suas sessões à porta fechada quando examina as comunicações previstas no presente Protocolo.

4. O Comité comunica as suas constatações ao Estado Parte interessado e ao particular.

ARTIGO 6.º

O Comité insere no relatório anual que elabora de acordo com o artigo 45.º do Pacto um resumo das suas actividades previstas no presente Protocolo.

ARTIGO 7.º

Enquanto se espera a realização dos objectivos da Resolução 1514 (XV), adoptada pela Assembleia Geral das Nações Unidas em 14 de Dezembro de 1960, referente à Declaração sobre a Concessão de Independência aos Países e aos Povos Coloniais, o disposto no presente Protocolo em nada restringe o direito de petição concedido a estes povos pela Carta das Nações Unidas e por outras convenções e instrumentos internacionais concluídos sob os auspícios da Organização das Nações Unidas ou das suas instituições especializadas.

ARTIGO 8.º

1. O presente Protocolo está aberto à assinatura dos Estados que tenham assinado o Pacto.

2. O presente Protocolo está sujeito à ratificação dos Estados que ratificaram o Pacto ou a ele aderiram. Os instrumentos de ratificação serão depositados junto do Secretário-Geral da Organização das Nações Unidas.

3. O presente Protocolo está aberto à adesão dos Estados que tenham ratificado o Pacto ou que a ele tenham aderido.
4. A adesão far-se-á através do depósito de um instrumento de adesão junto do Secretário-Geral da Organização das Nações Unidas.
5. O Secretário-Geral da Organização das Nações Unidas informa todos os Estados que assinaram o presente Protocolo ou que a ele aderiram do depósito de cada instrumento de adesão ou ratificação.

ARTIGO 9.º

1. Sob ressalva da entrada em vigor do Pacto, o presente Protocolo entrará em vigor 3 meses após a data do depósito junto do Secretário-Geral da Organização das Nações Unidas do 10.º instrumento de ratificação ou de adesão.
2. Para os Estados que ratifiquem o presente Protocolo ou a ele adiram após o depósito do 10.º instrumento de ratificação ou de adesão, o dito Protocolo entrará em vigor 3 meses após a data do depósito por esses Estados do seu instrumento de ratificação ou de adesão.

ARTIGO 10.º

O disposto no presente Protocolo aplica-se, sem limitação ou excepção, a todas as unidades constitutivas dos Estados federais.

ARTIGO 11.º

1. Os Estados Partes no presente Protocolo podem propor alterações e depositar o respectivo texto junto do Secretário-Geral da Organização das Nações Unidas. O Secretário-Geral da Organização das Nações Unidas transmite todos os projectos de alterações aos Estados Partes no dito Protocolo, pedindo-lhes que indiquem se desejam a convocação de uma conferência de Estados Partes para examinar estes projectos e submetê-los a votação. Se pelo menos um terço dos Estados se declarar a favor desta convocação, o Secretário-Geral convoca a conferência sob os auspícios da Organização das Nações Unidas. As alterações adoptadas pela maioria dos Estados presentes e votantes na conferência serão submetidas para aprovação à Assembleia Geral das Nações Unidas.
2. Estas alterações entram em vigor quando forem aprovadas pela Assembleia Geral das Nações Unidas e aceites, de acordo com as suas regras constitucionais respectivas, por uma maioria de dois terços dos Estados Partes no presente Protocolo.
3. Quando estas alterações entrarem em vigor tornam-se obrigatórias para os Estados Partes que as aceitaram, continuando os outros Estados Partes ligados pelas disposições do presente Protocolo e pelas alterações anteriores que tenham aceitado.

ARTIGO 12.º

1. Os Estados Partes podem, em qualquer altura, denunciar o presente Protocolo por notificação escrita dirigida ao Secretário-Geral da Organização das

Nações Unidas. A denúncia produzirá efeitos 3 meses após a data em que o Secretário-Geral tenha recebido a notificação.

2. A denúncia não impedirá a aplicação das disposições do presente Protocolo às comunicações apresentadas em conformidade com o artigo 2.º antes da data em que a denúncia produz efeitos.

ARTIGO 13.º

Independentemente das notificações previstas no parágrafo 5 do artigo 8.º do presente Protocolo, o Secretário-Geral da Organização das Nações Unidas informará todos os Estados referidos no parágrafo 1 do artigo 48.º do Pacto:

a) Das assinaturas do presente Protocolo e dos instrumentos de ratificação e de adesão depositados de acordo com o artigo 8.º;

b) Da data da entrada em vigor do presente Protocolo de acordo com o artigo 9.º e da data da entrada em vigor das alterações previstas no artigo 11.º;

c) Das denúncias feitas nos termos do artigo 12.º

ARTIGO 14.º

1. O presente Protocolo, cujos textos em inglês, chinês, espanhol, francês e russo são igualmente válidos, será depositado nos arquivos da Organização das Nações Unidas.

2. O Secretário-Geral da Organização das Nações Unidas transmitirá uma cópia autenticada do presente Protocolo a todos os Estados referidos no artigo 48.º do Pacto.

ANEXO VI

CONVENÇÃO PARA A PROTECÇÃO DOS DIREITOS DO HOMEM E DAS LIBERDADES FUNDAMENTAIS

(Modificada nos termos das disposições do Protocolo n.°11)

Adoptada em Roma, a 4 de Novembro de 1950.
Entrada em vigor na ordem internacional: 3 de Setembro de 1953.
(O texto da Convenção foi modificado nos termos das disposições do Protocolo n.° 11, entrado em vigor em 1 de Novembro de 1998)

Os Governos signatários, Membros do Conselho da Europa,
Considerando a Declaração Universal dos Direitos do Homem proclamada pela Assembleia Geral das Nações Unidas em 10 de Dezembro de 1948,
Considerando que esta Declaração se destina a assegurar o reconhecimento e aplicação universais e efectivos dos direitos nela enunciados,
Considerando que a finalidade do Conselho da Europa é realizar uma união mais estreita entre os seus Membros e que um dos meios de alcançar esta finalidade é a protecção e o desenvolvimento dos direitos do homem e das liberdades fundamentais,
Reafirmando o seu profundo apego a estas liberdades fundamentais, que constituem as verdadeiras bases da justiça e da paz no mundo e cuja preservação repousa essencialmente, por um lado, num regime político verdadeiramente democrático e, por outro, numa concepção comum e no comum respeito dos direitos do homem,
Decididos, enquanto Governos de Estados Europeus animados no mesmo espírito, possuindo um património comum de ideais e tradições políticas, de respeito pela liberdade e pelo primado do direito, a tomar as primeiras providências apropriadas para assegurar a garantia colectiva de certo número de direitos enunciados na Declaração Universal,
Convencionaram o seguinte:

ARTIGO 1.º
(Obrigação de respeitar os direitos do homem)
As Altas Partes Contratantes reconhecem a qualquer pessoa dependente da sua jurisdição os direitos e liberdades definidos no título I da presente Convenção.

TÍTULO I
(Direitos e liberdades)

ARTIGO 2.º
(Direito à vida)
1. O direito de qualquer pessoa à vida é protegido pela lei. Ninguém poderá ser intencionalmente privado da vida, salvo em execução de uma sentença capital pronunciada por um tribunal, no caso de o crime ser punido com esta pena pela lei.
2. Não haverá violação do presente artigo quando a morte resulte de recurso à força, tornado absolutamente necessário:

a) Para assegurar a defesa de qualquer pessoa contra uma violência ilegal;

b) Para efectuar uma detenção legal ou para impedir a evasão de uma pessoa detida legalmente;

c) Para reprimir, em conformidade com a lei, uma revolta ou uma insurreição.

ARTIGO 3.º
(Proibição da tortura)
Ninguém pode ser submetido a torturas, nem a penas ou tratamentos desumanos ou degradantes.

ARTIGO 4.º
(Proibição da escravatura e do trabalho forçado)
1. Ninguém pode ser mantido em escravidão ou servidão.
2. Ninguém pode ser constrangido a realizar um trabalho forçado ou obrigatório.
3. Não será considerado «trabalho forçado ou obrigatório» no sentido do presente artigo:

a) Qualquer trabalho exigido normalmente a uma pessoa submetida a detenção nas condições previstas pelo artigo 5.º da presente Convenção, ou enquanto estiver em liberdade condicional;

b) Qualquer serviço de carácter militar ou, no caso de objectores de consciência, nos países em que a objecção de consciência for reconhecida como legítima, qualquer outro serviço que substitua o serviço militar obrigatório;

c) Qualquer serviço exigido no caso de crise ou de calamidade que ameacem a vida ou o bem-estar da comunidade;

d) Qualquer trabalho ou serviço que fizer parte das obrigações cívicas normais.

ARTIGO 5.º
(Direito à liberdade e à segurança)

1. Toda a pessoa tem direito à liberdade e segurança. Ninguém pode ser privado da sua liberdade, salvo nos casos seguintes e de acordo com o procedimento legal:

a) Se for preso em consequência de condenação por tribunal competente;

b) Se for preso ou detido legalmente, por desobediência a uma decisão tomada, em conformidade com a lei, por um tribunal, ou para garantir o cumprimento de uma obrigação prescrita pela lei;

c) Se for preso e detido a fim de comparecer perante a autoridade judicial competente, quando houver suspeita razoável de ter cometido uma infracção, ou quando houver motivos razoáveis para crer que é necessário impedi-lo de cometer uma infracção ou de se pôr em fuga depois de a ter cometido;

d) Se se tratar da detenção legal de um menor, feita com o propósito de o educar sob vigilância, ou da sua detenção legal com o fim de o fazer comparecer perante a autoridade competente;

e) Se se tratar da detenção legal de uma pessoa susceptível de propagar uma doença contagiosa, de um alienado mental, de um alcoólico, de um toxicómano ou de um vagabundo;

f) Se se tratar de prisão ou detenção legal de uma pessoa para lhe impedir a entrada ilegal no território ou contra a qual está em curso um processo de expulsão ou de extradição.

2. Qualquer pessoa presa deve ser informada, no mais breve prazo e em língua que compreenda, das razões da sua prisão e de qualquer acusação formulada contra ela.

3. Qualquer pessoa presa ou detida nas condições previstas no parágrafo 1, alínea c), do presente artigo deve ser apresentada imediatamente a um juiz ou outro magistrado habilitado pela lei para exercer funções judiciais e tem direito a ser julgada num prazo razoável, ou posta em liberdade durante o processo. A colocação em liberdade pode estar condicionada a uma garantia que assegure a comparência do interessado em juízo.

4. Qualquer pessoa privada da sua liberdade por prisão ou detenção tem direito a recorrer a um tribunal, a fim de que este se pronuncie, em curto prazo de tempo, sobre a legalidade da sua detenção e ordene a sua libertação, se a detenção for ilegal.

5. Qualquer pessoa vítima de prisão ou detenção em condições contrárias às disposições deste artigo tem direito a indemnização.

ARTIGO 6.º
(Direito a um processo equitativo)

1. Qualquer pessoa tem direito a que a sua causa seja examinada, equitativa e publicamente, num prazo razoável por um tribunal independente e imparcial, estabelecido pela lei, o qual decidirá, quer sobre a determinação dos seus direitos e obrigações de carácter civil, quer sobre o fundamento de qualquer acusação em matéria penal dirigida contra ela. O julgamento deve ser público, mas o acesso à sala de audiências pode ser proibido à imprensa ou ao público durante a totalidade ou parte do processo, quando a bem da moralidade, da ordem pública ou da segurança nacional numa sociedade democrática, quando os interesses de menores ou a protecção da vida privada das partes no processo o exigirem, ou, na medida julgada estritamente necessária pelo tribunal, quando, em circunstâncias especiais, a publicidade pudesse ser prejudicial para os interesses da justiça.

2. Qualquer pessoa acusada de uma infracção presume-se inocente enquanto a sua culpabilidade não tiver sido legalmente provada.

3. O acusado tem, como mínimo, os seguintes direitos:

a) Ser informado no mais curto prazo, em língua que entenda e de forma minuciosa, da natureza e da causa da acusação contra ele formulada;

b) Dispor do tempo e dos meios necessários para a preparação da sua defesa;

c) Defender-se a si próprio ou ter a assistência de um defensor da sua escolha e, se não tiver meios para remunerar um defensor, poder ser assistido gratuitamente por um defensor oficioso, quando os interesses da justiça o exigirem;

d) Interrogar ou fazer interrogar as testemunhas de acusação e obter a convocação e o interrogatório das testemunhas de defesa nas mesmas condições que as testemunhas de acusação;

e) Fazer-se assistir gratuitamente por intérprete, se não compreender ou não falar a língua usada no processo.

ARTIGO 7.º
(Princípio da legalidade)

1. Ninguém pode ser condenado por uma acção ou uma omissão que, no momento em que foi cometida, não constituía infracção, segundo o direito nacional ou internacional. Igualmente não pode ser imposta uma pena mais grave do que a aplicável no momento em que a infracção foi cometida.

2. O presente artigo não invalidará a sentença ou a pena de uma pessoa culpada de uma acção ou de uma omissão que, no momento em que foi cometida, constituía crime segundo os princípios gerais de direito reconhecidos pelas nações civilizadas.

ARTIGO 8.º
(Direito ao respeito pela vida privada e familiar)

1. Qualquer pessoa tem direito ao respeito da sua vida privada e familiar, do seu domicílio e da sua correspondência.

2. Não pode haver ingerência da autoridade pública no exercício deste direito senão quando esta ingerência estiver prevista na lei e constituir uma providência que, numa sociedade democrática, seja necessária para a segurança nacional, para a segurança pública, para o bem-estar económico do país, a defesa da ordem e a prevenção das infracções penais, a protecção da saúde ou da moral, ou a protecção dos direitos e das liberdades de terceiros.

ARTIGO 9.º
(Liberdade de pensamento, de consciência e de religião)

1. Qualquer pessoa tem direito à liberdade de pensamento, de consciência e de religião; este direito implica a liberdade de mudar de religião ou de crença, assim como a liberdade de manifestar a sua religião ou a sua crença, individual ou colectivamente, em público e em privado, por meio do culto, do ensino, de práticas e da celebração de ritos.

2. A liberdade de manifestar a sua religião ou convicções, individual ou colectivamente, não pode ser objecto de outras restrições senão as que, previstas na lei, constituírem disposições necessárias, numa sociedade democrática, à segurança pública, à protecção da ordem, da saúde e moral públicas, ou à protecção dos direitos e liberdades de outrem.

ARTIGO 10.º
(Liberdade de expressão)

1. Qualquer pessoa tem direito à liberdade de expressão. Este direito compreende a liberdade de opinião e a liberdade de receber ou de transmitir informações ou ideias sem que possa haver ingerência de quaisquer autoridades públicas e sem considerações de fronteiras. O presente artigo não impede que os Estados submetam as empresas de radiodifusão, de cinematografia ou de televisão a um regime de autorização prévia.

2. O exercício destas liberdades, porquanto implica deveres e responsabilidades, pode ser submetido a certas formalidades, condições, restrições ou sanções, previstas pela lei, que constituam providências necessárias, numa sociedade democrática, para a segurança nacional, a integridade territorial ou a segurança pública, a defesa da ordem e a prevenção do crime, a protecção da saúde ou da moral, a protecção da honra ou dos direitos de outrem, para impedir a divulgação de informações confidenciais, ou para garantir a autoridade e a imparcialidade do poder judicial.

ARTIGO 11.º
(Liberdade de reunião e de associação)

1. Qualquer pessoa tem direito à liberdade de reunião pacífica e à liberdade de associação, incluindo o direito de, com outrem, fundar e filiar-se em sindicatos para a defesa dos seus interesses.

2. O exercício deste direito só pode ser objecto de restrições que, sendo previstas na lei, constituírem disposições necessárias, numa sociedade democrática, para a segurança nacional, a segurança pública, a defesa da ordem e a prevenção do crime, a protecção da saúde ou da moral, ou a protecção dos direitos e das liberdades de terceiros. O presente artigo não proíbe que sejam impostas restrições legítimas ao exercício destes direitos aos membros das forças armadas, da polícia ou da administração do Estado.

ARTIGO 12.º
(Direito ao casamento)
A partir da idade núbil, o homem e a mulher têm o direito de se casar e de constituir família, segundo as leis nacionais que regem o exercício deste direito.

ARTIGO 13.º
(Direito a um recurso efectivo)
Qualquer pessoa cujos direitos e liberdades reconhecidos na presente Convenção tiverem sido violados tem direito a recurso perante uma instância nacional, mesmo quando a violação tiver sido cometida por pessoas que actuem no exercício das suas funções oficiais.

ARTIGO 14.º
(Proibição de discriminação)
O gozo dos direitos e liberdades reconhecidos na presente Convenção deve ser assegurado sem quaisquer distinções, tais como as fundadas no sexo, raça, cor, língua, religião, opiniões políticas ou outras, a origem nacional ou social, a pertença a uma minoria nacional, a riqueza, o nascimento ou qualquer outra situação.

ARTIGO 15.º
(Derrogação em caso de estado de necessidade)
1. Em caso de guerra ou de outro perigo público que ameace a vida da nação, qualquer Alta Parte Contratante pode tomar providências que derroguem as obrigações previstas na presente Convenção, na estrita medida em que o exigir a situação, e em que tais providências não estejam em contradição com as outras obrigações decorrentes do direito internacional.

2. A disposição precedente não autoriza nenhuma derrogação ao artigo 2.º, salvo quanto ao caso de morte resultante de actos lícitos de guerra, nem aos artigos 3.º, 4.º (parágrafo 1) e 7.º

3. Qualquer Alta Parte Contratante que exercer este direito de derrogação manterá completamente informado o Secretário-Geral do Conselho da Europa das providências tomadas e dos motivos que as provocaram. Deverá igualmente informar o Secretário-Geral do Conselho da Europa da data em que essas disposi-

ções tiverem deixado de estar em vigor e da data em que as da Convenção voltarem a ter plena aplicação.

ARTIGO 16.º
(Restrições à actividade política dos estrangeiros)
Nenhuma das disposições dos artigos 10.º, 11.º e 14.º pode ser considerada como proibição às Altas Partes Contratantes de imporem restrições à actividade política dos estrangeiros.

ARTIGO 17.º
(Proibição do abuso de direito)
Nenhuma das disposições da presente Convenção se pode interpretar no sentido de implicar para um Estado, grupo ou indivíduo qualquer direito de se dedicar a actividade ou praticar actos em ordem à destruição dos direitos ou liberdades reconhecidos na presente Convenção ou a maiores limitações de tais direitos e liberdades do que as previstas na Convenção.

ARTIGO 18.º
(Limitação da aplicação de restrições aos direitos)
As restrições feitas nos termos da presente Convenção aos referidos direitos e liberdades só podem ser aplicadas para os fins que foram previstos.

TÍTULO II
(Tribunal Europeu dos Direitos do Homem)

ARTIGO 19.º
(Criação do Tribunal)
A fim de assegurar o respeito dos compromissos que resultam, para as Altas Partes Contratantes, da presente Convenção e dos seus protocolos, é criado um Tribunal Europeu dos Direitos do Homem, a seguir designado «o Tribunal», o qual funcionará a título permanente.

ARTIGO 20.º
(Número de juízes)
O Tribunal compõe-se de um número de juízes igual ao número de Altas Partes Contratantes.

ARTIGO 21.º
(Condições para o exercício de funções)
1. Os juízes deverão gozar da mais alta reputação moral e reunir as condi-

ções requeridas para o exercício de altas funções judiciais ou ser jurisconsultos de reconhecida competência.

2. Os juízes exercem as suas funções a título individual.

3. Durante o respectivo mandato, os juízes não poderão exercer qualquer actividade incompatível com as exigências de independência, imparcialidade ou disponibilidade exigidas por uma actividade exercida a tempo inteiro. Qualquer questão relativa à aplicação do disposto no presente número é decidida pelo Tribunal.

ARTIGO 22.º
(Eleição dos juízes)

1. Os juízes são eleitos pela Assembleia Parlamentar relativamente a cada Alta Parte Contratante, por maioria dos votos expressos, recaindo numa lista de três candidatos apresentados pela Alta Parte Contratante.

2. Observa-se o mesmo processo para completar o Tribunal no caso de adesão de novas Altas Partes Contratantes e para prover os lugares que vagarem.

ARTIGO 23.º
(Duração do mandato)

1. Os juízes são eleitos por um período de seis anos. São reelegíveis. Contudo, as funções de metade dos juízes designados na primeira eleição cessarão ao fim de três anos.

2. Os juízes cujas funções devam cessar decorrido o período inicial de três anos serão designados por sorteio, efectuado pelo Secretário-Geral do Conselho da Europa, imediatamente após a sua eleição.

3. Com o fim de assegurar, na medida do possível, a renovação dos mandatos de metade dos juízes de três em três anos, a Assembleia Parlamentar pode decidir, antes de proceder a qualquer eleição ulterior, que o mandato de um ou vários juízes a eleger terá uma duração diversa de seis anos, sem que esta duração possa, no entanto, exceder nove anos ou ser inferior a três.

4. No caso de se terem conferido mandatos variados e de a Assembleia Parlamentar ter aplicado o disposto no número precedente, a distribuição dos mandatos será feita por sorteio pelo Secretário-Geral do Conselho da Europa imediatamente após a eleição.

5. O juiz eleito para substituir outro cujo mandato não tenha expirado completará o mandato do seu predecessor.

6. O mandato dos juízes cessará logo que estes atinjam a idade de 70 anos.

7. Os juízes permanecerão em funções até serem substituídos. Depois da sua substituição continuarão a ocupar-se dos assuntos que já lhes tinham sido cometidos.

ARTIGO 24.º
(Destituição)
Nenhum juiz poderá ser afastado das suas funções, salvo se os restantes juízes decidirem, por maioria de dois terços, que o juiz em causa deixou de corresponder aos requisitos exigidos.

ARTIGO 25.º
(Secretaria e oficiais de justiça)
O Tribunal dispõe de uma secretaria, cujas tarefas e organização serão definidas no regulamento do Tribunal. O Tribunal será assistido por oficiais de justiça.

ARTIGO 26.º
(Assembleia plenária do Tribunal)
O Tribunal, reunido em assembleia plenária:
a) Elegerá o seu presidente e um ou dois vice-presidentes por um período de três anos. Todos eles são reelegíveis;
b) Criará secções, que funcionarão por período determinado;
c) Elegerá os presidentes das secções do Tribunal, os quais são reelegíveis;
d) Adoptará o regulamento do Tribunal;
e) Elegerá o secretário e um ou vários secretários-adjuntos.

ARTIGO 27.º
(Comités, secções e tribunal pleno)
1. Para o exame dos assuntos que lhe sejam submetidos, o Tribunal funcionará em comités compostos por três juízes, em secções compostas por sete juízes e em tribunal pleno composto por dezassete juízes. As secções do Tribunal constituem os comités por período determinado.

2. O juiz eleito por um Estado parte no diferendo será membro de direito da secção e do tribunal pleno; em caso de ausência deste juiz ou se ele não estiver em condições de intervir, tal Estado parte designará a pessoa que intervirá na qualidade de juiz.

3. Integram igualmente o tribunal pleno o presidente do Tribunal, os vice-presidentes, os presidentes das secções e outros juízes designados em conformidade com o regulamento do Tribunal. Se o assunto tiver sido deferido ao tribunal pleno nos termos do artigo 43.º, nenhum juiz da secção que haja proferido a decisão poderá naquele intervir, salvo no que respeita ao presidente da secção e ao juiz que decidiu em nome do Estado que seja parte interessada.

ARTIGO 28.º
(Declarações de inadmissibilidade por parte dos comités)
Qualquer comité pode, por voto unânime, declarar a inadmissibilidade ou mandar arquivar qualquer petição individual formulada nos termos do artigo

34.º, se essa decisão puder ser tomada sem posterior apreciação. Esta decisão é definitiva.

ARTIGO 29.º
(Decisões das secções quanto à admissibilidade e ao fundo)

1. Se nenhuma decisão tiver sido tomada nos termos do artigo 28.º, uma das secções pronunciar-se-á quanto à admissibilidade e ao fundo das petições individuais formuladas nos termos do artigo 34.º

2. Uma das secções pronunciar-se-á quanto à admissibilidade e ao fundo das petições estaduais formuladas nos termos do artigo 33.º

3. A decisão quanto à admissibilidade é tomada em separado, salvo deliberação em contrário do Tribunal relativamente a casos excepcionais.

ARTIGO 30.º
(Devolução da decisão a favor do tribunal pleno)

Se um assunto pendente numa secção levantar uma questão grave quanto à interpretação da Convenção ou dos seus protocolos, ou se a solução de um litígio puder conduzir a uma contradição com uma sentença já proferida pelo Tribunal, a secção pode, antes de proferir a sua sentença, devolver a decisão do litígio ao tribunal pleno, salvo se qualquer das partes do mesmo a tal se opuser.

ARTIGO 31.º
(Atribuições do tribunal pleno)

O tribunal pleno:

a) Pronunciar-se-á sobre as petições formuladas nos termos do artigo 33.º ou do artigo 34.º, se a secção tiver cessado de conhecer de um assunto nos termos do artigo 30.º ou se o assunto lhe tiver sido cometido nos termos do artigo 43.º;

b) Apreciará os pedidos de parecer formulados nos termos do artigo 47.º

ARTIGO 32.º
(Competência do Tribunal)

1. A competência do Tribunal abrange todas as questões relativas à interpretação e à aplicação da Convenção e dos respectivos protocolos que lhe sejam submetidas nas condições previstas pelos artigos 33.º, 34.º e 47.º

ARTIGO 33.º
(Assuntos interestaduais)

Qualquer Alta Parte Contratante pode submeter ao Tribunal qualquer violação das disposições da Convenção e dos seus protocolos que creia poder ser imputada a outra Alta Parte Contratante.

ARTIGO 34.º
(Petições individuais)

O Tribunal pode receber petições de qualquer pessoa singular, organização não governamental ou grupo de particulares que se considere vítima de violação por qualquer Alta Parte Contratante dos direitos reconhecidos na Convenção ou nos seus protocolos. As Altas Partes Contratantes comprometem-se a não criar qualquer entrave ao exercício efectivo desse direito.

ARTIGO 35.º
(Condições de admissibilidade)

1. O Tribunal só pode ser solicitado a conhecer de um assunto depois de esgotadas todas as vias de recurso internas, em conformidade com os princípios de direito internacional geralmente reconhecidos e num prazo de seis meses a contar da data da decisão interna definitiva.

2. O Tribunal não conhecerá de qualquer petição individual formulada em aplicação do disposto no artigo 34.º se tal petição:

a) For anónima;

b) For, no essencial, idêntica a uma petição anteriormente examinada pelo Tribunal ou já submetida a outra instância internacional de inquérito ou de decisão e não contiver factos novos.

3. O Tribunal declarará a inadmissibilidade de qualquer petição individual formulada nos termos do artigo 34.º sempre que considerar que tal petição é incompatível com o disposto na Convenção ou nos seus protocolos, manifestamente mal fundada ou tem carácter abusivo.

4. O Tribunal rejeitará qualquer petição que considere inadmissível nos termos do presente artigo. o Tribunal poderá decidir nestes termos em qualquer momento do processo.

ARTIGO 36.º
(Intervenção de terceiros)

1. Em qualquer assunto pendente numa secção ou no tribunal pleno, a Alta Parte Contratante da qual o autor da petição seja nacional terá o direito de formular observações por escrito ou de participar nas audiências.

2. No interesse da boa administração da justiça, o presidente do Tribunal pode convidar qualquer Alta Parte Contratante que não seja parte no processo ou qualquer outra pessoa interessada que não o autor da petição a apresentar observações escritas ou a participar nas audiências.

ARTIGO 37.º
(Arquivamento)

1. O Tribunal pode decidir, em qualquer momento do processo, arquivar uma petição se as circunstâncias permitirem concluir que:

a) O requerente não pretende mais manter tal petição;
b) O litígio foi resolvido;
c) Por qualquer outro motivo constatado pelo Tribunal, não se justifica prosseguir a apreciação da petição.

Contudo, o Tribunal dará seguimento à apreciação da petição se o respeito pelos direitos do homem garantidos na Convenção assim o exigir.

2. O Tribunal poderá decidir-se pelo desarquivamento de uma petição se considerar que as circunstâncias assim o justificam.

ARTIGO 38.º
(Apreciação contraditória do assunto e processo de resolução amigável)
1. Se declarar admissível uma petição, o Tribunal:

a) Procederá a uma apreciação contraditória da petição em conjunto com os representantes das partes e, se for caso disso, realizará um inquérito para cuja eficaz condução os Estados interessados fornecerão todas as facilidades necessárias;

b) Colocar-se-á à disposição dos interessados com o objectivo de se alcançar uma resolução amigável do assunto, inspirada no respeito pelos direitos do homem como tais reconhecidos pela Convenção e pelos seus protocolos.

2. O processo descrito no n.º 1, alínea b), do presente artigo é confidencial.

ARTIGO 39.º
(Conclusão de uma resolução amigável)
Em caso de resolução amigável, o Tribunal arquivará o assunto, proferindo, para o efeito, uma decisão que conterá uma breve exposição dos factos e da solução adoptada.

ARTIGO 40.º
(Audiência pública e acesso aos documentos)
1. A audiência é pública, salvo se o Tribunal decidir em contrário por força de circunstâncias excepcionais.

2. Os documentos depositados na secretaria ficarão acessíveis ao público, salvo decisão em contrário do presidente do Tribunal.

ARTIGO 41.º
(Reparação razoável)
Se o Tribunal declarar que houve violação da Convenção ou dos seus protocolos e se o direito interno da Alta Parte Contratante não permitir senão imperfeitamente obviar às consequências de tal violação, o Tribunal atribuirá à parte lesada uma reparação razoável, se necessário.

ARTIGO 42.º
(Decisões das secções)
As decisões tomadas pelas secções tornam-se definitivas em conformidade com o disposto no n.º 2 do artigo 44.º

ARTIGO 43.º
(Devolução ao tribunal pleno)

1. Num prazo de três meses a contar da data da sentença proferida por uma secção, qualquer parte no assunto poderá, em casos excepcionais, solicitar a devolução do assunto ao tribunal pleno.

2. Um colectivo composto por cinco juízes do tribunal pleno aceitará a petição, se o assunto levantar uma questão grave quanto à interpretação ou à aplicação da Convenção ou dos seus protocolos ou ainda se levantar uma questão grave de carácter geral.

3. Se o colectivo aceitar a petição, o tribunal pleno pronunciar-se-á sobre o assunto por meio de sentença.

ARTIGO 44.º
(Sentenças definitivas)

1. A sentença do tribunal pleno é definitiva.

2. A sentença de uma secção tornar-se-á definitiva:

a) Se as partes declararem que não solicitarão a devolução do assunto ao tribunal pleno;

b) Três meses após a data da sentença, se a devolução do assunto ao tribunal pleno não for solicitada;

c) Se o colectivo do tribunal pleno rejeitar a petição de devolução formulada nos termos do artigo 43.º

3. A sentença definitiva será publicada.

ARTIGO 45.º
(Fundamentação das sentenças e das decisões)

1. As sentenças, bem como as decisões que declarem a admissibilidade ou a inadmissibilidade das petições, serão fundamentadas.

2. Se a sentença não expressar, no todo ou em parte, a opinião unânime dos juízes, qualquer juiz terá o direito de lhe juntar uma exposição da sua opinião divergente.

ARTIGO 46.º
(Força vinculativa e execução das sentenças)

1. As Altas Partes Contratantes obrigam-se a respeitar as sentenças definitivas do Tribunal nos litígios em que forem partes.

2. A sentença definitiva do Tribunal será transmitida ao Comité de Ministros, o qual velará pela sua execução.

ARTIGO 47.º
(Pareceres)

1. A pedido do Comité de Ministros, o Tribunal pode emitir pareceres sobre questões jurídicas relativas à interpretação da Convenção e dos seus protocolos.

2. Tais pareceres não podem incidir sobre questões relativas ao conteúdo ou à extensão dos direitos e liberdades definidos no título I da Convenção e nos protocolos, nem sobre outras questões que, em virtude do recurso previsto pela Convenção, possam ser submetidas ao Tribunal ou ao Comité de Ministros.

3. A decisão do Comité de Ministros de solicitar um parecer ao Tribunal será tomada por voto maioritário dos seus membros titulares.

ARTIGO 48.°
(Competência consultiva do Tribunal)
O Tribunal decidirá se o pedido de parecer apresentado pelo Comité de Ministros cabe na sua competência consultiva, tal como a define o artigo 47.°

ARTIGO 49.°
(Fundamentação dos pareceres)
1. O parecer do Tribunal será fundamentado.

2. Se o parecer não expressar, no seu todo ou em parte, a opinião unânime dos juízes, qualquer juiz tem o direito de o fazer acompanhar de uma exposição com a sua opinião divergente.

3. O parecer do Tribunal será comunicado ao Comité de Ministros.

ARTIGO 50.°
(Despesas de funcionamento do Tribunal)
As despesas de funcionamento do Tribunal serão suportadas pelo Conselho da Europa.

ARTIGO 51.°
(Privilégios e imunidades dos juízes)
Os juízes gozam, enquanto no exercício das suas funções, dos privilégios e imunidades previstos no artigo 40.° do Estatuto do Conselho da Europa e nos acordos concluídos em virtude desse artigo.

TÍTULO III
(Disposições diversas)

ARTIGO 52.°
(Inquéritos do Secretário-Geral)
Qualquer Alta Parte Contratante deverá fornecer, a requerimento do Secretário-Geral do Conselho da Europa, os esclarecimentos pertinentes sobre a forma como o seu direito interno assegura a aplicação efectiva de quaisquer disposições desta Convenção.

ARTIGO 53.º
(Salvaguarda dos direitos do homem reconhecidos por outra via)
Nenhuma das disposições da presente Convenção será interpretada no sentido de limitar ou prejudicar os direitos do homem e as liberdades fundamentais que tiverem sido reconhecidos de acordo com as leis de qualquer Alta Parte Contratante ou de qualquer outra Convenção em que aquela seja parte.

ARTIGO 54.º
(Poderes do Comité de Ministros)
Nenhuma das disposições da presente Convenção afecta os poderes conferidos ao Comité de Ministros pelo Estatuto do Conselho da Europa.

ARTIGO 55.º
(Renúncia a outras formas de resolução de litígios)
As Altas Partes Contratantes renunciam reciprocamente, salvo acordo especial, a aproveitar-se dos tratados, convénios ou declarações que entre si existirem, com o fim de resolver, por via contenciosa, uma divergência de interpretação ou aplicação da presente Convenção por processo de solução diferente dos previstos na presente Convenção.

ARTIGO 56.º
(Aplicação territorial)
1. Qualquer Estado pode, no momento da ratificação ou em qualquer outro momento ulterior, declarar, em notificação dirigida ao Secretário-Geral do Conselho da Europa, que a presente Convenção se aplicará, sob reserva do n.º 4 do presente artigo, a todos os territórios ou a quaisquer dos territórios cujas relações internacionais assegura.

2. A Convenção será aplicada ao território ou territórios designados na notificação, a partir do trigésimo dia seguinte à data em que o Secretário-Geral do Conselho da Europa a tiver recebido.

3. Nos territórios em causa, as disposições da presente Convenção serão aplicáveis tendo em conta as necessidades locais.

4. Qualquer Estado que tiver feito uma declaração de conformidade com o primeiro parágrafo deste artigo pode, em qualquer momento ulterior, declarar que aceita, a respeito de um ou vários territórios em questão, a competência do Tribunal para aceitar petições de pessoas singulares, de organizações não governamentais ou de grupos de particulares, conforme previsto pelo artigo 34.º da Convenção.

ARTIGO 57.º
(Reservas)
1. Qualquer Estado pode, no momento da assinatura desta Convenção ou do depósito do seu instrumento de ratificação, formular uma reserva a propósito de

qualquer disposição da Convenção, na medida em que uma lei então em vigor no seu território estiver em discordância com aquela disposição. Este artigo não autoriza reservas de carácter geral.

2. Toda a reserva feita em conformidade com o presente artigo será acompanhada de uma breve descrição da lei em causa.

ARTIGO 58.º
(Denúncia)

1. Uma Alta Parte Contratante só pode denunciar a presente Convenção ao fim do prazo de cinco anos a contar da data da entrada em vigor da Convenção para a dita Parte, e mediante um pré-aviso de seis meses, feito em notificação dirigida ao Secretário-Geral do Conselho da Europa, o qual informará as outras Partes Contratantes.

2. Esta denúncia não pode ter por efeito desvincular a Alta Parte Contratante em causa das obrigações contidas na presente Convenção no que se refere a qualquer facto que, podendo constituir violação daquelas obrigações, tivesse sido praticado pela dita Parte anteriormente à data em que a denúncia produz efeito.

3. Sob a mesma reserva, deixará de ser parte na presente Convenção qualquer Alta Parte Contratante que deixar de ser membro do Conselho da Europa.

4. A Convenção poderá ser denunciada, nos termos dos parágrafos precedentes, em relação a qualquer território a que tiver sido declarada aplicável nos termos do artigo 56.º

ARTIGO 59.º
(Assinatura e ratificação)

1. A presente Convenção está aberta à assinatura dos membros do Conselho da Europa. Será ratificada. As ratificações serão depositadas junto do Secretário-Geral do Conselho da Europa.

2. A presente Convenção entrará em vigor depois do depósito de dez instrumentos de ratificação.

3. Para todo o signatário que a ratifique ulteriormente, a Convenção entrará em vigor no momento em que se realizar o depósito do instrumento de ratificação.

4. O Secretário-Geral do Conselho da Europa notificará todos os membros do Conselho da Europa da entrada em vigor da Convenção, dos nomes das Altas Partes Contratantes que a tiverem ratificado, assim como do depósito de todo o instrumento de ratificação que ulteriormente venha a ser feito.

Feito em Roma, aos 4 de Novembro de 1950, em francês e em inglês, os dois textos fazendo igualmente fé, num só exemplar, que será depositado nos arquivos do Conselho da Europa. O Secretário-Geral enviará cópias conformes a todos os signatários.

ANEXO VII

CARTA DOS DIREITOS FUNDAMENTAIS DA UNIÃO EUROPEIA

(2000/C 364/01)

PREÂMBULO

Os povos da Europa, estabelecendo entre si uma união cada vez mais estreita, decidiram partilhar um futuro de paz, assente em valores comuns.
 Consciente do seu património espiritual e moral, a união baseia-se nos valores indivisíveis e universais da dignidade do ser humano, da liberdade, da igualdade e da solidariedade; assenta nos princípios da democracia e do Estado de direito. Ao instituir a cidadania da União e ao criar um espaço de liberdade, de segurança e de justiça, coloca o ser humano no cerne da sua acção.
 A União contribui para a preservação e o desenvolvimento destes valores comuns, no respeito pela diversidade das culturas e das tradições dos povos da Europa, bem como da identidade nacional dos Estados-Membros e da organização dos seus poderes públicos aos níveis nacional, regional e local; procura promover um desenvolvimento equilibrado e duradouro e assegura a livre circulação das pessoas, dos bens, dos serviços e dos capitais, bem como a liberdade de estabelecimento.
 Para o efeito, é necessário, conferindo-lhes maior visibilidade por meio de uma Carta, reforçar a protecção dos direitos fundamentais, à luz da evolução da sociedade, do progresso social e da evolução científica e tecnológica.
 A presente Carta reafirma, no respeito pelas atribuições e competências da Comunidade e da União e na observância do princípio da subsidiariedade, os direitos que decorrem, nomeadamente, das tradições constitucionais e das obrigações internacionais comuns aos Estados-Membros, do Tratado da União Europeia e dos Tratados comunitários, da Convenção europeia para a protecção dos direitos do Homem e das liberdades fundamentais, das Cartas Sociais aprovadas pela Comunidade e pelo Conselho da Europa, bem como da jurisprudência do Tribunal de Justiça das Comunidades Europeias e do Tribunal Europeu dos Direitos do Homem.

O gozo destes direitos implica responsabilidades e deveres, tanto para com as outras pessoas individualmente consideradas, como para com a comunidade humana e as gerações futuras.

Assim sendo, a União reconhece os direitos, liberdades e princípios a seguir enunciados.

CAPÍTULO I
Dignidade

ARTIGO 1.º
Dignidade do ser humano
A dignidade do ser humano é inviolável. Deve ser respeitada e protegida.

ARTIGO 2.º
Direito vida
1. Todas as pessoas têm direito vida.
2. Ninguém pode ser condenado à pena de morte, nem executado.

ARTIGO 3.º
Direito à integridade do ser humano
1. Todas as pessoas têm direito ao respeito pela sua integridade física e mental.
2. No domínio da medicina e da biologia, devem ser respeitados, designadamente: o consentimento livre e esclarecido da pessoa, nos termos da lei, a proibição das práticas eugénicas, nomeadamente das que têm por finalidade a selecção das pessoas, a proibição de transformar o corpo humano ou as suas partes, enquanto tais, numa fonte de lucro, a proibição da clonagem reprodutiva dos seres humanos.

ARTIGO 4.º
Proibição da tortura e dos tratos ou penas desumanos ou degradantes
Ninguém pode ser submetido a tortura, nem a tratos ou penas desumanos ou degradantes.

ARTIGO 5.º
Proibição da escravidão e do trabalho forçado
1. Ninguém pode ser sujeito a escravidão nem a servidão.
2. Ninguém pode ser constrangido a realizar trabalho forçado ou obrigatório.
3. proibido o tráfico de seres humanos.

CAPÍTULO II
Liberdades

ARTIGO 6.º
Direito à liberdade e segurança

Todas as pessoas têm direito à liberdade e segurança.

ARTIGO 7.º
Respeito pela vida privada e familiar

Todas as pessoas têm direito ao respeito pela sua vida privada e familiar, pelo seu domicílio e pelas suas comunicações.

ARTIGO 8.º
Protecção de dados pessoais

1. Todas as pessoas têm direito à protecção dos dados de carácter pessoal que lhes digam respeito.

2. Esses dados devem ser objecto de um tratamento leal, para fins específicos e com o consentimento da pessoa interessada ou com outro fundamento legítimo previsto por lei. Todas as pessoas têm o direito de aceder aos dados coligidos que lhes digam respeito e de obter a respectiva rectificação.

3. O cumprimento destas regras fica sujeito a fiscalização por parte de uma autoridade independente.

ARTIGO 9.º
Direito de contrair casamento e de constituir família

O direito de contrair casamento e o direito de constituir família são garantidos pelas legislações nacionais que regem o respectivo exercício.

ARTIGO 10.º
Liberdade de pensamento, de consciência e de religião

1. Todas as pessoas têm direito à liberdade de pensamento, de consciência e de religião. Este direito implica a liberdade de mudar de religião ou de convicção, bem como a liberdade de manifestar a sua religião ou a sua convicção, individual ou colectivamente, em público ou em privado, através do culto, do ensino, de práticas e da celebração de ritos.

2. O direito à objecção de consciência é reconhecido pelas legislações nacionais que regem o respectivo exercício.

ARTIGO 11.º
Liberdade de expressão e de informação

1. Todas as pessoas têm direito à liberdade de expressão. Este direito compreende a liberdade de opinião e a liberdade de receber e de transmitir informações ou ideias, sem que possa haver ingerância de quaisquer poderes públicos e sem consideração de fronteiras.

2. são respeitados a liberdade e o pluralismo dos meios de comunicação social.

ARTIGO 12.º
Liberdade de reunião e de associação

1. Todas as pessoas têm direito à liberdade de reunião pacífica e liberdade de associação a todos os níveis, nomeadamente nos domínios político, sindical e cívico, o que implica o direito de, com outrem, fundarem sindicatos e de neles se filiarem para a defesa dos seus interesses.

2. Os partidos políticos ao nível da União contribuem para a expressão da vontade política dos cidadãos da União.

ARTIGO 13.º
Liberdade das artes e das ciências

As artes e a investigação científica são livres, respeitada a liberdade académica.

ARTIGO 14.º
Direito à educação

1. Todas as pessoas têm direito à educação, bem como ao acesso à formação profissional e contínua.

2. Este direito inclui a possibilidade de frequentar gratuitamente o ensino obrigatório.

3. São respeitados, segundo as legislações nacionais que regem o respectivo exercício, a liberdade de criação de estabelecimentos de ensino, no respeito pelos princípios democráticos, e o direito dos pais de assegurarem a educação e o ensino dos filhos de acordo com as suas convicções religiosas, filosóficas e pedagógicas.

ARTIGO 15.º
Liberdade profissional e direito de trabalhar

1. Todas as pessoas têm o direito de trabalhar e de exercer uma profissão livremente escolhida ou aceite.

2. Todos os cidadãos da União têm a liberdade de procurar emprego, de trabalhar, de se estabelecer ou de prestar serviços em qualquer Estado-Membro.

3. Os nacionais de países terceiros que sejam autorizados a trabalhar no território dos Estados-Membros têm direito a condições de trabalho equivalentes àquelas de que beneficiam os cidadãos da União.

ARTIGO 16.º
Liberdade de empresa

Reconhecida a liberdade de empresa, de acordo com o direito comunitário e as legislações e práticas nacionais.

ARTIGO 17.º
Direito de propriedade

1. Todas as pessoas têm o direito de fruir da propriedade dos seus bens legalmente adquiridos, de os utilizar, de dispor deles e de os transmitir em vida ou por morte. Ninguém pode ser privado da sua propriedade, excepto por razões de utilidade pública, nos casos e condições previstos por lei e mediante justa indemnização pela respectiva perda, em tempo útil. A utilização dos bens pode ser regulamentada por lei na medida do necessário ao interesse geral.

2. É protegida a propriedade intelectual.

ARTIGO 18.º
Direito de asilo

É garantido o direito de asilo, no quadro da Convenção de Genebra de 28 de Julho de 1951 e do Protocolo de 31 de Janeiro de 1967, relativos ao estatuto dos refugiados, e nos termos do Tratado que institui a Comunidade Europeia.

ARTIGO 19.º
Protecção em caso de afastamento, expulsão ou extradição

1. São proibidas as expulsões colectivas.

2. Ninguém pode ser afastado, expulso ou extraditado para um Estado onde corra sério risco de ser sujeito a pena de morte, a tortura ou a outros tratos ou penas desumanos ou degradantes.

CAPITULO III
Igualdade

ARTIGO 20.º
Igualdade perante a lei

Todas as pessoas são iguais perante a lei.

ARTIGO 21.º
Não discriminação

1. É proibida a discriminação em razão, designadamente, do sexo, raça, cor ou origem étnica ou social, caracteristicas genéticas, língua, religião ou convicções, opiniões políticas ou outras, pertença a uma minoria nacional, riqueza, nascimento, deficiência, idade ou orientação sexual.

2. No âmbito de aplicação do Tratado que institui a Comunidade Europeia e do Tratado da União Europeia, e sem prejuizo das disposições especiais destes Tratados, é proibida toda a discriminação em razão da nacionalidade.

ARTIGO 22.º
Diversidade cultural, religiosa e linguística
A União respeita a diversidade cultural, religiosa e linguística.

ARTIGO 23.º
Igualdade entre homens e mulheres
Deve ser garantida a igualdade entre homens e mulheres em todos os domínios, incluindo em matéria de emprego, trabalho e remuneração.

O princípio da igualdade não obsta a que se mantenham ou adoptem medidas que prevejam regalias específicas a favor do sexo sub-representado.

ARTIGO 24.º
Direitos das crianças
1. As crianças têm direito à protecção e aos cuidados necessários ao seu bem-estar. Podem exprimir livremente a sua opinião, que será tomada em consideração nos assuntos que lhes digam respeito, em função da sua idade e maturidade.

2. Todos os actos relativos às crianças, quer praticados por entidades públicas, quer por instituições privadas, terão primacialmente em conta o interesse superior da criança.

3. Todas as crianças têm o direito de manter regularmente relações pessoais e contactos directos com ambos os progenitores, excepto se isso for contrário aos seus interesses.

ARTIGO 25.º
Direitos das pessoas idosas
A União reconhece e respeita o direito das pessoas idosas a uma existência condigna e independente e sua participação na vida social e cultural.

ARTIGO 26.º
Integração das pessoas com deficiência
A União reconhece e respeita o direito das pessoas com deficiência a beneficiarem de medidas destinadas a assegurar a sua autonomia, a sua integração social e profissional e a sua participação na vida da comunidade.

CAPITULO IV
Solidariedade

ARTIGO 27.°
Direito à informação e consulta dos trabalhadores na empresa
Deve ser garantida aos níveis apropriados, aos trabalhadores ou aos seus representantes, a informação e consulta, em tempo útil, nos casos e nas condições previstos pelo direito comunitário e pelas legislações e práticas nacionais.

ARTIGO 28.°
Direito de negociação e de acção colectiva
Os trabalhadores e as entidades patronais, ou as respectivas organizações, têm, de acordo com o direito comunitário e as legislações e práticas nacionais, o direito de negociar e de celebrar convenções colectivas, aos níveis apropriados, bem como de recorrer, em caso de conflito de interesses, a acções colectivas para a defesa dos seus interesses, incluindo a greve.

ARTIGO 29.°
Direito de acesso aos serviços de emprego
Todas as pessoas têm direito de acesso gratuito a um serviço de emprego.

ARTIGO 30.°
Protecção em caso de despedimento sem justa causa
Todos os trabalhadores têm direito a protecção contra os despedimentos sem justa causa, de acordo com o direito comunitário e as legislações e práticas nacionais.

ARTIGO 31.°
Condições de trabalho justas e equitativas
1. Todos os trabalhadores têm direito a condições de trabalho saudáveis, seguras e dignas.
2. Todos os trabalhadores têm direito a uma limitação da duração máxima do trabalho e a períodos de descanso diário e semanal, bem como a um período anual de férias pagas.

ARTIGO 32.°
Proibição do trabalho infantil e protecção dos jovens no trabalho
Proibido o trabalho infantil. A idade minima de admissão ao trabalho não pode ser inferioridade em que cessa a escolaridade obrigatória, sem prejuízo de disposições mais favoráveis aos jovens e salvo derrogações bem delimitadas. Os jovens admitidos ao trabalho devem beneficiar de condições de trabalho adaptadas à sua idade e de uma protecção contra a exploração económica e contra todas

as actividades susceptiveis de prejudicar a sua segurança, saúde ou desenvolvimento físico, mental, moral ou social, ou ainda de por em causa a sua educação.

ARTIGO 33.º
Vida familiar e vida profissional
1. É assegurada a protecção da família nos planos jurídico, económico e social.
2. A fim de poderem conciliar a vida familiar e a vida profissional, todas as pessoas têm direito a protecção contra o despedimento por motivos ligados à maternidade, bem como a uma licença por maternidade paga e a uma licença parental pelo nascimento ou adopção de um filho.

ARTIGO 34.º
Segurança social e assistência social
1. A União reconhece e respeita o direito de acesso às prestações de segurança social e aos serviços sociais que concedem protecção em casos como a maternidade, doença, acidentes de trabalho, dependência ou velhice, bem como em caso de perda de emprego, de acordo com o direito comunitário e as legislações e práticas nacionais.
2. Todas as pessoas que residam e que se desloquem legalmente no interior da União têm direito às prestações de segurança social e às regalias sociais nos termos do direito comunitário e das legislações e práticas nacionais.
3. A fim de lutar contra a exclusão social e a pobreza, a União reconhece e respeita o direito a uma assistência social e a uma ajuda à habitação destinadas a assegurar uma existência condigna a todos aqueles que não disponham de recursos suficientes, de acordo com o direito comunitário e as legislações e práticas nacionais.

ARTIGO 35.º
Protecção da saúde
Todas as pessoas têm o direito de aceder à prevenção em matéria de saúde e de beneficiar de cuidados médicos, de acordo com as legislações e práticas nacionais. Na definição e execução de todas as políticas e acções da União, será assegurado um elevado nível de protecção da saúde humana.

ARTIGO 36.º
Acesso a serviços de interesse económico geral
A União reconhece e respeita o acesso a serviços de interesse económico geral tal como previsto nas legislações e práticas nacionais, de acordo com o Tratado que institui a Comunidade Europeia, a fim de promover a coesão social e territorial da União.

ARTIGO 37.º
Protecção do ambiente
Todas as políticas da União devem integrar um elevado nível de protecção do ambiente e a melhoria da sua qualidade, e assegurá-los de acordo com o princípio do desenvolvimento sustentável.

ARTIGO 38.º
Defesa dos consumidores
As políticas da União devem assegurar um elevado nível de defesa dos consumidores.

CAPITULO V
Cidadania

ARTIGO 39.º
**Direito de eleger e de ser eleito nas eleições
para o Parlamento Europeu**
1. Todos os cidadãos da União gozam do direito de eleger e de ser eleitos para o Parlamento Europeu no Estado-Membro de residência, nas mesmas condições que os nacionais desse Estado.
2. Os membros do Parlamento Europeu são eleitos por sufrágio universal directo, livre e secreto.

ARTIGO 40.º
Direito de eleger e de ser eleito nas eleições municipais
Todos os cidadãos da União gozam do direito de eleger e de ser eleitos nas eleições municipais do Estado-Membro de residência, nas mesmas condições que os nacionais desse Estado.

ARTIGO 41.º
Direito a uma boa administração
1. Todas as pessoas têm direito a que os seus assuntos sejam tratados pelas instituições e órgãos da União de forma imparcial, equitativa e num prazo razoável.
2. Este direito compreende, nomeadamente: o direito de qualquer pessoa a ser ouvida antes de a seu respeito ser tomada qualquer medida individual que a afecte desfavoravelmente, o direito de qualquer pessoa a ter acesso aos processos que se lhe refiram, no respeito dos legítimos interesses da confidencialidade e do segredo profissional e comercial, a obrigação, por parte da administração, de fundamentar as suas decisões.
3. Todas as pessoas têm direito à reparação, por parte da Comunidade, dos danos causados pelas suas instituições ou pelos seus agentes no exercício das res-

pectivas funções, de acordo com os princípios gerais comuns s legislações dos Estados-Membros.

4. Todas as pessoas têm a possibilidade de se dirigir às instituições da União numa das línguas oficiais dos Tratados, devendo obter uma resposta na mesma língua.

ARTIGO 42.º
Direito de acesso aos documentos

Qualquer cidadão da União, bem como qualquer pessoa singular ou colectiva com residência ou sede social num Estado-Membro, tem direito de acesso aos documentos do Parlamento Europeu, do Conselho e da Comissão.

ARTIGO 43.º
Provedor de Justiça

Qualquer cidadão da União, bem como qualquer pessoa singular ou colectiva com residência ou sede social num Estado-Membro, tem o direito de apresentar petições ao Provedor de Justiça da união, respeitantes a casos de má administração na actuação das instituições ou órgãos comunitários, com excepção do Tribunal de Justiça e do Tribunal de Primeira Instância no exercício das respectivas funções jurisdicionais.

ARTIGO 44.º
Direito de petição

Qualquer cidadão da União, bem como qualquer pessoa singular ou colectiva com residência ou sede social num Estado-Membro, goza do direito de petição ao Parlamento Europeu.

ARTIGO 45.º
Liberdade de circulação e de permanência

1. Qualquer cidadão da União goza do direito de circular e permanecer livremente no território dos Estados-Membros.

2. Pode ser concedida a liberdade de circulação e de permanência, de acordo com as disposições do Tratado que institui a Comunidade Europeia, aos nacionais de países terceiros que residam legalmente no território de um Estado-Membro.

ARTIGO 46.º
Protecção diplomática e consular

Todos os cidadãos da União beneficiam, no território de países terceiros em que o Estado-Membro de que são nacionais não se encontre representado, de protecção por parte das autoridades diplomáticas e consulares de qualquer Estado-Membro, nas mesmas condições que os nacionais desse Estado.

CAPÍTULO VI
Justiça

ARTIGO 47.º
Direito à acção e a um tribunal imparcial

Toda a pessoa cujos direitos e liberdades garantidos pelo direito da União tenham sido violados tem direito a uma acção perante um tribunal. Toda a pessoa tem direito a que a sua causa seja julgada de forma equitativa, publicamente e num prazo razoável, por um tribunal independente e imparcial, previamente estabelecido por lei. Toda a pessoa tem a possibilidade de se fazer aconselhar, defender e representar em juízo. É concedida assistência judiciária a quem não disponha de recursos suficientes, na medida em que essa assistência seja necessária para garantir a efectividade do acesso justiça.

ARTIGO 48.º
Presunção de inocência e direitos de defesa

1. Todo o arguido se presume inocente enquanto não tiver sido legalmente provada a sua culpa.

2. É garantido a todo o arguido o respeito dos direitos de defesa.

ARTIGO 49.º
Princípios da legalidade e da proporcionalidade dos delitos e das penas

1. Ninguém pode ser condenado por uma acção ou por uma omissão que no momento da sua prática não constituia infracção perante o direito nacional ou o direito internacional. Do mesmo modo, não pode ser imposta uma pena mais grave do que a aplicável no momento em que a infracção foi praticada. Se, posteriormente à infracção, a lei previr uma pena mais leve, deve ser essa a pena aplicada.

2. O presente artigo não prejudica a sentença ou a pena a que tenha sido condenada uma pessoa por uma acção ou por uma omissão que no momento da sua prática constituia crime segundo os princípios gerais reconhecidos por todas as nações.

3. As penas não devem ser desproporcionadas em relação à infracção.

ARTIGO 50.º
Direito a não ser julgado ou punido penalmente
mais do que uma vez pelo mesmo delito

Ninguém pode ser julgado ou punido penalmente por um delito do qual já tenha sido absolvido ou pelo qual já tenha sido condenado na União por sentença transitada em julgado, nos termos da lei.

CAPÍTULO VII
Disposições gerais

ARTIGO 51.º
Âmbito de aplicação

1. As disposições da presente Carta têm por destinatários as instituições e órgãos da União, na observância do princípio da subsidiariedade, bem como os Estados-Membros, apenas quando apliquem o direito da União. Assim sendo, devem respeitar os direitos, observar os princípios e promover a sua aplicação, de acordo com as respectivas competências.
2. A presente Carta não cria quaisquer novas atribuições ou competências para a Comunidade ou para a União, nem modifica as atribuições e competências definidas nos Tratados.

ARTIGO 52.º
Âmbito dos direitos garantidos

1. Qualquer restrição ao exercício dos direitos e liberdades reconhecidos pela presente Carta deve ser prevista por lei e respeitar o conteúdo essencial desses direitos e liberdades. Na observância do princípio da proporcionalidade, essas restrições podem ser introduzidas se forem necessárias e corresponderem efectivamente a objectivos de interesse geral reconhecidos pela união, ou necessidade de protecção dos direitos e liberdades de terceiros.
2. Os direitos reconhecidos pela presente Carta, que se baseiem nos Tratados comunitários ou no Tratado da União Europeia, são exercidos de acordo com as condições e limites por estes definidos.
3. Na medida em que a presente Carta contenha direitos correspondentes aos direitos garantidos pela Convenção Europeia para a Protecção dos Direitos do Homem e das Liberdades Fundamentais, o sentido e o âmbito desses direitos são iguais aos conferidos por essa Convenção, a não ser que a presente Carta garanta uma protecção mais extensa ou mais ampla. Esta disposição não obsta a que o direito da União confira uma protecção mais ampla.

ARTIGO 53.º
Nível de protecção

Nenhuma disposição da presente Carta deve ser interpretada no sentido de restringir ou lesar os direitos do Homem e as liberdades fundamentais reconhecidos, nos respectivos âmbitos de aplicação, pelo direito da União, o direito internacional e as convenções internacionais em que são partes a União, a Comunidade ou todos os Estados-Membros, nomeadamente a Convenção Europeia para a Protecção dos Direitos do Homem e das Liberdades Fundamentais, bem como pelas Constituições dos Estados-Membros.

ARTIGO 54.º
Proibição do abuso de direito
Nenhuma disposição da presente Carta deve ser interpretada no sentido de implicar qualquer direito de exercer actividades ou praticar actos que visem a destruição dos direitos ou liberdades por ela reconhecidos, ou restrições maiores desses direitos e liberdades que as previstas na presente Carta.

ÍNDICE

Introdução 5

CAPÍTULO I
Fundamentos e Princípios dos Direitos do Homem e das Liberdades Fundamentais
.... 9

CAPÍTULO II
Evolução dos Direitos Humanos: Perspectiva Histórica

1. Da Antiguidade Clássica à Época Medieval 15
2. Do Início da Época Medieval às Revoluções Americana e Francesa ... 21
3. Das Revoluções Americana e Francesa à II Guerra Mundial 32
4. Da II Guerra Mundial aos nossos dias (2004) 51

CAPÍTULO III
Protecção e Salvaguarda dos Direitos do Homem

1. Instrumentos, Instâncias e Mecanismos de Protecção dos Direitos do Homem de Âmbito Universal 64
2. Instrumentos, Instâncias e Mecanismos de Protecção dos Direitos do Homem a Nível Regional 72
   - 2.1. Os Direitos Humanos no Conselho da Europa 72
   - 2.2. Os Direitos Humanos no âmbito da Organização dos Estados Americanos 78
   - 2.3. Os Direitos Humanos no Âmbito da União Africana (antiga OUA) 79

CAPÍTULO IV
Direitos Humanos, Ideologias e Regimes Políticos

1. Ideologias e Regimes Políticos 82
   - 1.1. Ideologias Políticas 83
   - 1.2. Regimes Políticos 84

1.3. Inter-relação Ideologias/Regimes Políticos 86
2. Regimes Políticos e Direitos Humanos 110

CAPÍTULO V
Cidadania Europeia e Direitos Humanos

1. Conceito e Dimensões da Cidadania 116
2. Cidadania e Nacionalidade 117
3. Cidadania Europeia (da União Europeia) 118
    3.1. Direitos Económicos e Sociais no Tratado CEE e no Direito Comunitário Derivado 122
    3.2. Direitos Económicos e Sociais nos Tratados de Maastricht, de Amesterdão e de Nice 134
    3.3. Direitos Políticos e Civis dos Cidadãos da União Europeia 139
        3.3.1. Cidadania Nacional e Cidadania Europeia 140
        3.3.2. Estatuto Político do Cidadão Europeu (da União Europeia) 142
        3.3.3. Estatuto Civil do Cidadão Europeu (da União Europeia) 147
4. Enquadramento da Cidadania Europeia no Contexto dos Direitos do Homem.. 150

CAPÍTULO VI
Direitos do Homem e Regimes Políticos Em Portugal

1. Da Fundação do Reino à Revolução Liberal 158
2. Da Revolução Liberal à IIª República 165
    2.1. Período da Instauração da Monarquia Constitucional (1820 – 1842) 166
    2.2. Período de Consolidação e Estabilidade da Monarquia Constitucional (1842-1910) 175
    2.3. Período de Vigência da Iª República (1910 – 1926): a Constituição de 1911 — 180
3. Do Golpe de Estado de 28 de Maio à Implantação da IIIª República (1926--1974): a Constituição de 1933 185
4. Da Instauração da IIIª República aos nossos dias (1974 – 2004): a Constituição de 1976 195
    a) Direitos e Liberdades Pessoais, Civis e Políticos 201
    b) Direitos Económicos, Sociais e Culturais 203

Conclusão 205

Bibliografia 213

Anexo I – Declaração dos Direitos do Homem e do Cidadão 219

Anexo II – Declaração Universal dos Direitos do Homem 223

ANEXO III – Pacto Internacional sobre os Direitos Económicos, Sociais e Culturais . 229

ANEXO IV – Pacto Internacional sobre os Direitos Civis e Políticos, e Protocolo Facultativo 241

ANEXO V – Protocolo Facultativo referente ao Pacto Internacional sobre os Direitos Civis e Políticos 261

ANEXO V – Convenção Europeia de Salvaguarda dos Direitos do Homem e das Liberdades Fundamentais 265

ANEXO VI – Carta dos Direitos Fundamentais da União Europeia 281